大学知识创造能力
评价与管理

夏 敏 著

中国社会科学出版社

图书在版编目（CIP）数据

大学知识创造能力：评价与管理/夏敏著．—北京：
中国社会科学出版社，2010.10
ISBN 978 - 7 - 5004 - 9389 - 1

Ⅰ.①大… Ⅱ.①夏… Ⅲ.①高等学校—创造教
育—教育评估—研究 Ⅳ.①G640

中国版本图书馆 CIP 数据核字（2010）第 244953 号

策划编辑	卢小生	（E - mail：georgelu@ vip. sina. com）	
责任编辑	卢小生		
责任校对	石春梅		
封面设计	杨　蕾		
技术编辑	李　建		

出版发行	中国社会科学出版社		
社　　址	北京鼓楼西大街甲 158 号	邮　编	100720
电　　话	010 - 84029450（邮购）		
网　　址	http：//www. csspw. cn		
经　　销	新华书店		
印　　刷	北京新魏印刷厂	装　订	广增装订厂
版　　次	2010 年 10 月第 1 版	印　次	2010 年 10 月第 1 次印刷
开　　本	710 × 1000　1/16	插　页	2
印　　张	16.25	印　数	1 - 6000 册
字　　数	266 千字		
定　　价	36.00 元		

序

　　最近，我仔细阅读了《大学知识创造能力：评价与管理》一书，深感这是一本学术特色鲜明、对当前我国大学改革有着重要价值的学术专著。

　　本书专门研究了大学知识的创造能力问题，在对知识管理（特别是知识系统工程理论和知识活动系统理论）、创造能力、创造教育、智力资源管理等相关理论进行深入分析和认真探究所获得的深刻认识，以及吸收和借鉴相关研究成果的基础上，提出了大学知识创造能力的内涵与外延，形成了具有自身特色的理论体系：即以大学中的活动主体——教师和学生为依托，分别形成大学教师的知识创造能力和大学学生的知识创造能力，在大学教师的知识创造能力中，以大学中最重要的知识创造与传播活动（教学、科研活动）为纽带，形成了大学教师知识创造能力和大学教师传授知识创造能力，同时兼顾理论体系的系统性，在这三种基本知识创造能力的基础上，增加了大学知识创造活动的环境影响因素，从而形成了一个完整的大学知识创造能力理论体系框架。大学知识创造能力理论体系的研究与创建，大大拓展和深化了对大学职能的研究，对完善大学基本理论的研究作出了重要的学术贡献。

　　本书的学术特色和重大意义还表现在对大学的评价进行了创新的研究。当前，随着知识经济时代的来临，作为知识密集型组织——大学在社会上的影响、所处的地位和所发挥的作用，越来越需要作出客观、合理和科学的评价。目前，虽然大学的种类各不相同，特点和优势也是千差万别，但其评价的指标和方法往往是相同或者是相近的，这样做的结果往往是引发许多的争议；另外，许多的评价指标并未得到广泛的认同，进而影响到评价结果的可接受性；评价机构往往来自民间和社会机构，评价结果缺乏相应的权威性，而政府在这个过程中，出于对矛盾和问题的回避，往往不愿参与评价结果的生成；国内往往存在多家机构对大学开展评价，同一所大学的评价结果往往存在很大的差异，使被评价的对象无所适从，等等。凡此种种，不胜枚举。究其原因，上述的大学评价指标体系所存在的问题集中体现在现有的大学评价指标体系往往不能从更深层次上揭示大学核心竞争力和大学能力水平的高低与大学评价的本质的东西，因而遭受到来自各个方面的颇多诟病。作者从大学这一知识密集型组织的背景出发，对大学的评价进行了创新性的研究。作者从大学知识创造能力的更深层次的大学能力水平入手，重新设计大学评价的相关指标体系，探索大学能力的内核和本质，找到不同类型大学之间的共同和本质的东西，然后对其加以评价和比较，为大学能力的改善和提升找到新的发展路径和落脚点，为大学评价更加趋于客观、科学和合理提供了新的思路。

作者在提出了大学知识创造能力的理论体系后，为了实现提升大学能力水平和满足社会对大学状态的客观评价的双重需求，在广泛征求有关专家和学者意见的基础上，重新设计了基于知识创造能力的大学评价指标体系，并考虑到大学知识创造能力中许多指标具有的层次性和模糊性等特点，综合运用了社会调查研究方法、层次分析法以及模糊综合评价方法，在辽宁地区针对四所有一定代表性的大学开展大学知识创造能力的评价与分析工作。这项工作不仅为大学更好地了解自身的能力状态提供了个体层面、群体层面和组织层面的可考证的和可自身比较的依据，而且为不同大学间的相互比较、对比差距和形成自身发展特点和优势，在一定程度上提供了重要的参考，达到了大学评价不仅是为了排名和形成社会影响力，更重要的是为改善和提升大学办学质量和水平，创造更大社会价值的目的。这样，本书作者所做的研究工作与目前所存在的大学评价研究相比，将具有重要的社会意义和应用价值。

本书将研究的主题定位于大学知识创造能力及其评价与管理，其出版问世恰逢当前《国家中长期教育改革和发展规划纲要（2010—2020）》（以下简称《规划纲要》）颁布实施之际，相信本书所创立的大学知识创造能力的理论体系、评价指标体系和提供的相应管理策略都将可以为贯彻《规划纲要》的精神，为深化我国高等教育学的研究，为当前我国大学的综合能力提升、培养质量不断提高以及核心竞争力的打造提供有益的启示和帮助。

大连理工大学党委书记、教授、博士生导师

2010 年 10 月于大连

目　　录

引　论

第一节　研究的缘由

　　知识经济时代呼唤知识管理。1996 年，经济合作与发展组织（Or-ganization of Economy Coorperation and Development，OECD）在《以知识为基础的经济》（*The Knowledge – based Economy*）的报告①中就曾经指出，知识经济是以现代科学文化技术为核心，建立在知识与信息的生产、分配和使用之上的经济，是相对于农业、工业经济而言的新的经济形态。知识在发展层面被认为是除土地、资本和劳动力之外的又一种生产要素，并且是最重要的生产要素，其他生产要素都可以通过依附于其中的知识的创造得到更新和提高，因而知识是经济和社会发展的动力和源泉。在知识经济时代，一个国家、一个民族、一个地区经济的发展、财富的增长，将越来越大地取决于或依赖于知识生产的水平、知识进步的程度、知识创造的能力。这就从根本上改变了人类社会的经济增长方式，导致经济和社会生活全面而深刻的变革，带来全新的经济思维和观念，推动经济理论的创新和经济科学的新发展。统计数字表明，经济合作与发展组织主要成员国的知识经济已经占国内生产总值的 50%，21 世纪正在成为以知识为主导的知识经济时代。

　　知识创造是知识经济的核心，因为只有创新才能弥补其他资源和资本的不足，才能在竞争中立足。知识创造的目的是提高生产率，改进生产方

————————

　　①　经济合作与发展组织：《以知识为基础的经济》，杨宏进、薛澜译，机械工业出版社1997 年版，第 5 页。

式，其重要标志就是成果转化率。

知识创造包括基础研究和应用研究，即获得新的基础科学和技术科学知识的过程。科学研究是知识创造的主要活动和手段。知识创造的成果构成技术创新的基础和源泉，是促进科技进步和经济增长的革命性力量。知识创造包括科学知识创造、技术创造新方法、积累新知识。总之，知识创造为人类认识世界、改造世界提供新理论和新方法，为人类文明进步和社会发展提供不竭动力。

随着 21 世纪知识经济时代的到来，建设国家创新体系，实施知识创新工程对 21 世纪的高等教育提出了更加紧迫的要求。我国大学正在成为知识传播、知识应用和知识创造的基地，肩负着培养和造就具有创新精神和创新能力的高素质人才的艰巨使命。

英国《经济学家》杂志把大学称为知识工厂，它不仅是知识的创造源和人才的培养库，也是经济的增长源和技术的转移源，它和国立科研机构共同构成国家知识创造工程的两大基地。美国加利福尼亚大学教授卡斯特认为，大学成为知识经济发展的动力源，是知识创造的发电机之一。大学的特点决定了它在知识创造中的核心地位和基础作用①。

人才培养、知识创造、高科技成果产业化是知识经济社会大学存在的价值所在，也是大学为经济发展和社会进步服务的主要方式。纵观历史，我们不难发现，大学为社会源源不断地输送着创造性人才和日新月异的知识创造成果，在经济发展和社会进步的历程中发挥了重要的支撑作用。正因为如此，知识经济在人类进入 21 世纪后其成效已经日渐显现出来。反观知识经济，我们也不难发现，对创造性人才的依赖、知识的不断创造与应用、高新技术迅速产业化又成为知识经济的基本特征，这决定了大学必须成为知识创造的基地，才能推动经济发展和社会进步。

大学直接承担着为国家培养经济建设需要的高级专门人才和解决经济建设中重大问题、关键问题的任务。2005 年 6 月，在中国科学院学部成立 50 周年之际召开的"走中国特色自主创新之路"院士座谈会上，胡锦涛、温家宝等国家领导人出席会议并作了重要讲话。胡锦涛就提高我国科

---

① ［美］曼纽尔·卡斯特：《网络社会的崛起——信息时代三部曲经济社会与文化》第一卷，社会科学文献出版社 2003 年版，第 2 页。

技自主创新能力提出三点要求：一是要进一步确立自主创新的战略目标。二是要进一步加强国家自主创新体系建设。三是要进一步造就自主创新的人才队伍。胡锦涛在党的十七大报告中把"提高自主创新能力，建设创新型国家"确立为国家发展战略的核心和提高综合国力的关键①。

在这样的历史背景和时代要求下，大学应如何构建好知识创造能力评价与管理体系，已成为摆在大学面前的首要问题，是知识经济时代解决大学知识管理的核心问题和关键。与这种时代要求不相适应的是，目前，我国对大学知识创造能力的评价问题还缺乏系统的研究，已有的研究尚缺乏知识管理的视角、实施量化分析和实证研究。可见，大学知识创造能力的评价与管理问题是知识管理中亟待解决的问题，也是国家发展亟待解决的问题。

据上所述，可以断言，大学知识创造能力的评价和管理的研究，一方面是大学培养创新型人才的需要，因为评价体系为大学知识创造能力的评价和培育创新型人才提供了依据；另一方面，是这项研究对于克服应试教育带来的学生高分低能，扭转创造能力疲软的局面具有重要的导向作用。培养创新型人才，建设创新型国家的时代重任就摆在我们面前，毫无疑问，研究大学知识创造能力的评价与管理势在必行。

第二节　研究的内容

本书主要从知识经济时代大学的历史使命、核心竞争力提升和大学能力评价的要求等理论和实践问题出发，深入探讨了开展大学知识创造能力评价及管理研究的理论及现实意义，在对当前知识系统工程理论、知识活动系统理论、人力资源管理理论、创造教育和创造力理论的研究现状和发展趋势充分分析与评价的基础上，围绕大学教师知识创造能力评价、大学教师传授知识创造能力评价、大学学生知识创造能力评价以及大学知识创造能力环境因素等方面对大学知识创造能力的评价工作展开了系统的研

———————————

① 《中国科学院召开"走中国特色自主创新之路"院士座谈会》，《中国信息导报》2005年第6期。

究，并从实践角度开展了实证评价与分析，提出了大学知识创造能力的管理策略。具体研究内容详见图0.1。

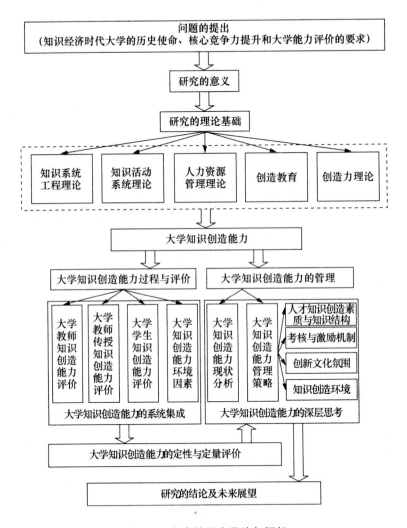

图0.1 本书的研究思路与框架

第三节　研究的方法

一　知识系统工程方法

本书主要依据王众托院士提出的知识系统是复杂自适应系统①的观点，重点分析大学知识创造过程，建构大学知识创造能力的评价体系的结构，并提出知识创造能力管理的相关对策。在研究的过程中，本书运用知识系统工程的研究方法，把大学的知识创造能力作为一个知识的活动系统加以分析，不仅研究其内部各要素如大学教师的知识创造能力、大学学生的知识创造能力以及大学教师传授知识创造的能力及其相互关系，而且探讨了该系统外部环境因素即大学知识创造的环境因素的作用和影响，从而为大学知识创造能力的评价与管理设计了一个系统性的体系框架。

二　跨学科研究方法

本书的研究主题是大学知识创造能力，研究的目标是对上述内容的评价与管理。这是一个跨管理学、教育学、心理学等学科领域的具有交叉性的研究领域，因此在研究的过程中必然涉及综合运用上述领域中的知识管理、创造力、创造教育、人力资源管理和智力资源管理等原理和方法，对大学知识创造能力的评价体系进行理论模型的建构，同时在评价的过程中，也将运用结构方程模型方法分析大学知识创造能力的评价指标体系的各构成因素间的关联性，综合运用层次分析方法和模糊综合评价方法解决大学创造能力的评价指标体系信度、权重确定和具有模糊性评价指标的定量评价的问题。

三　问卷调查法

本书在分析大学知识创造能力的评价指标体系的科学性与合理性过程中，运用了问卷调查方法，在相关领域中选择了30家单位的80名个体样本，特别是在有一定经验和造诣的专家中，开展了调查研究工作，广泛地征求了意见。本次调查主要采用电子邮件网上邮寄问卷的方法来收集大学知识创造能力的评价指标体系科学性的资料。调查对象主要是针对个体来

---

① 王众托：《知识系统工程》，科学出版社2004年版。

展开的，主要包括 5 个方面：大学相关领导及教育管理领域的院系领导、知识管理研究专家、教育管理研究专家、创造力研究专家和管理学专家。另外，围绕大学知识创造能力的评价也在国内的大学中选择一些单位作为调查对象，开展问卷调查。

四　案例分析法

在对大学知识创造能力开展问卷调查的同时，也选取这些大学作为案例，运用案例分析的方法，开展案例剖析，从定性的角度分析各类大学知识创造能力的共性，配合大学知识创造能力的定量评价结果，从整体上分析大学知识创造能力的管理措施的有效性以及存在的问题，为大学教育教学改革与未来发展提出值得借鉴的方向和对策。

五　定性和定量相结合的分析方法

本书所研究的内容考虑到大学知识创造能力评价体系包括大学教师知识创造能力、大学教师传授知识创造能力、大学学生知识创造能力和大学知识创造能力的环境影响因素 4 个层面及下属的 15 个评价指标，且其中许多指标具有模糊性，难以直接加以定量评价和研究，因此，本书在研究过程中综合运用了层次分析法（AHP）和模糊综合评价方法（FCE）等定性和定量相结合的分析方法对调查结果进行分析和评价。运用层次分析法主要是确定各级指标间的层次结构关系，并对每个层级的各级指标的权重加以确定和相应的信度进行检验；运用模糊综合评价方法目的是为了克服评价指标具有一定的模糊性和相关专家个人经验所带有的主观判断色彩的影响，获得复杂的非结构性综合评价结果。

第一章 我国大学评价的研究现状

第一节 我国大学评价的历史演进

大学评价是指对大学办学水平所进行的价值判断。大学评价的外延比较广，评价主体、评价内容、评价方式、评价目的不同，可以分成不同的大学评价。我们这里所讲的大学评价，是专指有关机构和人员，以大学排名为目的来对大学进行的评价。自从1977年重新恢复高考、1982年恢复学位制度之后，我国的高等教育获得了高速的发展。1985年我国颁布了《中共中央关于教育体制改革的决定》（以下简称《决定》），在《决定》中第一次把"对高等学校的办学水平进行评估"这样一个命题提出来。针对《决定》精神的要求，中国的许多来自高校和研究机构的专家和学者陆续开始关注这一命题，并在这一命题下从事基于中国大学评价的大学排名的探索与研究工作。1992年，国务院批转了《国家教委关于加快改革和积极发展高等教育的意见》，该文件进一步公布了"社会各界要积极支持直接参与高等学校的建设、人才培养、办学水平和教育质量评估"的有关要求后，中国的大学排名研究工作开始进入了一个发展与活跃阶段。在此，将对我国大学评价基础上的大学排名工作进行一下整体的评述①。

一 我国大学评价工作溯源

（一）中国管理科学研究院科学学研究所的大学评价

中国管理科学研究院科学学研究所（以下简称科学学所）是中国国内最早开始开展大学排名研究工作的学术研究机构。该研究机构从1987

---

① 武书连：《中国大学排名综述》，《科学学与科学技术管理》2001年第8期。

年开始一直到 1989 年，在系统地开展大学评价工作基础上先后向社会各界发布了三个大学排名的研究成果，引起了社会各界的较广泛的反响。

　　1987 年 9 月 13 日，以美国费城科学情报研究所公开发布的 SCI（科学引文索引）作为其评价的重要数据来源，科学学研究所在《科技日报》上公开发表了一篇题目为《我国科学计量指标的排序》的研究成果，通过该研究成果向社会公布了该机构对当时我国国内的 87 所重点大学的排序。尽管当时这项研究成果只设定了 1 项指标，但是其所获得的大学排名结果却具有一种划时代的意义和影响，因为它的出现在一定程度上成为我国国内学者对大学开展定量评价和排名工作开始的一个典型标志。

　　1988 年 1 月 25 日，科学学研究所在广泛吸收和充分借鉴来自社会各个方面所反映的意见基础上，尤其是考虑一些有代表性的理工类大学意见基础上，在原有的 SCI 基础上又把美国工程索引公司的 EI 增加到评价的数据来源之中，在《光明日报》上先后公开发表了题目为《用科学指标评估高校科研水平》和《科学教育必须面向世界——从科学计量排序结果看我国高校科研的某种封闭性》的两篇具有影响力的文章。这两篇文章分别对 1983—1985 年期间当时我国重点综合大学和工科大学按被 SCI 和 EI 收录的科学技术论文的数量情况进行了统计排名。本次的大学排名实际上是对上述提及的发表在《科技日报》上的《我国科学计量指标的排序》一文的有益的完善和补充。

　　根据对以武书连等为代表的中国管理科学研究院当时所出版的一部学术内刊《学坛》的署名情况调查，我们可以查阅到当时主持完成我国首个和第二个大学评价和相应排名的研究成果的第一人即素有中国科学学界先驱之称的赵红州研究员。

　　至 1989 年 11 月，科学学研究所中主持"高等学校比较研究"的课题组成员，在参加当时国家教委主持召开的"全国高校科研管理讨论会"期间，在会议上交流并公开宣读了题目为《我国重点高等院校科学计量多项指标排序及其分析》的一篇学术论文，之后，该论文全文发表在《学会》杂志 1990 年第 2 期上。这篇论文所使用的大量数据主要选自于国家教委科技司编撰的 1985—1987 年期间的《高等学校科技统计资料汇编》，特别是从中选用了来自国外及全国学术刊物的论文、各种专利批准以及国家级奖励 3 个方面内容的数据作为评价指标对全国 86 所重点大学进行了分类评价和排序的重要依据。这项研究成果又一次开创了我国国内运用多项指标对大学开展评价和排序的先河。

我们根据对当时来自《学会》杂志上所公布的作者署名情况的调查，发现作为中国第三个大学排名研究成果的第一作者，蔡言厚研究员榜上有名①。

（二）中国科技信息研究所的大学评价

1991 年 2 月，中国科技信息研究所在《中国科技期刊研究》1991 年第 1 期上公开发表了题目为《中国科技论文统计与分析简报》的一篇学术论文。这篇论文只是通过简单罗列了我国部分大学在国际学术期刊上公开发表的学术论文数量、在国内学术期刊上公开发表的学术论文数量以及在国际学术期刊上发表的学术论文被引用的次数等基本数据资料，但并没有明确地对大学进行评价与排名。以后，中国科技信息研究所将该项工作作为一种惯例，每年都会定期在《中国科技期刊研究》的第 1 期上公开发表上述数据资料，以供各高校间开展比较和参考。

中国科技信息研究所所进行的论文数据统计，其基本数据信息主要采自于美国费城科学情报研究所的 SCI（科学引文索引）数据库、ISTP（科学与技术会议录索引）数据库，美国工程索引公司的 EI 数据库以及 1200 余种中国国内科技期刊等几个方面，项目的负责人是该研究所的张玉华研究员。

（三）国家教委科技司的大学评价

1992 年 4 月，湖南大学由张英、于一凡、龚志勇和李西田等人组成的大学评价的科学研究团队，以当时国家教委科技司所编撰的 1985—1989 期间的《高等学校科技统计资料汇编》中的相关数据和信息资源等为研究基础，在《科学学与科学技术管理》杂志 1992 年第 4 期上公开发表了题目为《全国 86 所重点高校 1985—1989 年科技活动评价》的学术论文。该项成果成为我国国内首次对不同成果赋予不同权重的大学评价与排名方法。

（四）国家科学技术委员会的大学评价

1992 年 12 月 23 日，国家科学技术委员会（简称国家科委）在《人民日报（海外版）》上发表了标题为《中国排出大学四强》的文章，该文

---

① 杨道涛：《中国大学社会评价的理论分析与实证探析》，硕士学位论文，南京理工大学，2005年。

正式公布了由国家科委通过评价工作所排出的中国大学四强的排名情况。在这个评价过程中，国家科委主要运用了 3 项与中国科技信息研究所完全相同的指标开展此次大学的评价与排名工作。值得强调的是，这篇题为《中国排出大学四强》文章中所公布的大学排名是迄今为止唯一以中国政府及其下属部委名义正式发布的大学排名，尽管不是针对所有高校所确定的大学排名，但其权威性和特殊性也足以引起各界的高度关注。该项目负责人也是中国科技信息研究所的张玉华研究员。

二　武书连关于中国大学排名的评价①

武书连是我国大学评价和排名领域的国内知名专家学者，同时他也是"中国大学评价"课题组组长，广东管理科学研究院的研究员。近年来，他在《研究与发展管理》、《科学学与科学技术管理》、《中国高等教育评估》和《教育发展研究》等核心期刊上发表了大量有关大学评价的学术论文，其数量居国内同行第一名，其发表的有关大学评价的论文被引用次数居国内同行第一名，其研究成果被国内外其他学者在学术期刊专题评论的次数也居国内同行第一名。可以说，武书连也是第一个将中国大学排名的历史和现状系统介绍给公众的专家。

以武书连研究员为组长的《中国大学评价》课题组，经过 10 年坚持不懈的努力，取得了大学排名领域一系列的技术突破，成功地创立了符合中国国情的大学评价体系。由于理论基础扎实，评价方法严谨，得到学术界和大学的认同，在社会上有着很好的声誉。

1991 年，《中国大学评价》课题组成立，当时国内大学评价刚刚起步，民间的排名以论文数量为主，官方的排名研究方向并不明确，而在国外也没有统一的标准和固定的方法，美国、英国、德国、日本等各国学者都以建立符合本国实际的大学排名作为学术研究方向。在这种情况下，武书连根据中国高等教育的实际状况，提出了独立自主创建中国大学评价体系的学术目标，以及目标评价、综合评价、定量评价的研究方向。

1993 年 6 月，广东管理科学研究院第一个以目标评价、定量评价为核心的大学排名发表。武书连将其命名为《中国大学评价——研究与发展（1991）》。该评价是国内首次包括理、工、农、医、哲学、人文科学、

---

① 《武书连与中国大学评价》（http：//www. edu. cn/20020909/3067062. shtml）。

社会科学活动在内的中国大学研究与发展综合评价。

1997 年 7 月，武书连在《科学学与科学技术管理》杂志发表了《中国大学研究与发展成果评价》。该文根据全国 1927 名专家确定的指标权重，进一步提出并强调了"不同类型大学的科研人员平均具有相同创新能力"这一科学假设，进而为长期困扰国内高等教育评估学者的不同类型大学的相互比较问题的有效解决提供了有益探索和可行的发展思路，实现了中国大学排名质的突破①；1998 年 4 月，发表了《中国大学评价——研究与发展（1996）》；1999 年 9 月，发表了《中国大学评价——研究与发展（1997）》。

2000 年 7 月，武书连发表了国内第一个概括中国高校基本功能的大学综合排名——《中国大学评价（1998）》和《中国大学研究生院评价》。《中国大学评价（1998）》结束了中国高教评估界在 20 世纪对大学排名长达 13 年的徘徊和探索，创立了以"对社会的贡献作为唯一衡量标准"的中国大学评价体系。2001 年 6 月，武书连在《中国高等教育评估》和《科学学与科学技术管理》杂志发表《中国大学评价（2001）》和《中国大学研究生院评价（2001）》。《中国大学评价（2001）》基本满足了应届高中生报考大学、应届大学生报考研究生的需要，部分满足了社会各界对大学的其他需求②。

2002 年 3 月，全新的《2002 中国大学评价》发表。《2002 中国大学评价》针对 2000 年中国高校合并重组后形成的新格局，以"不同学科的科研人员平均具有相同创新能力"的科学假设，取代了"不同类型大学的科研人员平均具有相同创新能力"的科学假设。新的科学假设使整个系统的稳定性和排名的准确性超过了任何国家的大学排名；其评价范畴涵盖了 11 个学科门、71 个本科学科类、全部 258 个本科专业，以及 80 个研究生一级学科、全部 361 个研究生二级学科③。这种全面覆盖所有学科门类和专业的大学排名在国内外是第一份。

---

① 武书连、吕嘉、郭石林：《中国大学研究与发展成果评价》，《科学学与科学技术管理》1997 年第 7 期。

② 武书连、吕嘉、郭石林：《中国大学评价》（2001），《科学学与科学技术管理》2001 年第 6 期。

③ 同上书，2002 年第 5 期。

《中国大学评价》自 1993 年首次发表起，就引起了学术界的重视和讨论。自 1997 年起，教育部专业核心期刊《中国高等教育评估》杂志每年都转载武书连及其课题组的《中国大学评价》。据统计，全国讨论大学排名的学术论文中，有 77% 是专门讨论《中国大学评价》的。对同行提出的质疑和商榷意见，武书连全部予以答复。主要的答复文章有：《欢迎讨论大学评价——复捷光同志》、《欢迎讨论大学评价——复方勇同学》、《欢迎讨论大学评价——复薛天祥、侯定凯先生》、《欢迎讨论中国大学评价——复彭灿先生》、《欢迎讨论中国大学评价——复李田先生》。

作为中国大学评价研究工作的重要组织机构，中国管理科学研究院（2004 年由广东管理科学研究院更名）以武书连所主持的《中国大学评价》课题组及从事的评价研究工作为中心，在 1993 年首次发表了《中国大学评价——研究与发展》（1991），从 1997 年开始在核心期刊按年度发表《中国大学评价》并向社会公布大学排行榜至今已经 12 年了。12 年来，伴随着我国高等教育发生的合并、扩招，由精英教育阶段逐步过渡到大众化教育阶段等一系列重大的变化，中国管理科学研究院《中国大学评价》课题组，紧紧围绕着中国大学评价的指标体系也随着高等教育的发展不断地对指标体系及权重进行调整以适应变化的需要，进而不断提出一系列新的关于中国大学排名的大学评价思想、理论、方法和评价策略。

三　网大关于大学评价的研究

网大是一家在大中华区域发展教育产业及相关教育技术产品的专业化集团公司。网大公司作为"教育机构价值的发现者"，致力于开发和经营独立的教育产品与服务提供商目录，同时采集教育消费需求资讯，积极提供教育机构推广与个人教育消费资讯的解决方案，促进教育提供商与教育消费者在开放的网络环境下，实现信息对称下的互惠交易。基于 11 年的教育资讯积累，网大目前提供专业的教育机构、教育服务与产品资讯发布、评价与推广服务，服务内容包括精确搜索、网上商号目录列表与评价、商号专用模块与网页展示、专用目录平面出版物、向教育消费者一对一传递经过匹配的资讯等，在成为教育机构首选的市场推广伙伴的同时，帮助教育消费者在信息对称的前提下做出合适的消费决策。

自 1999 年开始，网大公司从消费者角度出发，独立研发并推出非营利项目"中国大学排行榜"，向海内外传递基于客观数据和严谨调查的中国各大学综合排名，以及学术能力、投入产出状况、学生质量、声誉状况等经过归纳和演算的资讯。截至2010年，网大通过互联网及报刊、书籍、广播电视等有广泛影响力的公开媒体，推出了11个年度的"中国大学排行榜"。目前，该榜成为考生填报志愿报考大学、海内外企业寻找教育捐助目标，以及大学本身自我发展的首选参照，被誉为"最具公信力的大学排行榜"。2001年，网大公司被《亚洲周刊》作为其大学评估中国部分的唯一委托人；"网大论坛"则成为讨论中国教育现状与发展的最活跃社区。①

　　网大公司所发布的大学排行榜是在充分吸收和借鉴了《美国新闻与世界报道》的评价体系基础上提出来的，其遵循的主要原则就是"产投并重"，目标是致力于建立一套具有自身特色的大学评价指标体系。这一指标体系尝试站在消费者的角度，使他们能够从横向动态地了解当前大学的发展态势，并以此来进一步推动大学的面向社会、面向世界和面向未来的开放程度，促进大学逐步走向现代化和国际化。自从1999年网大公司首次进入大学排名研究工作领域并开始正式向社会公开发布大学排行榜以来，到今天已经先后公开向全社会发布了5次大学排行榜。最初的1999年的大学排行榜，其所设计的大学评价指标体系主要包括"学术"、"新生质量"、"师资"和"科研经费"4个方面的一级指标及下属的6个二级指标项内容。而研究工作进展到了2000年的时候，网大公司的大学评价指标体系在内容和体系结构上均出现了较大的调整，一级指标增加到了6个，而二级指标则设定为17个。另外该评价指标体系在对数据资料进行统计分析时主要采用了社会调查中的特尔菲法和层次分析法等研究方法，同时通过对其中包含的一些具有较高代表性的调查对象又进行了第二轮的问卷调查，这就在一定程度上进一步提高了该指标体系的评价效度与信度。网大公司在其所开展的2001年、2002年和2003年连续三年的大学评价工作中，为了确保大学评价指标体系框架的阶段稳定性，一级指标基本与2000年的相同，并未作较大幅度的改变与调整（1999—2003年一级指标见表1.1），只是将以前沿用的"学术声誉"项换成了"声誉"，这样就保证在说法的表述上表现得更精确了。而与一级指标相比不同的是，所有的各二级指标项每年均在不同程度上不断地做着内容和结构上的

---

① http://www.netbig.com/nav/abouts.php.

微调，截至 2003 年这个评价指标体系，其二级指标项已经增加到了 22 个方面的内容（1999—2003 年二级指标数目见表 1.1）[①]。

表 1.1　　　　　　　1999—2003 年网大一级及二级指标比较

时间	一级指标					
1999	学术（2）			新生质量（1）	师资（2）	科研经费（1）
2000	学术声誉（1）	学术地位（4）	学术成果（4）	学生情况（4）	教师资源（1）	物质资源（3）
2001	学术声誉（1）	学术地位（5）	学术成果（7）	学生情况（2）	教师资源（1）	物质资源（2）
2002	学术声誉（1）	学术地位（5）	学术成果（7）	学生情况（2）	教师资源（4）	物质资源（3）
2003	声誉（1）	学术地位（5）	学术成果（7）	学生情况（2）	教师资源（4）	物质资源（3）

注：括号（　）中为每项一级指标所含的二级指标数目；2000 年虽然分为重点和非重点大学，此表所列为重点大学评价的一级指标，非重点大学评价指标比此表少"学术声誉"一项。

四　中国校友会网和《21 世纪人才报》的大学评价研究[②]

（一）中国校友会网大学评价研究工作简介

中国校友会网（cuaa.net），又称中国校友网，是我国最早为校友会组织提供网络服务的专业网站，自 2003 年起先后与《21 世纪人才报》等著名媒体和国内著名高教研究专家联合成立"中国校友会网大学评价课题组"连续八年开展中国大学评价研究工作。八年来课题组发布中国大学评价研究成果得到了国内外 200 多家新闻媒体的跟踪报道，引起了我国社会各界特别是广大学生家长和高等教育界的广泛关注，已经成为我国有关教育主管部门制定政策，高校提升办学水平和社会影响力，学生及家长报考院校、企事业单位选才及教育投资等的重要参考。在我国高等教育评价领域已经形成了品牌和影响力，"中国校友会网大学评价课题组"发布的中国大学排行榜已成为我国最具影响力的大学排行榜之一。

2003 年以来，"中国校友会网大学评价课题组"先后发布了二十多项有关中国大学的研究成果，在我国高等教育领域有着广泛的学术影响力和社会影响力，历年研究成果刊登在教育部核心期刊《中国高等教育评估》杂志上。截至 2010 年 1 月，中国校友会网发布的研究成果主要包括，《中

[①]　严燕、耿华萍：《国内大学评价机构及其评价指标体系的比较研究》，《教育发展研究》2004 年第 11 期。

[②]　中国校友会网大学评价课题组：《中国大学评价研究报告（2010）》（http://www.cuaa.net/）。

国大学评价研究报告（2010）》、《中国大学星级排名（2010）》、《中国两院院士调查报告（2009）》、《中国大学创业富豪榜（2009）》、《中国大学评价研究报告（2009）》、《中国高考状元调查报告（1999—2008）》、《中国杰出人文社会科学家研究报告（2008）》、《中国两院院士调查报告（2008）》、《中国奥运冠军调查报告（2008）》、《中国高考状元职业状况调查报告》、《中国高校富豪校友排行榜（2008）》、《中国高校杰出人才培养状况调查报告（2006）》和《中国造富大学排行榜》等。

近年来，"中国校友会网大学评价课题组"专家先后多次接受国内多家主流新闻媒体专访，2007年以来，课题组专家先后接受中央电视台（CCTV）《新闻会客厅》、《道德观察》栏目、新华社、中国教育电视台（CETV—1）《国视报告》栏目、上海电视台《七分之一》栏目、南京电视台、湖南教育电视台等的邀请，分别就我国大学评价和高考状元相关话题做专题采访。八年来包括《人民日报》、《光明日报》、《新华社》、《中国青年报》、中央电视台、中国教育电视台、上海电视台、《中国日报》、《科技日报》、《科学时报》、《京华时报》、《新京报》、新浪网、腾讯网、新华网、人民网、中国新闻网、搜狐、网易、慧聪、中华网等国内上百家媒体对发布的成果给予跟踪报道。中国校友会网大学排行榜已成为我国最具知名度、最具专业水准和最大众化的大学评价品牌之一。

（二）中国校友会网大学评价工作的设计原则

"2010中国大学排行榜"在评价体系设计和指标遴选上，始终坚持系统性、公正性、可操作性和导向性等四大原则。为保证能够实现对不同类型和层次的学校实施公正、客观和系统地评价，充分体现出被评价的大学的历史成就与目前具备的能力状况，中国校友会网大学评价课题组在大学评价指标的遴选上做了深入的研究，主要采用"金字塔"原理和"新闻洞"理论，同时结合我国高校（含独立学院和民办大学）的实际情况来严格筛选并最终确定出高层次的、具有标志性的反映高校的质量指标和持续性的指标集[①]，以确保所遴选出的最终评价指标具有简洁性、可比性、可操作性、可重复验证性和可持续性等特征，对大学的评价结果能够获得

---

① 赵德国、蔡言厚、冯用军、王凌峰：《中国大学评价研究报告（2009）》（摘要），《中国高等教育评估》2009年第1期。

社会各界，特别是各个高校的充分认可。

1. 系统性原则。该原则是强调大学评价体系本身是一个系统，具有系统的一些基本特征：大学能力的高低评价必须用若干指标进行衡量，并且各个指标之间存在互相的内在联系和互相的制约与影响，同一层次指标间应该存在鲜明的界限，指标体系从整体上体现出较强的系统性。同时，为保证评价体系中的每一个指标都具有清晰而明确的内涵和能够被作出科学的解释，因此就要求指标在形成过程中充分考虑各个指标的遴选、指标权重设置和计算方法具有客观性和科学性。

2. 公正性原则。这个原则首先就是要确保每个被选择的大学评价指标均应该具有可比性，这里强调的可比性是保证大学评价结果公正性的重要前提，而我们所强调的符合可比性条件是指通过国家和社会权威机构、遵循严格程序和评选标准最终确定的人和事，能够确保评价指标在理论上站得住脚，同时又能反映高校的客观实际情况，并能够被来自社会各方的绝大多数组织和人员所接受和认可。

3. 可操作原则。所谓可操作性其实是指那些被选择确定下来的指标应该是简单、实用和可以被不同的人所重复验证的。也就是说大学的评价操作应该尽量体现出简单方便的特点，不但需要保证各项数据容易获取，而且收集的数据不能够失真。另外，所设计的大学评价指标体系应该是繁简适中，所运用的计算方法要简单可行，在确保评价结果客观和全面的前提下，指标体系应该尽可能简单和明了。不同的人可以按照同样的程序对所获得的评价结果开展复核工作。

4. 导向性原则。大学评价的目的绝不仅仅是简单地评出一个大学的名次及优劣水平的高低，其更重要的目的是要通过评价和排名，来有效地引导被评价的高校能够以比较客观的方式更好地了解和把握其自身的发展特色、优势和劣势，能够有效地激励被评价高校更好地和更有针对性地向正确的发展方向和更高远的目标前进，特别是向着社会和经济发展所需要的方向和目标努力，这就是大学评价工作对高校发展的导向功能。

（三）指标构成

自 2003 年以来的八年间，"中国校友会网大学评价课题组"在广泛听取社会各界的意见和建议的基础上，不断实践、不断完善，取得了一系列突破性的研究成果，已经基本构建起具有鲜明的独创性、符合我国国情、大学校情和时代发展要求的、科学性与公正性有机结合的中国大学评价指标体系。评价从高校的"人才培养和科学研究"两大职能入手，以"衡量高校科学与人才的贡献能力"为评价目标，侧重体现被评价高校的历史成就和现时水平，是对我国高校的综合选优排序，这也是中国校友会网中国大学排行榜区别于国内外其他大学排行榜的最大特点。

（四）评价对象、评分依据和数据来源

在中国校友会网大学评价课题组公布的《中国大学评价研究报告（2010）》中所涉及的评价对象主要包括由我国教育部 2009 年度批准并向社会公布的具有普通高等学历教育招生资格的公办本科大学、独立学院和民办大学。其中，那些参加了 2010 年中国大学星级排行榜的各类艺术和体育类高校将在今后不再参加中国校友会网组织的中国大学的综合评价与排名。由于中国校友会网的大学评价报告主要针对我国高校的综合情况进行相应的选优排序，因此对于一些评价指标数据不能充分覆盖的高校，暂时不作为研究对象加以考虑和评价。

《2010 中国大学评价研究报告》指标数据源主要包括国家教育和科技等主管部门的相关网站、各级各类高校网站、各种媒体报道以及报刊、杂志和书籍等各方面的信息渠道，并且评价指标基本上使用的是各个参加评价大学 2009 年度所统计的数据。但是考虑到在数据的调查整理过程中会受到一些内外环境因素的影响，所以评价所采用的数据或多或少会存在一定的缺失或不足之处。对于那些目前尚无法准确获取调查数据的调查对象，基于可靠性的考虑，在本次公布的评价研究报告中暂不列入统计工作范围，等今后能够更好地获取确切数据后再纳入调查报告之中。

五　邱均平的大学评价研究

邱均平现任武汉大学信息管理学院教授、博士生导师、中国科学评价研究中心主任以及《图书情报知识》杂志副主编。邱均平教授主要从事图书情报学、信息管理学和评价学的教学与研究工作，特别是在文献计量学、科学计量学与网络计量学、科学评价与大学评价、信息管理与知识管理、经济信息与竞争情报等方面有精深研究，并指导和培养这些专业方向的博士生和硕士生。主持或参加了 24 个项目的研究工作，其中国家级的有 15 项，主持的有 17 项，如主持了国家自然科学基金资助项目"科学文献统计分析与学科资助政策优化研究"（其成果被评为"优秀"）、"网络信息计量学的理论、方法与实证研究"等，主持国家社科基金重点项目"中国社会科学研究评价体系的构建与实证分析"、国家人文社会科学重大项目"文献计量与内容分析的综合研究"等；出版著作 18 部，代表性著作有《文献计量学》（获"优秀著作奖"、"优秀教材奖"，被选为教育部"面向 21 世纪教材"）、《市场经济信息学》、《网络数据分析》、《中国大学评价报告》、《中国研究生教育评价报告》、《大学评价与科研评价》等。

邱均平教授在其《我国大学评价的现状及主要问题分析》一文中指出，随着高等教育的发展，作为高等教育管理一种"新模式和重要手段"的大学评价，正受到越来越多的关注。文章正是基于对国内大学评价的关注，详细介绍了我国大学评价的现状，并对目前评价中所存在的主要问题进行了简要分析，初步提出了自己的看法和改进建议。

邱均平教授在其参与编写的由武汉大学中国科学评价研究中心和中国科教评价网共同研发的另一部著作《中国大学及学科专业评价报告（2010—2011）》① 中，从三个部分对中国大学评价工作进行了全面而系统的阐述：第一部分主要描述并罗列了中国大学及学科专业排行榜。在这一部分除了包括对大学及学科专业的排行榜（即中国大学教育地区竞争力排行榜、中国重点大学竞争力排行榜、中国一流大学竞争力排行榜、中国一般大学竞争力排行榜、中国民办院校竞争力排行榜、中国大学科技创新竞争力排行榜、中国大学人文社会科学创新竞争力排行榜、中国重点大学分学科门类竞争力排行榜［总表］、中国大学分学科门类竞争力排行榜［分表］、中国大学本科教育分专业竞争力排行榜等 10 个方面的 201 个排行榜）及其细致说明外，还收录了其主旨论文《中国大学发展的主要方向：质量、效益、国际化——2010 年中国大学及学科专业评价结果的分析与启示》。第二部分，全国各大学概况、各类排名结果及联系方式。第三部分，附录。提供了由中国科学评价研究中心自行研制的"本科专业新旧名称对照表"。

《中国大学及学科专业评价报告（2010—2011）》所描述的 10 个方面全面、系统、客观地评价了国内 119 所重点大学（包括 20 所一流大学）、

---

① 邱均平等、中国科学评价研究中心、中国科教评价网：《中国大学及学科专业评价报告（2010—2011）》，科学出版社、龙门书局 2010 年版，第 4 页。

599 所一般大学和 262 所民办院校竞争力、11 个学科门类和 192 个专业的实力和水平。《中国大学及学科专业评价报告（2010—2011）》评价指标合理，方法科学，数据准确，内容丰富，信息量大，资料翔实，权威性高，适用面广，为各级政府管理部门、高等院校、教育研究机构、培训机构、广大学生和家长以及社会各界人士在从事管理、研究和报考选择方面提供了重要的参考和使用依据。

邱均平教授除了参与编写历年《中国大学及学科专业评价报告》外，还完成了《高考择校指南中国大学评价报告（2005）》、《高考分数线与报考指南（2008—2009）》、《中国研究生教育评价报告（2005—2006）》、《中国研究生教育评价报告（2006—2007）》、《高考分数线与报考指南（2006—2007）》、《中国大学评价报告——高考择校选专业指南》、《高考分数线与报考指南（2007—2008）》、《世界一流大学及学科竞争力评价研究报告》、《中国研究生教育评价报告（2007—2008）》、《中国研究生教育评价报告（2008—2009）》、《高考分数线与报考指南（2009—2010）》、《中国学术期刊评价研究报告——RCCSE 权威、核心期刊排行榜与指南》《中国大学及学科专业评价报告（2009—2010）》、《世界一流大学与科研机构学科竞争力评价研究报告（2009）》、《中国研究生教育评价报告（2009—2010）》、《高考分数线与报考指南（2010—2011）》和《中国大学及学科专业评价报告（2010—2011）》等著作成果的编写工作，为当前的大学评价提供了重要的参考。

六　其他学者的研究情况

蔡言厚和蔡莉指出，目前所进行的"学校声誉"排名不符合中国国情。自 1999 年网大开展大学排行榜进行"学校声誉"排名以来，到 2004 年年底，已有 5 家评价机构对大学进行了"学校声誉"调查并排名，其中两家只进行了"学校声誉"调查排名，三家既进行了"学校声誉"调查排名，又同时发布学校综合排名。从三家既进行"学校声誉"排名又进行学校综合排名的结果看，声誉排名与综合排名的一致性相差甚远。因此，需要重新构建符合中国国情的"学校声誉"指标体系[①]。由于他们认为现

---

① 蔡言厚、蔡莉：《构建符合中国国情的"学校声誉"指标体系的探讨》，《中国高等教育评估》2006 年第 1 期。

有的大学评价指标体系具体测量点往往存在这样或那样的不足，所以他们同时也强调应该对中国大学评价的三级指标权重进行修改或做出调整①。

　　蔡莉、兰云和蔡言厚在其发表的论文《大学排名的名次是大学文化沉淀与底蕴的标志》中强调，现在大学排名的名次只是一个学校的表象，大学文化沉淀与底蕴则是一个学校的真正实力和水平的体现。以此为基础，他们在研究中以"2003 中国大学评价"和"2003 网大中国大学排行榜"前 30 名大学并结合中南大学个案为主要分析对象，进一步论述了大学排名的名次与大学文化沉淀与底蕴之间成对应关系，从而证实了"大学排名的名次是大学文化沉淀与底蕴的标志"这一命题②。

　　严燕、徐莉在对《中国大学评价》指标体系的演变历程及问题开展研究过程中，发现这种大学排行榜的指标体系可能带来一些不可预期的负面引导。《中国大学评价》虽然强调的是为学生填报志愿做参考，但客观上推动了高校间的激烈竞争，影响了政府对高等教育的决策。因此，大学评价的社会责任应该是正确引导高等教育朝着健康方向发展，同时也正确引导学生。在此研究的基础上，他们建议将现有体系的一级指标构建成由"人才培养、科学研究、社会服务、学校声誉和办学资源"五个部分组成；三级指标充分增加毕业生质量权重和降低论文指标权重③。

　　李培凤与王生钰强调，一个设计科学、规范、公正、客观的大学评价指标应该能够充分反映大学的根本目标、基本任务，应该说，大学的评价指标体系，对任何一所大学的生存与发展均具有重要的影响和导向作用。这是关系到大学如何认识自身的本质，如何去办大学，如何实现人才培养目标的根本问题，甚至直接关系到大学在社会大系统中处于怎样的地位和作用等一系列的关键问题。从这个意义上说，就大学自身的发展而言，如果能够确定下来一个完整、科学和规范的大学评价指标体系，就可以在一定程度上为大学自身做出良好和准确定位指出了明确的发展方向，进而为

　　① 蔡言厚、蔡莉：《中国大学评价的三级指标权重需要修改》，《中国高等教育评估》2007年第 2 期。
　　② 蔡莉、兰云、蔡言厚：《大学排名的名次是大学文化沉淀与底蕴的标志》，《现代大学教育》2004 年第 5 期。
　　③ 严燕、徐莉：《中国大学评价指标体系的演变历程及问题研究》，《江苏高教》2009 年第1 期。

大学摆脱过去盲目追求规模扩张和数量增长的粗放式发展模式提供基础和准备，为大学逐渐向不断完善自身的内在架构的转型，不断致力于提升大学自身的教学科研能力水平，不断改善大学自身发展的诸种社会环境条件，特别是实现大学加强内涵建设提升人才培养质量的发展方向的转变，奠定坚实的基础。因此，现阶段的一项重要工作就是要不断提升国内各级各类大学对大学评价工作的认识，积极参与和大力支持各种形式的大学评价工作，为大学评价工作提供尽可能丰富翔实和真实可靠的相关数据和信息资源，同时不断为大学评价指标体系的发展和完善提出有意义和有价值的客观和合理的意见和建议，致力于探索适合中国国情的以及符合各级各类大学发展特色的大学评价指标体系，以期促进我国大学的评价工作能够更好地体现社会各方的需求，并在全社会的共同努力、关心和关注下逐渐走向科学化、规范化、合理化和实用化。随着今天大学的不断发展和完善，大学正日益从封闭走向开放，原有的担心影响学校的形象，而拒绝、排斥和不配合大学评价与排名工作的做法和想法，都可能严重地影响大学健康有序的发展，都意味着这些大学将不得不放弃自身在人才培养市场中的地位，被当前的竞争环境所抛弃。由此可见，各级各类高校积极参加各种具有一定科学性的大学评价与排名，对我国大学的生存与发展而言总体上仍旧是利大于弊。因为，在实际的工作中，我们往往可以在校与校的平行比较中，不断地发现自身存在的差距和问题，从而可以并敢于正视他们，进而采取相应的行动努力缩小彼此之间存在的差距，不断改进和提升解决评价过程中所遇到的问题的方法和能力。可以相信的是，我们也可以通过开展大学评价工作，以此来打破长期计划经济下所形成普遍存在的各级各类大学间的不公正的论资排辈的不良局面。进而在大学的相互竞争与比较中极大地调动和激发各大学参与竞争的热情，激发和唤醒各大学内在的竞争意识和危机意识。因此，对于大学而言，敢于正视和承认大学评价和排名工作及其结果，对大学的发展和完善均会产生十分重要而深远的作用和影响。当然，获得这样结果的重要前提就在于我们所开发和设计的大学评价指标体系必须具有科学、规范、公正和客观等关键特性，因为只有这样，我们所获得的大学评价结果的信度、效度和可接受程度才会不断得到改善与提高，并为更多人所接受。由于考虑到现有的大学评价指标体系的科学性往往体现在内容、方法和实践上，并且大多遵循着客观、多元、时效、多维、可比和操作性等多项原则，因此，在评价过程中，只有以大学的本质、目的和任务为依据，对评价指标体系中的各项指标的内容进行深度的分析、探讨和研究，才有可能在符合中国国情的前提下确立具有我国大学发展特色的有效评价指标体系，而不是简单地借助拿来主义的方式去生硬地照搬和套用西方一些现成的大学评价指标体系来机械地指导我国大学的发展与变革，因为这样做的结果往往不仅会误导考生和家长对大学的正确选择，更重要的是会误导大学的发展与变革方向①。

殷之明在其硕士学位论文中指出，在中国开展大学评价活动的机构很多，发布的结果也很多。但目前对于评价指标体系的理论、系统研究很少，虽然有一部分单位、个人意识到了指标体系的重要性，甚至已经有人从同一单位的不同年份的或不同单位之间的比较中发现了问题，但苦于具体例证的操作难度，都没有实证研究。所以，他进一步强调，开展针对性和适用性较强的中国大学综合评价指标体系研究，具有较强的创新意义②。

从上述关于大学评价研究的历史过程来看，以广东管理科学研究院、网大公司、中国校友会网、邱均平教授、蔡言厚和蔡莉等许多专业机构和部分专家学者已经开始了一系列的大学评价研究工作，从不同侧面采用不同的指标和数据对大学的发展状况开展评价，通过不断的反馈和完善，积累了较为丰富的研究经验，从大学排名的角度为今后大学发展和建设，以及进一步开展大学评价工作奠定了坚实的基础。

第二节　我国大学评价的体系结构

从大学评价的历史演进的综合评述来看，当前我国大学评价还处于"百花齐放、百家争鸣"的阶段，尚没有形成一个具有一般代表意义的大学评价的体系结构。为此，我们在此仅选取几种在国内具有一定影响力的大学评价指标体系，加以介绍。

① 李培凤、王生钰：《对大学评价的述评》，《高等理科教育》2004年第4期。
② 殷之明：《中国大学综合评价指标体系研究》，硕士学位论文，武汉大学，2005年。

一　武书连的大学评价体系结构①

武书连等的《中国大学评价（2010）》的指标体系是根据《中华人民共和国高等教育法》的法律规范编制的。在《中华人民共和国高等教育法》第 5 条、第 16 条、第 25 条、第 31 条、第 38 条、第 41 条等多项法律条款的规定内容中，培养高级专门人才和开展科学研究工作是本科及其以上高等教育教学单位在中国社会职能分工中所必须履行的主要责任和义务。因此，在这一重要依据下，人才培养和科学研究两个方面在武书连等设计的《中国大学评价》的指标体系被设定为一级指标。

（一）对于人才培养一级指标项的描述

武书连等的《中国大学评价（2010）》的指标体系考虑到当前我国的现实国情，即本科高校是人才获取高等教育学历的重要场所，本科生教育和研究生教育是其人才培养的主要途径和基本形式。因此，根据这一条件的要求，人才培养这个一级指标主要包括本科生培养和研究生培养这两个基本的二级指标。

1. 关于本科生培养二级指标的说明

武书连等主张本科生培养的二级指标主要应该由就业率、录取分数线、教学评估结果、师生比、毕业生数、教师平均学术水平、双语教学示范课程、实验教学示范中心、特色专业、教学团队、规划教材、挑战杯等竞赛奖励、数学建模大赛奖励、本科教学成果奖 14 项内容构成。上述指标中的 10 项内容的数据主要由国家相关部门的数据资源提供支持。而对于新生录取分数线、师生比和毕业生数 3 个指标的数据则是在国家相关部门公开的数据资源基础上通过选择、整理和计算获得。另外，教师平均学术水平指标是针对本科生教学质量设定的，所涉及的教师数量来自于国家相关部门公开的数据。

（1）就业率。该指标所涉及的数据是指最近一次的初次就业率，此项信息不公开的同类大学将自动按最低就业率来加以计算。

（2）录取分数线。该指标所涉及的数据是指各级各类大学最近一次

---

① 武书连、吕嘉、郭石林：《中国大学评价（2010）》，《科学学与科学技术管理》2010 年第 4—5 期。另由于考虑到对该指标体系的全面介绍，所以本书在此处将该指标的描述内容全部引用过来，特此说明。

在国内各地区本科录取中的文理科分数线的归一平均值（以下同）。此项信息不公开的同类大学自动按其提档分数线来加以计算。

（3）教学评估结果。该指标所涉及的数据是指最近一次教育部组织的本科教学水平评估结果。

（4）师生比。该指标所涉及的数据是指毕业生入学年度的全校生师比。

（5）毕业生数。该指标所涉及的数据是一个以 4 年前在校本科生数除以 4 的平均值。

（6）教师平均学术水平。该指标所涉及的数据是以毕业生入学年度的教师及研究生数量作为基础数据计算得到的。

（7）双语教学示范课程。该指标所涉及的数据是取自最近 5 年的数据计算得到的。

（8）实验教学示范中心。该指标所涉及的数据取自最近 5 年数据计算得到的。

（9）特色专业。该指标所涉及的数据取自最近 5 年数据计算得到的。

（10）教学团队。该指标所涉及的数据取自最近 5 年数据计算得到的。

（11）规划教材。该指标所涉及的数据取自最近 2 届（10 年）的数据计算得到的。

（12）挑战杯本科生学术作品竞赛奖。该指标所涉及的数据取自最近 3 届（6 年）数据计算得到的。

（13）本科数学建模竞赛奖。该指标所涉及的数据取自最近 6 年数据计算得到的。

（14）本科教学成果奖。该指标所涉及的数据取自最近 2 届（8 年）教学成果奖中与本科教育有关的奖项数量。

2. 关于研究生培养二级指标的说明

武书连等主张，作为二级指标研究生培养下属的三级指标，主要应该包括毕业生平均学术水平、博士毕业生数、硕士毕业生数，优秀博士论文和研究生教学成果奖 5 项内容。除毕业生平均学术水平这个三级指标外，其他几个三级指标的数据均来自于国家各相关部门所公开发布的数据资源或者是根据来自于国家相关部门公开发布的数据资源，通过筛选、整理和计算所得到的。对于毕业生平均学术水平来说，其中所涉及的研究生数量则是来自于国家相关部门公开发布的数据资源。

（1）毕业生平均学术水平。该指标所涉及的数据是以4年前在校研究生的数量为基础经过计算和整理所得到的。

（2）优秀博士论文。该指标所涉及的数据取自最近6年来优秀博士论文的数量。

（3）博士毕业生数。该指标所涉及的数据是以4年前在校博士生的数量除以3.5计算后所得到的平均值。

（4）硕士毕业生数。该指标所涉及的数据是以4年前在校硕士生的数量除以2.5计算后所得到的平均值。

（5）研究生教学成果奖。该指标所涉及的数据是取自最近2届（8年）教学成果奖中与研究生教育相关的奖励数量。

（二）对于科学研究一级指标的描述

武书连等的《中国大学评价（2010）》的指标体系考虑到当前我国高校的科学研究现状、发展趋势及特点，因此，根据这种情况的要求，一级指标科学研究主要包括自然科学研究和社会科学研究两项二级指标的内容。

1. 关于自然科学研究二级指标的说明

武书连等主张，作为二级指标自然科学研究的下属三级指标主要包括国内引文数据库论文及引用、国外引文数据库论文及引用、学术著作引用、艺术作品、专利授权、科学与技术奖和国家大学科技园7个方面的内容。在数据来源方面，其中专利授权、科学与技术奖和国家大学科技园3个三级指标所涉及的数据主要来自国家各相关部门公开发布的数据资源。而对于4个三级指标如国内引文数据库论文及引用、国外引文数据库论文及引用、学术著作引用、艺术作品等所涉及的数据主要是把国内外公开出版和发行的相关学术期刊作为其基本的数据来源。

（1）国内引文数据库论文及引用。该指标所涉及的数据主要来自近5年来发表在SCD源期刊上的自然科学学术论文被引用情况，以及最近2年发表在SCD源期刊上的自然科学学术论文数量。在数据检索过程中，要求所有论文的出版源刊物均为期刊，且所有的增刊、特刊和专集等均不在统计之列。

（2）国外引文数据库论文及引用。该指标所涉及的数据主要来自在近 5 年发表在 SCI、SSCI 和 A&HCI 源期刊上的自然科学学术论文被引用的情况，以及近 2 年发表在 SCI、SSCI、A&HCI 源期刊上的自然科学学术论文的数量。同样，在数据检索过程中，要求所有论文的出版源刊物均为正式学术期刊，且所有的子辑、增刊和特刊等均不在统计之列，并且论文的类型只能是 Article、Review 和 Letter。

（3）学术著作引用数。该指标所涉及的数据主要来自近 5 年来正式出版的被 SCD 论文引用的自然科学学术著作（也包含教材）的数量。

需要强调的是，上述 3 个方面的自然科学三级指标中所提到的被引用数量，原则上不包括作者的自引用数量。

（4）艺术作品。该指标所涉及的数据主要来自近 5 年来在建筑学和工业设计等专业领域创作的艺术作品。

（5）专利授权。该指标所涉及的数据主要指来自近 5 年来所产生的发明创造专利和实用新型专利授权的数量。

（6）科学与技术奖。该指标所涉及的数据主要来自近 5 年来国家最高科学技术奖、国家自然科学奖、国家技术发明奖和国家科学技术进步奖等国家级的科学技术奖励数量。

（7）国家大学科技园。该指标所涉及的数据主要来自国家科技部公开发布的大学科技园名单等信息。

2. 关于社会科学研究二级指标的说明

武书连等主张，作为二级指标社会科学研究的下属三级指标主要包括国内引文数据库论文及引用、国外引文数据库论文及引用、学术著作引用、艺术作品、专利授权和人文社会科学奖 6 个方面的内容。其中专利授权和人文社会科学奖 2 个指标的数据来源于国家相关部门公开的数据。而其他各个三级指标所涉及的数据则主要以国内外公开出版发行的期刊作为其数据来源。

（1）国内引文数据库论文及引用。该指标所涉及的数据主要来自近 5 年来发表在 SCD 源期刊上的社会科学学术论文被引用的数量，以及近 2 年来发表在 SCD 源期刊上的社会科学学术论文的数量。另外，上述提及的所有论文涉及的出版物应均为学术期刊，并且所有属于增刊、特刊和专集等不在统计之列。

（2）国外引文数据库论文及引用。该指标所涉及的数据主要来自近5年来发表在 SCI、SSCI 和 A&HCI 源期刊上的社会科学学术论文被引用的数量，以及近2年来发表在 SCI、SSCI 和 A&HCI 源期刊上的社会科学学术论文的数量。另外，上述提及的所有论文涉及的出版物应均为期刊，并且所有属于子辑、增刊和特刊的不在统计之列，同时上述提及的所有论文的类型应该主要限定在 Article、Review 和 Letter 等几种类型上。

（3）学术著作引用数。该指标所涉及的数据主要来自近5年来正式出版的被 SCD 引用的社会科学学术著作（含教材）的数量。

需要注意的是，上述3个方面的社会科学三级指标中所提到的被引用数量，原则上不包括作者的自引用数量。

（4）艺术作品。该指标所涉及的数据主要指发表在《音乐创作》期刊上的五线谱乐曲。其他公开发表的相关艺术作品目前暂不予以采用。

（5）专利授权。该指标所涉及的数据主要来自近5年来产生的发明创造专利以及实用新型专利授权的数量。

（6）人文社会科学奖。该指标所涉及的数据主要来自近2届（6年）由教育部组织的人文社会科学成果奖励。

因此，上述提及的二级指标科学研究下属的各三级指标的时间跨度基本上是最低的年数。在实际开展评价工作的时候，该指标体系还会根据数据采集时间的具体情况做出相应的调整。

二　网大公司的大学评价指标体系[①]

（一）网大公司的大学评价指标体系的计算原则和计算方法

1. 网大公司的大学评价指标体系的计算原则

为了确保大学评价的指标体系中所包含的各项评价最终能够整合到一起，获得一个最终的综合的结果，网大公司在开发大学评价指标体系时，确定了对每个分项指标排名计算相对分、最后将各项相对分通过加权方式相加的计算原则。

2. 网大公司的大学评价指标体系的计算方法

网大公司强调，计算每个指标项的相对分的过程，其实就是分项数据

---

① 本部分文字根据网大主页信息摘录和整理而成，考虑到为更好和更方便地了解该评价体系全貌的需要，适当地作了修改。详见 http://rank2010.netbig.com/top100.html。

或分项计算结果标准化到［0—100］区间的过程：在每个具体指标当中，数据或计算结果得分最高的院校，其最终得分即为 100 分，而其他院校得分则是通过该项指标所得数据或计算结果数值除以最高数值的相对百分数。

网大公司 2010 年的大学排行，在 2008 年大学排行的基础上对标准化过程做出了相应的改进，进一步坚持了把第一名与第二名的平均数作为评 100 分基准的这一原则，如果有的大学的评价结果超过满分基准则强制确定为 100 分。

评价指标体系中的每一项指标都遵循这一原则来计算，其标准化过程在后面不再逐一特别强调。

（二）网大公司的大学评价指标体系的具体测算

1. 对于指标"录取新生质量"项的计算

从网大公司的大学评价指标体系来看，新生质量项是根据 2009 年各大学录取新生的高考平均分数据（而不是采用录取的分数线）来测算出相应结果。

考虑到各省高考命题及计分方法存在的差异，因此在通过"录取新生质量"项对大学进行排名时，首要的工作是在以省为单位对其所属的大学进行排名，毕竟每个省的高考评分标准往往是统一的。当然对高考成绩进行统计时还应考虑文史类和理工类这两个口径。其中，文史类主要包括哲学、法学、经济学、历史学、教育学、文学和外语等类专业；理工类主要包括理学、工学、医学、农学和管理学等专业。而在实际测算的过程中往往对每所院校都要在上述两个口径去考虑考生的表现。因此，在对"录取新生质量"指标项进行测算时，首先是从文史类和理工类的分科角度就各省来打分，然后把各省的表现加以综合来测算各大学的分科在全国的排名情况，最后将大学各分科在全国的综合表现测算出来，上述每一过程的累加都是对相关录取人数所做的加权平均。

2. 对于指标"科研经费"项的计算

从网大公司的大学评价指标体系来看，"科研经费"项的计算过程始终坚持按科技和社科两大类进行分别排行测算的总原则，然后再根据各大学科技和社科活动人员占人员总数的比例进行加权，并合并上述两项的得分。

3. 对于指标"学术成果"项的计算

从网大公司的大学评价指标体系来看，"学术成果"项的计算方法和"科研经费"指标项比较相似，主要围绕科技和社科两大类学术成果分别进行测算，然后按两类活动的参与人员数量进行加权合并。在计算的过程中要考虑总量和人均指标。测算过程中具体的分类办法是把 SCI 和 EI 检索类成果归入科技类，而把 SSCI 和中国社会科学引文检索的成果 CSSCI 归入社科类。这种测算的方法在一定程度上解决了科技与人文社会科学成果之间久已存在的无法直接相互比较的问题，并且能够更客观和全面地体现不同类型的大学的学术成果在综合序列中的地位。

4. 对于指标"声誉"项得分的平衡

因为涉及声誉调查问卷设计的技术因素的限制，在调查过程中往往不可能对所有的大学全部开展调查。对于那些并未列入调查范围的大学，网大公司将以这些大学的一些其他指标表现作为参照，来弥补其声誉的评分，在此基础上计算其总分。需要强调的是，尽管有些大学被列入声誉调查名单，但在调查过程中假设该大学声誉并不高，那么在调查过程中未必能够，获得额外的优势。相应的是，即使有些大学没有能够参与声誉调查，但是只要这些大学在其他调查指标项上表现良好，那么所折算的声誉评分往往也会高于一些参与调查的大学。

5. 对于指标"国家级实验室及工程中心数"项的测算

由于有些高校的实验室或工程中心是与其他单位和大学联合建设的，那么在测算过程中按参与单位数对份额进行平分，但确保每个参与单位份额不少于0.2。

6. 对于指标"物资资源"项下图书和校舍建筑面积的测算

网大公司对于图书项在测算时，同时考虑总图书量和生均图书量两个方面的情况，然后用各占50%的比率进行加总。对于校舍建筑面积也将采用同样办法处理，同时考虑总量与生均面积的表现。

7. 对于指标"学生人数"项的折算

网大公司在其大学评价指标体系中，在对研究生占全校学生比例、师生比、生均图书量和生均校舍建筑面积进行计算时，研究生的学生人数均按照与全日制本专科学生折算后的人数来计算。

8. 对于指标"学生情况"项数据空缺的处理

少数院校（特别是某些体育、艺术类院校以及民办院校），没有研究生、又缺少详细准确的新生高考录取分数据，为避免学生指标表现空缺，需要进行平衡。平衡的办法是，参考该院校的教师情况与物资资源表现，折算学生情况指标得分。学生情况的平衡没有像声誉分一样，在所有指标中进行，因为我们认为这些院校的学术资源及学术成果等表现，与录取学生的情况关联比较弱。作为此项处理伴随的结果，往年少数缺失学生指标数据的院校，表现终于归位。

9. 对于指标"专任教师数"项的选取

网大公司在设计大学评价指标体系时，对那些有附属医院的大学，在测算专任教师人数时往往并不包括那些编制在附属医院的非教学人员。

10. 对于测算过程中某些数据或分项的界限的规定

网大公司在设计大学评价指标体系时，充分考虑了一些院校本身特点（如艺术类院校）或生源不足、师生比特别高等实际问题，因此在测算相关项得分时，会通过给师生比设定上限为 1/11 加以调整，凡师生比超过 1/11 的情况，均按照 1/11 来进行计算；为避免医药类院校学术资源集体表现偏高，博士点对本科学位点比例上限为 2，硕士点对本科学位点比例上限为 4；研究生占全体学生比例上限为 0.67；生均图书量上限按 250 本/折合学生计算；生均校舍建筑面积上限为 100 平方米/折合学生。

11. 对于大学小语种等冷门本科专业的排除

计算学术资源时，2010 年排行用"对本科学位点比例"代替自 2003 年排行以来一直沿用的"每千名学生的拥有量"计算。这样更有效地突出了博士点、硕士点、国家重点学科、国家重点实验室/工程（技术）研究中心及国家人文社科重点研究基地等学术资源的品质，避免高估某些院校大而不当的专业设置。

这样改进之后，某些院校如北京外国语大学、中国传媒大学等，因为开设很多小语种等冷门本科专业，甚至全国唯一的专业，假如将这些专业算入除数，显然是不合理的。处理办法是计算学术资源时将冷门本科专业排除在外。

（三）指标体系

网大公司的大学评价指标体系如表 1.2 所示。

表 1.2　　　　　　　　　2010 网大中国大学排行榜指标体系　　　　单位:%

一级指标	权重	二级指标	指标权重
声誉	15	两院院士、知名学者、专家、大学校长和中学校长调查结果	15.0
学术资源	20	博士点数（对本学位点比例）	4.4
		硕士点数（对本学位点比例）	2.4
		国家重点学科（对本学位点比例）	4.6
		国家级实验室级工程中心数（对本学位点比例）	4.2
		国家人文社科重点研究基地数（对本学位点比例）	4.4
学术成果	22	科学引文索引 SCI（总量和人均）	8.1
		工程索引 EI（总量和人均）	5.5
		社会科学引文索引 SSCI（总量和人均）	6.2
		中国社科引文索引 CSSCI（总量和人均）	2.2
学生情况	12	录取新生质量（高考成绩）	5.9
		全校学生中研究生的比例	6.1
教师资源	19	专任教师中副高以上人员的比例	8.0
		两院院士人数	5.0
		长江学者特聘教授人数	4.0
		师生比（专任教师人数/学生人数）	2.0
物资资源	12	科研经费总量及专任教师和科研机构人员人均科研经费	6.0
		图书总量及生均图书总量	3.0
		校舍建筑面积及生均面积	3.0

资料来源：http://rank2010.netbig.com/top100.html。

三　中国校友会网的大学评价指标体系①

（一）中国校友会网的大学评价指标体系的构成

八年来，"中国校友会网大学评价课题组"在广泛听取社会各界的意见和建议的基础上，不断实践、不断完善，取得了一系列突破性的研究成果，已经基本构建起具有鲜明的独创性、符合我国国情、大学校情和时代

---

①　本部分文字根据中国校友会网主页信息摘录和整理而成，考虑到为更好和更全面了解该评价体系全貌的需要，没有做更多的修改。详见 http://cuaa.net/cur/2010/zhibiao.shtml。

发展要求的、科学性与公正性有机结合的中国大学评价指标体系。评价围绕大学的"人才培养和科学研究"两大职能展开，以"衡量高校科学与人才的贡献能力"为评价目标，着重体现被评价高校的历史成就和现时水平，这是一种对我国高校的综合选优排序的方式，同时这也是中国校友会网中国大学排行榜区别于国内外其他大学排行榜的最大优势和特色。

1. 公办高校评价指标体系的构成

中国校友会网在其推出的 2010 年中国大学排行榜中继续沿用其一直使用的三级评价指标体系：即其"一级指标"主要包括"人才培养"、"科学研究"和"综合声誉" 3 个方面；其"二级指标"主要包括科研基地、科研项目、科研成果、培养基地、师资队伍、学生情况和综合声誉 7 个方面；其"三级指标"主要包括科学创新基地、基础科研项目、重大科研成果、毕业生质量、师资水平、学科水平、国家声誉和社会声誉 8 项内容。

根据社会发展和不断进步所提出的新的要求，中国校友会网大学评价课题组在进行综合分析与考虑的基础上，指出凡是能够比较持续地体现和反映大学办学水平和科研能力的具有较高等级和质量的指标都将成为其开展大学评价的重要依据。在 2010 年的大学评价体系框架设计过程中，在保持基本框架不变化的前提下，中国校友会网大学评价课题组根据新时期各种情况的变化，及时调整并新增了一些有价值的评价指标，以便更好地体现和充分反映我国大学发展变化的实际情况，特别是更充分地体现和反映处于不同层次的大学、不同类型的大学、不同结构的大学以及不同地区的大学的实际发展和变化的情况。2010 年中国大学排行榜评价指标体系所做出的主要调整情况就是在科学研究这个一级评价指标下，经研究决定新增国家地方联合工程研究中心和工程实验室等指标内容，作为对原有指标的补充和完善。

2. 民办高校（含独立学院）评价指标体系的构成

中国校友会网在其推出的 2010 年中国民办高校（含独立学院）排行榜中，主要采用了三级评价指标体系，其中第一级评价指标主要包括"人才培养"、"办学设施"和"综合声誉" 3 个方面的内容；其二级指标主要包括师资力量、学科建设、培养数量、培养质量、投入资金、硬件设施、软件设施和学校声誉 8 个方面的内容；其三级指标主要包括固定资产、图书馆生均藏书、教学仪器设备价值、毕业生就业率、师生比、新闻搜索数、人均学费和本地生源比例等20多项内容。

下面简要介绍中国校友会网2010中国民办高校排行榜评价指标各一级指标相应的二级和三级评价指标的选择依据和评价要点：

（1）关于一级指标"人才培养"项的说明。人才培养是民办高校生存和发展的根本，民办高校能否成为"名牌高校"、能否获得可持续发展、能否赢得较强的社会影响力，关键是看其人才培养的质量。只有培养出了"民牌"的"名牌毕业生"，"民牌学校"才有可能变为真正的"名牌学校"。名师出高徒，师资质量对毕业生质量有直接、巨大的影响。

人才培养由培养数量、培养质量、师资力量和学科建设等二级指标组成，三级指标主要包括全日制在校学生人数、专任教师总数、专任教师师生比、专任教授、副教授（含相应职称）数、专任教授与副教授（含相应职称）占专任教师比例和本科专业数等多项内容。近年来，随着国家关于民办高等教育办学政策的逐渐调整与放开，许多民办高校（含独立学院）已经先后在国家教学名师、国家教学团队、国家级教学成果奖、国家精品课程、高等学校特色专业建设点、国家自然科学基金和国家社会科学基金等国家级别的项目等方面获得了长足的进步，许多高校都实现了零的突破，基于这样一个原因，在2010年的大学评价体系中，中国校友会网决定新增上述的相关评价内容，在培养质量指标中新增创业人才（中国富豪榜、大学创业富豪榜上榜毕业生）指标，同时删除了"专任外籍教师"等不合时宜的指标，借此形成树立更高发展目标、提升办学层次、提高办学质量和水平以及不断取得新的良好办学成绩的新时期民办高校的发展导向。

（2）关于一级指标"办学设施"项的说明。中国校友会网认为，民办高校要培养出优秀人才，不但要有优秀的教师、具有一定优势的学科等软件资源，还要有一定的硬件资源，包括教学仪器设备、图书馆生均藏书、教学用地等，这些是保证师资和学科效用得到有效发挥的物质保证。

中国校友会网强调，民办高校办学设施下属的二级指标项主要包括投入资金、硬件设施和软件设施等内容，其所属三级指标项则主要包括固定资产总值、学校占地面积、教学科研用建筑面积、教学科研生均建筑面积、图书馆藏书量、图书馆生均藏书和教学仪器设备价值等内容。

（3）关于一级指标"综合声誉"项的说明。中国校友会网指出，民办高校的综合声誉反映国家和社会对民办高校（含独立学院）的认可程度、关注密度和支持力度，也是侧重体现民办高校的社会影响力、考生吸引力、校际竞争力等的重要衡量指标。

民办高校的"综合声誉"应主要包括高考录取批次、办学层次、国家办学条件评估、学士学位授权资格、高校媒体影响力、本专科专业学费、本地生源比例等项内容。

（二）公办高校指标权重及计算方法

1. 公办高校评价指标权重

（1）指标权重。公办高校大学评价指标体系中的各指标权重分配详情见表1.3。

表1.3　　　中国校友会网 2010 中国大学排行榜评价指标体系权重分配

一级指标	二级指标	三级指标	指标权重（%）
科学研究	科研基地	科学创新基地	15.56
	科研项目	基础科研项目	13.33
	科研成果	重大科研成果	20.00
人才培养	培养基地	学科水平	11.11
	师资队伍	师资水平	13.33
	学生情况	毕业生质量	20.00
综合声誉	学校声誉	国家声誉	2.22
		社会声誉	4.45

资料来源：http：//cuaa.net/cur/2010/zhibiao.shtml。

（2）三级评价指标的内涵。

①三级指标"科学创新基地"项包括知识生产基地和技术创新与成果转化基地。

这里所提到的"知识生产基地"项主要包括国家级的各类实验室及所属的重点实验室、国防领域的各级重点实验室、教育部（含部省共建）所属的各级重点实验室、国防领域的各级各类重点学科实验室、教育部所属的人文社会科学的各级重点研究基地等项内容。

"技术创新与成果转化基地"项主要包括国家级的各类工程研究中心、实验室、技术研究中心以及国家与地方联合建设的工程研究中心和实验室、教育部下属的各级工程研究中心、国家级的各类技术转移机构、国家级的各类大学科技园以及文化科技园等项内容。

②三级指标"基础科研项目"项主要包括"973"国家级重大基础研究项目、国家级重大科学研究计划项目、国家自然科学基金项目和国家社会科学基金项目等项内容。

③三级指标"重大科研成果"项主要包括"国家级各类奖励成果"、"中国专利奖"以及在"Nature & Science"上公开发表的学术论文等项内容。

其中，"国家级奖励成果"项主要包括国家最高科技奖、自然科学奖、技术发明奖、科技进步奖、中国十大科技进展奖、中国高校十大科技进展奖、国家社科基金项目优秀成果奖、中国高校人文社会科学研究优秀成果奖以及国防院校科研特殊贡献奖励等项内容。"中国专利奖"主要包括中国专利奖下设的金奖和优秀奖等奖项。在"Nature & Science"上公开发表学术论文主要是指以某大学作为第一作者单位在《自然》和《科学》杂志上公开发表或被收录的论文数量。

④三级指标"学科水平"项则主要包括"高校学科创新引智基地（111 计划）"，国家一级、二级和重点培育的重点学科，博士后流动站，二级学科博士点和硕士点以及高等学校的本科特色专业建设点等项内容。

⑤三级指标"师资水平"项主要包括中国科学院和中国工程院的院士以及国外院士、国家级杰出人文社会科学家、国家级教学名师和教学团队、长江学者及国家级创新团队带头人以及国家自然科学杰出青年基金获得者等项内容。

⑥三级指标"毕业生质量"项主要包括各所大学的毕业生中所产生的杰出政治家、企业家、科学家、文学家和艺术家等以及各大学中获得过各种奖励的优秀学生等类人员。

其中，这里提到的"杰出政治家"主要包括担任过国家级正职领导和副职领导、省部级等正职领导、中央委员以及候补委员等领导职务的人员。

"杰出企业家"主要包括在国内外上市公司、国资委直管中央企业、国有重点企业董事长、总裁/总经理，国有商业银行、股份制商业银行董事长、行长等企业担任领导职务或者被登入中国富豪榜的人员。

"杰出科学家"主要包括中国科学院和中国工程院院士、国外院士、杰出人文社会科学家、长江学者及创新团队带头人等类人员。其中的"杰出人文社会科学家"的遴选标准和入选学者名单详见《中国杰出人文社会科学家研究报告（2008）》。

这里所说的"杰出文学家、艺术家等"主要包括全国金话筒奖、国家级电影和电视奖的获得者、国家鲁迅和茅盾文学奖获得者等项人员。

"优秀学生"主要包括全国优秀博士论文奖获得者（可扩展到提名奖），全国大学生创业计划、课外学术科技作品竞赛、数学建模、电子设计竞赛、英语演讲竞赛奖获得者等类人员。

⑦"国家声誉"是指高校是否为国家副部级高校、"985"工程大学（含985工程优势学科创新平台建设高校）、"211"工程大学、国家重点大学和国家重点建设西部地区高校，是否设有研究生院等。

⑧"社会声誉"由国内新闻媒体对2009年度参评高校新闻报道数组成。

2. 计算方法

（1）评分方法。中国校友会网的大学排行榜用百分制的分数形式来表现最终综合评价和单项评价的结果。

（2）各级指标的具体计算方法。

①指标体系中三级评价指标项得分的测算。其计算公式：

上榜高校的三级评价指标得分 = 100 × ∑（各三级评价指标项参数 × 系数）/Max{∑（各三级评价指标项参数 × 系数）}

②指标体系中一、二级评价指标项得分的测算。其计算公式：

上榜高校的二级评价指标得分 = 100 × ∑（各三级评价指标得分 × 权重）/Max{∑（各三级评价指标得分 × 权重）}

上榜高校的一级评价指标得分 = 100 × ∑各二级评价指标得分/Max{∑各二级评价指标得分}

③指标体系中综合排名得分的计算。其计算公式：

上榜高校的最终综合排名得分 = 100 × ∑（三级评价指标得分 × 权重）/Max{∑（三级评价指标得分 × 权重）}

表 1.4　中国校友会网 2010 中国独立学院排行榜评价指标及权重分配

序号	一级指标	二级指标	三级指标	指标权重（%）
1	办学设施	投入资金	1. 固定资产总值	3.08
		硬件设施	2. 学校占地面积	1.20
			3. 教学科研用建筑面积	5.11
			4. 教学科研用生均建筑面积	7.66
		软件设施	5. 图书馆藏书量	4.58
			6. 图书馆生均藏书	8.09
			7. 教学仪器设备价值	4.68
2	人才培养	培养数量	8. 全日制在校学生人数	5.87
		培养质量	9. 近三年毕业生平均就业率	3.38
			10. 学生获国家级、省部级各类大学生竞赛奖励	2.19
			11. 创业人才（中国富豪榜、大学创业富豪榜上榜毕业生）	2.58
		师资力量	12. 专任教师总数	6.57
			13. 专任教师师生比	8.76
			14. 专任教授、副教授（含相应职称）数	4.88
			15. 专任教授、副教授（含相应职称）占专任教师比例	4.43
			16. 国家级、部省级教学名师或团队、国家自然科学和社科基金项目获得者	3.09
		学科建设	17. 学历教育本科专业数	7.16
			18. 国家级、部省级重点学科、重点建设专业、精品课程和教学成果奖等	4.24
3	综合声誉	学校声誉	19. 国家声誉（高考录取批次、国家办学条件评估结果等）	2.19
			20. 社会声誉（新闻媒体报道数等）	4.78
			21. 人均学费（本科专业人均学费等）	3.28
			22. 本地生源比例（本科专业本地生源比）	2.20

资料来源：http://cuaa.net/cur/2010/zhibiao.shtml。

表 1.5　　中国校友会网 2010 中国民办大学排行榜评价指标及权重分配

序号	一级指标	二级指标	三级指标	指标权重
1	办学设施	投入资金	1. 固定资产总值	2.92
		硬件设施	2. 学校占地面积	1.01
			3. 教学科研用建筑面积	4.70
			4. 教学科研用生均建筑面积	7.05
		软件设施	5. 图书馆藏书量	4.23
			6. 图书馆生均藏书	7.55
			7. 教学仪器设备价值	4.03
2	人才培养	培养数量	8. 全日制在校学生人数	5.54
		培养质量	9. 近三年毕业生平均就业率	3.34
			10. 学生获国家级、省部级大学生竞赛奖励	2.91
			11. 创业人才（中国富豪榜、大学创业富豪榜上榜毕业生）	2.52
		师资力量	12. 专任教师总数	6.64
			13. 专任教师师生比	6.06
			14. 专任教授、副教授（含相应职称）数	4.83
			15. 专任教授、副教授（含相应职称）占专任教师比例	5.04
			16. 国家级、部省级教学名师或团队、国家自然科学和社科基金项目获得者	3.01
		学科建设	17. 学历教育本科专业数	6.25
			18. 学历教育专科专业数	3.34
			19. 国家级、部省级重点学科、重点建设专业、精品课程和教学成果奖等	4.20
3	综合声誉	学校声誉	20. 国家声誉（高考录取批次、学士学位授权资格、国家办学条件评估结果等）	3.02
			21. 社会声誉（新闻媒体报道数等）	4.86
			22. 人均学费（本科与专科专业人均学费等）	4.03
			23. 本地生源比例（本科专业本地生源比）	2.92

资料来源：http：//cuaa.net/cur/2010/zhibiao.shtml。

（三）民办高校（含独立学院）评价指标权重

1. 指标权重

如表 1.5 所示。

2. 计算方法

（1）评分方法。本排行榜以百分制分数形式来体现出最终的综合评价和单项评价结果。

（2）计算方法。

①三级评价指标得分的计算。其计算公式：

上榜高校的三级评价指标得分 = $100 \times \sum$ （各三级评价指标参数 × 系数）/Max $\{\sum$ （各三级评价指标参数 × 系数)$\}$

②一、二级评价指标得分的计算。其计算公式：

上榜高校的二级评价指标得分 = $100 \times \sum$ （各三级评价指标得分 × 权重）/Max $\{\sum$ （各三级评价指标得分 × 权重)$\}$

上榜高校的一级评价指标得分 = $100 \times \sum$ 各二级评价指标得分/Max $\{(\sum$ 各二级评价指标得分)$\}$

③综合排名得分的计算。其计算公式：

上榜高校的最终综合排名得分 = $100 \times \sum$ （三级评价指标得分 × 权重）/Max $\{\sum$ （三级评价指标得分 × 权重)$\}$

第三节　基于大学知识创造能力的大学评价与传统评价的比较

一　现有大学评价的优点与不足

（一）现有大学评价的优点

1. 为大学的发展提供了一个定量的参考和依据

大学办的好与坏，教育教学质量的高与低往往需要通过相应的评价手段来获得。当然，在这个过程中，直观、全面和翔实的数据和分析，是达到这个目标的有效途径。当前我国大学评价领域中较有影响力的广东管理科学研究院、网大公司和中国校友会网等几家专业机构，都注意从教学、科研和人才培养质量等方面构建具有自身特色的大学评价指标体系，以向卷调查等实证分析手段为大学的学术水平和办学质量的提高、大学学科专业的发展和完善、大学核心竞争力的形成与提升提供定量和直观的参考和依据，并在一定程度上给予具有可信性和说服力的帮助和指导。

2. 在一定程度上成为大学发展的标杆和助推器

大学的发展和提高在一定程度上依赖其对自身生存状况的充分认知和理解。《孙子·谋攻》中云："知彼知己者百战不殆。"古人所强调的，也正是今天各个大学所在努力追求的一个目标和境界，那就是高校不仅要了解自己的现状（包括自身的发展阶段、优势和长处、问题与不足），而且要了解整个教育界的发展状况，了解其他高校发展的基本情况，从与自身发展相适应和相匹配的行列中选择标杆，实施标杆管理①。

"知耻而后勇"②。许多大学正是在大学评价结果的促动下，开始对照自身与他人，寻找差距，确定新的发展思路和发展方向，不断改善和提升自己的办学能力、办学水平和人才培养质量。因此，在一定程度上大学评价也成为当前我国大学发展的助推器。

3. 成为大学核心竞争力形成和不断发展的导航员

一所大学专业的合理设置及一流的学术水平成为高校竞争力中内部优势至关重要的一项，并且对于外部竞争优势和影响的形成将起到非常重要的促进作用。可以说一所学校各方面的表现源于其专业建设的合理性及其延伸出来的重大影响力，一所大学只有具备了一流的专业结构和水平才能够吸引更多的生源、更多能力强的师资，从而促进科研成果的增加和质量的提高为社会输送更多更好的优秀人才和有效服务。专业的建设成为了当前高校在竞争中生存和特色发展的根基，只有把好了这一关，大学才能够具有创造独特学术成果的能力③，形成自身的核心竞争力。而在这个过程中，大学评价成为一个风向标和导航员，通过其不断调整和完善的评价指标体系，将国家关于高等教育的方针和政策中具有导向性的内容渗透于其

---

① 标杆管理由美国施乐公司于1979年首创，是现代企业管理活动中支持企业不断改进和获得竞争优势的最重要的管理方式之一，西方管理学界将其与企业再造、战略联盟一起并称为20世纪90年代三大管理方法。所谓标杆就是榜样，这些榜样在业务流程、设备、产品和服务方面所取得的成就，往往成为后进者瞄准和赶超的标杆。

② 源于"知耻近乎勇"，引自《中庸》。

③ 张晓丹：《高校竞争力与大学专业评价研究》，硕士学位论文，武汉大学，2004年。

中，外在体现在其所形成的大学排名上，以此来为各个不同学科专业领域中的大学的发展及自身核心竞争力的形成提供政策、制度和方法上的引领，为其发展确立正确的方向和提供发展的捷径。

（二）现有大学评价的不足

凡事都是具有两面性的，大学评价及其附属的指标体系亦然。尽管大学评价对于大学发展及核心竞争的形成与提升均在一定程度上具有较为重要的意义和价值，但也不表明大学评价是完美无缺的，它在评价体系建立的出发点、评价的侧重点、定量和定性方法的运用、评价的封闭性等方面也存在着许多不足[1][2]，这些都严重地影响和制约着大学评价工作的作用的充分发挥。

1. 现有大学评价体系建立的出发点存在不足

以武书连为代表的广东管理科学研究院为例，他们在大学评价指标体系设计过程中的主要做法是从大学的所体现出来的功能出发，把对社会的贡献作为建立中国大学评价体系的唯一衡量标准。这样设计出来的中国大学评价目标不仅是要实现对所有的大学开展排名工作，而且注意将评价的结果落实到大学的实际"产出"上面。这些目标具体体现在该评价体系中的一级指标"学生培养"和"科学研究"与大学的教学和科研两项基本职能的对应上。该研究机构自1998年以来就始终坚持运用这两个评价指标。从总体上看，这套评价指标体系确实是把学科评价和研究与发展作为评价的核心，并且以此为基础开展评价工作。

从网大的大学评价指标体系来看，该指标体系特点是坚持"产出和投入并重"这一原则，在其所设计的评价指标体系中，不仅包含了反映产出项的内容，而且包含了反映投入项的指标。以网大所设计的2003年的最新大学评价指标体系为例，我们可以发现，在其指标体系中所包括的学术资源、教师资源、物质资源、声誉、学术成果和学生情况6项内容中，其中，前2项内容主要是体现投入情况的，而后2项内容则基本表现

① 严燕、耿华萍:《国内大学评价机构及其评价指标体系的比较研究》,《教育发展研究》2004年第11期。

② 刘纯朝:《关于〈中国大学评价〉的利弊分析及对策探讨》,《科学学与科学技术管理》2000年第3期。

为产出指标。

从上述分析来看，这两家机构的大学评价指标体系尽管在建立的出发点上都或多或少存在一些不尽如人意的情况，但两者相比较而言，以武书连为代表的广东管理科学研究院关注中国大学的"社会服务"功能不足更为突出一些。就大学而言，根据洪堡的观点，其完整的功能定位应该包括三个方面，即教学、科研和社会服务。即使中国大学的"社会服务"功能所发挥的作用无法与国外大学相抗衡或者相势均力敌地比较，但也不能因为其作用不明显而从根本上否定或者忽视它的存在。在这一点上，广东管理科学研究院的做法有失客观和妥当，例如，国内的一些知名高校如清华大学、北京大学、南京大学等在社会服务功能方面还是颇具建树的，由此来看，这样的评价结果肯定会在一定程度上产生不良的导向作用，不可避免地会引导一部分大学更加追求"教学"和"科研"这两个方面的改善与提高，进而愈加忽视"社会服务"这项功能。

2. 现有大学评价体现的侧重点存在不足

当前大学评价体系由于各自的评价目标和出发点的差异，进而导致其评价的侧重点也有所不同。其中，广东管理科学研究院在设计大学评价体系之初，其指标体系内容就侧重于各所大学的科研能力方面，具体表现在其最初所设定的评价指标构成相对比较单一，即只是简单地以各所大学公开发表的学术论文数量和被引文数量作为总体评价的标准。然而，随着大学的不断发展、能力与质量的不断提升，大学评价内容也日趋呈现多样化和多元化的趋势，因此，就要求各家研究机构所设计的大学评价指标体系中所涉及的评价内容也应该随之不断丰富、更新和完善，从简单的单一指标逐步向多个指标和多级指标发展，并且同时促进评价的重心由单一的"科学研究"一个方面向"科学研究"和"人才培养"并重方向发展。

在对网大的大学评价指标体系进行考察时，我们也可以发现其指标体系中的学术成果所占的权重最大，在其 2003 年的版本占到 22%，其中的另一指标学术资源所占比率次之，亦占据了 20% 的比率。这样的指标权重设置在很大程度上削弱和弱化了"人才培养"这一大学的最基本的职能，并忽视了其应有的作用和影响。对于一所大学而言，"科学研究"并非其绝对的和唯一的发展中心。并且网大所设计的大学评价指标体系中的一级指标"科学研究"项下的某些二级指标内容的设计也并不完全合理，在许多方面均值得进一步商榷。因此，这样的指标体系在评价过程中就会产生一种导向，会使各大学为追求不断提高自身的排名次序，使教师将主要精力放到科研活动中去，进而导致大学对人才培养工作的忽视，使学生培养质量下降。

从广东管理科学研究院的大学评价排名来看，由于其侧重于以总量评价为主，另外"人才培养"的权重比率较高，会导致规模较大的大学在广东管理科学研究院设计的大学排行榜中往往会远远好于在网大中的排名。如江苏某大学，由于合并等原因造成其近年来发展速度快于其他学校，且招生规模连年不断扩大，目前全日制在校本科生规模已经突破 2.7 万人，这就导致该大学在广东管理科学研究院的 2003 年排行榜中位于 51 名，而该校在网大大学排行榜中其排名仅处于 170 名左右。从这个意义上看，造成两个大学评价体系之间存在着显著性差异的一个重要原因就是按总量来测算大学排名。因此，这样一种大学评价的侧重点安排，会在一定程度上不可避免地引导部分大学在发展过程中过度强调外延的扩张，而忽略了对内涵发展的要求。关于这些不足，网大在其推出的 2002 年及 2003 年的排行榜中已经有所认识，因此主张"规模扩张和内涵扩张都是大学的发展之路"，两者具有同等的重要性，并已经开始将以前的总量指标在今后的大学排行榜中逐渐换成了人均指标。

3. 现有大学评价的定量、定性方法运用中存在的不足

以武书连为代表的广东管理科学研究院的大学评价指标体系在研究和实践过程中，强调他们的大学评价的研究成果并没有简单照搬美国的评价指标体系的一些方法和内容，而是他们在研究过程中更多综合考虑当前我国高等教育发展的现状，因而只设了大学三大职能中的"人才培养"和"科学研究"两个职能。但是，根据我们对高等教育发展特点和发展状况的了解，作为一个复杂系统的大学，仅仅通过完全定量化的指标所形成的排行榜，实现对大学科学、公正和客观的评价往往是不现实的，常常会适得其反，进而影响操作上的准确性以及来自公众的接受度。因此，对于该指标体系中的一级指标"人才培养"和"科学研究"而言，完全用数据来体现的纯定量性的评价，容易造成复杂事物的简单化，并且会造成部分评价结果的失真。

与之不同的是，网大的大学评价体系是在充分借鉴美国大学评价体系

的基础上，在整个评价过程中注意将定性与定量的评价方法进行有机的结合。应该说该评价体系已经认识到了高等教育系统的实际情况与复杂性，在实际运用过程中注意用定性的方式将难以量化的指标量化。该评价指标体系在"声誉"这一指标上就运用了定性方法，主要采用专家评价和建议的方式来实现，因此，比较而言，对这种指标的评价问题，广东管理科学研究院做了可行的尝试。然而，网大公司虽然考虑到了高等教育存在的各种特殊性，但在实践中却没有充分考虑我国的实际国情，并且没有加以有效的结合，略显不足。我们在对上述国内外大学评价进行比较之后不难发现，国内外在大学评价研究过程中在学术声誉评价的标准和尺度上往往存在很大的差异性。从国外研究来看，对于学术声誉的关注和重视的动机源于对学术声誉的认同和良好的评价环境。因为在国外的认同和评价环境，他们往往认为借助于相对模糊的概念，可能在一定程度上会更容易从本质上和准确性等角度体现出一所大学的社会地位和学术影响。相比较而言，学术声誉的地位、作用和影响在我国远未真正形成具有公认性、公信力和统一的认知，因此也必然在一定程度上存在对学术声誉带有强烈"人为和主观"色彩的调查活动和相关领域的实践经验。

4. 现有大学评价的封闭性的存在影响了评价的实际效果

虽然目前社会各界包括大学已经认识到开展中国大学评价对中国高等教育发展是一项积极且有意义的工作，对于如何客观、科学和合理地开展评价工作，如何改善并有效提高评价工作的价值和效果，不断延续和增强评价的生命力还是一个令我们备感困扰和焦虑的亟待解决的难题。因为这个问题的关键就在于究竟应该如何正确评估及看待大学评价的结果在大学研究与发展中的价值，也就是说，仅仅通过这样的大学评价过程和实践活动能否真正有效地从本质和根源上起到促进大学的研究与发展水平不断提高的作用和目的。从当前的发展现状来看，造成这样问题的因素很多，往往因为经费上的不足、人员上的缺乏或者存在其他各种各样的原因，导致评价工作在某些领域或者环节上的封闭，进而使大学评价的相关资料和评价结果等数据不能及时反馈到各个被评价的有关大学，甚至会造成许多大学在评价结束后很长时间内还不清楚自身的排名状况，这些都在不同程度上削弱了大学评价所应有的实际意义，从而极大地影响了预期的大学评价效果。因此，在大学评价活动实施的过程中，有关的各级高等教育主管部门、各实施大学评价的研究机构以及各有关大学等部门和单位，都应以严肃、认真和负责的态度关注并努力做好大学的综合评价以及所涉及的各项评价信息的反馈工作。

5. 可比性的缺陷会影响有些大学的横向比较

从目前大学评价的一些客观角度来看，大学的相关评价往往还需要在不同程度和不同角度的可比性上大做文章，即不仅要注意从纵向角度对全国所有本科大学开展相关的综合性排名，而且还要从横向角度按学科专业门类对大学进行排名，借助科学测算和专家综合论证等相结合的有效方式，确定大学所承担和完成的各级各类项目的难易程度、各级指标被赋予的权重等，这些措施对于提高大学综合评价的可比性而言都是重要和有效的。但是现存的有些客观现实还是让我们不容乐观和不容忽视，那就是如何在各方面的条件存在较大差距、研究和发展水平也不平衡的重点大学与普通大学、综合大学与单科院校之间找到恰当和合理的可比性。毋庸讳言，我国许多重点大学和一些具有影响力的综合性大学通常在教育教学投入、学科发展建设、师资和学术队伍以及综合实力等方面，具有一般大学所无法企及和无法比拟的先天的独占优势；在学术研究、人才引进、专业招生以及办学层次与特色等方面同样也千差万别。在这样不在同一起跑线的条件下进行大学评价，其结果不可避免地存在不客观和不合理，这将在很大程度上打击普通大学的办学积极性和有可能影响这些学校的声誉。

6. 大学评价指标全面性的欠缺难以确保衡量大学水平的整体性

对于不同研究机构的大学评价和排名而言，不论是从某些单项指标还是从综合指标的角度来看，他们所做的工作和取得的成果都是对大学某一方面和整体办学质量和水平的一种社会认定，这样的评价结果必然会对学校的声誉、地位以及招生、就业等方面产生直接的影响。因此，各个大学对评价及排名结果，总是希望自身的名次越靠前越好，因为大学评价和排名工作往往不知不觉中会赋予排名靠前的大学以某种能够带来某种优势和利益的无形资产。但是这种排名也会带来一些令人不满意的东西，那就是这种名次以某种形式可能会掩盖一些大学在其他方面所具有更为突出的特色和优势，从而使这些大学在这些被掩盖的领域不能获得正常的和应有的回报。在此，我们一般主张，所谓大学的整体水平应该是把大学办学效益、教育教学质量以及教学和学术水平等多种因素整合到一起的具有整体性和综合性的复合体，如果仅仅考虑上述因素的某一个方面并开展大学评价的话，虽然在操作过程上能使大学的评价工作的得以简化，但却难以从整体上显示出大学所应该具有的全面能力和综合水平。尽管从一般意义上推论，我们可以认为一所大学的学术水平与其教育教学质量高低之间会存在某种内在的必然的密切联系，但考虑到不同的大学由于其所拥有的办学层次、方向和特色的差异，因而会在上述的不同方面产生具有差异性的表现：有的大学会在研究与发展方面表现出突出的优势，有的则会在教育教学方面别具特色。由此可见，大学评价中仅以单项指标来对大学加以评价和排名所产生的局限性不仅是显而易见的，而且将是普遍的和客观的存在的，它们在不同程度上会对部分大学的学术声誉和地位的改善与提升产生制约和影响，特别是对某些专业性比较强的如医学院校等单科性大学以及单纯以本科教学为主的普通大学产生的消极和负面影响会更严重一些。这就需要在进行大学有目的的评价的过程中，还要同时考虑对大学进行全面性和综合性的评价，以期更完整、更准确地搞好大学的评价和排名工作。

二　大学评价的新的视角——基于大学知识创造能力的观点

从上述对目前我国大学评价研究工作的综合评述来看，尽管这些研究工作在一定程度上取得了进展，对当前我国大学的研究与发展工作都起到了较好的促进作用，为大学的发展和建设工作提供了方向性的指导，但是这些评价工作源于诸多方面的不足，备受学术界和高等教育界，特别是各级各类大学的争议，究其原因，主要源于上述指标体系更多的是从大学基本功能的外在表象中获得评价所需要的数据和信息，而且有些数据和信息往往只是量上的"堆积"，而忽视了质的考查，即或有的指标和因素做出了所谓质的分析和判断，也仅限于指标和因素本身，并没有从大学组织的本身以及大学活动的本质上去思考问题，这无形当中就降低了上述评价指标及所形成的指标体系的科学性、客观性和可靠性，进而降低了上述评价指标体系的普遍认同性。

基于上述分析和综合考虑，本书将研究的视角从一般的大学功能的表现，转移到大学各种活动的本质上去，综合运用王众托院士①的知识系统

---

①　王众托：《知识系统工程》，科学出版社 2004 年版。

工程的理论和刘则渊教授的知识活动系统理论①，将大学的评价定位在大学知识创造能力的水平上，从大学教师的知识创造能力、大学学生的知识创造能力、大学教师传授知识创造的能力以及大学知识创造能力的环境因素等方面入手，重新构建大学评价的指标体系，使大学的外在评价转换成大学能力本质的评价上，为当前大学评价工作探索一条新的发展思路。

在这个评价指标体系中，主要呈现出与以往大学评价指标体系不同的几个特点：

（1）基于大学知识创造能力的评价指标体系体现出时代的特征。当前世界发展和我国正处于知识经济高度发展的时期，知识创造活动是各个知识密集型组织中的主要活动及其发展的重要动力源泉，大学作为一个重要的知识生产、传播和应用的知识密集型组织，其知识创造能力既是衡量其发展建设水平的本质和核心所在，也是符合当前社会经济发展的时代的要求的。

（2）基于大学知识创造能力的评价指标体系体现了大学作为一个复杂系统的特征。前面对上述大学评价指标体系进行综合分析与评价时，我们也指出，大学是一个复杂的系统，简单地以某些部分指标来反映大学的研究与发展状况是不能充分反映大学的发展建设的地位的，而且上述指标往往将目光向内，仅从大学的内部思考其评价问题，往往容易形成"孤芳自赏"和"井底之蛙"的效应。因此，借助系统科学的研究思路与研究方法，开展大学评价则可在一定程度上避免上述问题的出现，因为从指标体系上看，不仅包含了大学系统内部的要素（教师和学生）、内部要素的相互关系（传授知识的创造活动）及系统的层次结构（即个体知识创造能力、团队知识创造能力及学校的知识创造能力），而且还把系统的环境因素纳入到评价的范围，从而确保了评价结果的完整性。

（3）基于大学知识创造能力的评价指标体系有以知识系统工程、知识活动系统、心理学、创造学和创造教育、智力资源管理等理论的支持和指导。从大学评价来看，大学能力和水平的高低受到综合因素的影响，许多指标并非像发表的论文和出版的著作那样可以直接测量，指标所代表的

①　刘则渊、韩震：《知识活动系统与大学知识管理》，《大连理工大学学报》（社会科学版）2003年第2期。

能力及水平的高低往往具有较强的模糊性，单纯地用一般的统计分析的方法并不能获得满意的结果，为此，它就需要综合运用上述多学科的理论来指导，综合运用各学科的研究和分析方法，对大学评价中所涉及的指标来进行全面分析和评价，进而得到比较满意的数据和结果，从而实现以大学知识创造能力为基础的大学评价结果，得到令更多大学所认同的大学能力的排序，也可以为进一步贯彻当前《国家中长期教育改革和发展规划纲要》的有关要求奠定基础。

第二章　大学知识创造能力概述

第一节　国内外研究现状评析

通过文献检索发现，直接研究大学知识创造能力的文献并不多见，多数文献只是对这主题进行了一些相关性的研究。这些与我们课题的研究具有相关性的探索主要表现在知识创造、创造力、大学知识管理和人力资源管理等几个领域。以下就这几个领域的研究现状作一分析。

一　知识创造领域的相关研究

（一）知识创造流程及相关领域的研究

围绕知识创造这一研究主题，国内外学者分别从知识创造流程及影响因素[①]、知识创造能力[②]，以及知识系统工程[③][④]等角度开展了相关的研究工作，取得了一系列重要的理论研究和实证研究成果。这里就其代表者列举如下：

泰国学者维森·特拉吉古尔和楚猜·差罗恩加马（Wasan Teerajetgul and Chotchai Charoenngam，2006）[⑤] 在探讨建筑工程现场知识创造流程和

---

① 周敏、李建华、肖飞:《面向业务流程的知识创新及其价值实现研究》,《情报科学》2008 年第 7 期。

② 田晋:《人力资源管理和企业知识创造能力》,《西安电子科技大学学报》（社会科学版）2003 年第 4 期。

③ 王众托:《知识系统工程:知识管理的新学科》,《大连理工大学学报》2000 年第 S1 期。

④ 王众托:《知识系统工程》,科学出版社 2004 年版,第 8—9 页。

⑤ Wasan Teerajetgul and Chotchai Charoenngam, Factors Inducing Knowledge Creation: Empirical Evidence From Thai Construction Projects [J]. *Engineering*, *Construction and Architectural Management*, 2006, 13（6）: 584 – 599.

知识因素之间关系问题的研究报告中指出，现场知识管理问题往往需要交叉并混合地使用定量和定性研究方法与手段。在他们所设计的研究模型中主要包含了下列几个方面的变量：一是 6 种知识因素，即领导的预见力、诚信、协作、动机、信息技术的支持以及个体的能力；二是提出了由 4 个部分构成的知识创造流程，即社会化、外显化、合并和内隐化。通过研究人员开发的调查问卷从来自泰国的 70 家建设企业中获得相关调查数据并采用回归分析技术作出比较和分析。在研究过程中，他们发现与预先经验判断一致的是，知识因素中的 3 个因素影响知识创造流程，它们分别是动机、信息技术的支持以及个体的能力，而且这些因素贯穿了建设现场所有经理层面的知识创造流程。同时该研究报告也指出，其研究成果将对组织中的尚处于初级阶段的知识因素的重要性和知识管理问题的深层理解作出贡献。

　　荷兰的学者米瑞尔·默克斯 – 车敏和维姆·J. 尼霍夫（Mireille Merx – Chermin Wim J. Nijhof, 2005）① 在其研究报告中指出，借助创造和创造力的概念，在分析学习型组织、知识型组织和创新型组织建设之间的关系基础上，可以形成一个创造流程模型。这个模型由知识创造、创新和学会学习 3 个流程构成。而影响这个流程周期循环的因素主要有股东的附加值、领导能力、氛围、结构和战略联盟。这个探索性的研究由定性的和定量的阶段构成，并且包含着这样的一个问题，即用时间来分隔的、两个关于创造螺旋的创造项目的选择。具体的研究思路是先通过同每个创造流程中三个部门的成员进行访谈，收集与创造螺旋相关的信息；随后，设计调查方案，并在与两个创造案例有关的三个部门的全部管理者和员工中开展调查。在调查基础上研究者发现，根据数据分析的情况，可以确定那些能够理解有关学习与知识创造两者差异的因素。如果创造是间断的、创造螺旋则是无效的；如果创造在由过去至未来的安全严格对照中具有一定的强度，那么这个模型就能有效地解释一些问题。即可认识到有必要把在组织学习、知识创造和为组织利益而创新的主动性整合在一起，以便找到一个更好的路径去适应各种不具有连续性的变化，并且最终获得创造力。

---

① Mireille Merx – Chermin and Wim J. Nijhof, Factors Influencing Knowledge Creation and Innovation in an Organization. ［J］. *Journal of European Industrial Training*, 2005, 29（2）: 135 – 147.

来自中德两国的学者王俊霞、汉斯·彼得·彼得斯和官建成（Junxia Wang, Hans Peter Peters and Jiancheng Guan, 2006）① 在对德国研究团体中知识生产力影响因素研究过程中，运用知识创造的理论模型，将研究的目标定位于研究团队中的隐性知识管理实践问题上。这个目标将确认对高知识生产力作出贡献的一些相关因素。该项目研究工作共计做了 15 次针对德国物理学领域学术研究团体首脑的深入面对面的访谈。这些访谈涉及当前的知识创造和知识管理实践以及来自对这些实践的个人评价。这项研究工作确认了人力资源管理是德国知识管理实践的一个弱点。这似乎在告诉人们，一个大有前途的学生对一个科学领域中职业的目标与有保障的流动之间存在一个与生俱来的矛盾。知识管理及其基础设施以另外的方式似乎发展得更好，而研究团体的首脑则认为他们自身对知识生产力更重要。这样，该论文在一定意义上提供了关于在研究团体中知识生产力影响因素的一些有用的信息。

瑞典学者塞格瓦德·哈里森、桑德拉·克里克奈特和马克斯·范斯、泽得维兹（Sigvald Harryson, Sandra Kliknaite and Max vons Zedtwitz, 2008）② 在其发表的为评定欧洲和中国以技术为基础的大学是如何驱动创新的研究论文中，利用大量的理论研究成果和文献综述，提出了一个基于网络、知识创造和创新等理论的框架。该论文介绍了三个欧洲的案例来说明其实际应用情况，同时列举了三个中国的案例来比较观测并提出与三螺旋概念相关的建议和它们在中国背景下的一些内在的意义。他们也探讨了如何向能提升公司灵活性和绩效的大学学习的问题，并且粗略描述了彼此合作的三种不同模型。该论文的框架和实证研究建议大学—产业弱联结对于技术探索阶段的灵感是有用的，但是强的大学—产业联结对于支持技术开发则是必需的。这个发现既适用于欧洲也适用于中国所涉及的产业。该论文针对来自公司内部的大学——产业联盟，试图一并实现探索与开发常

---

① Junxia Wang, Hans Peter Peters and Jiancheng Guan, Factors Influencing Knowledge Productivity in German Research Groups: Lessons for Developing Countries [J] . *Journal of Knowledge Management*, 2006, 10 (4): 113 - 126.

② Sigvald Harryson, Sandra Kliknaite and Max vons Zedtwitz, How Technology - based University Research Drives Innovation in Europe and China: Leveraging the Power of Proximity [J] . *Journal of Technology Management in China*, 2008, 3 (1): 12 - 46.

规出口问题的新理论，而提出了一个基本原理。通过这个理论框架，该论文主张学术界正在成为处理整个探索阶段和支持开发过程的一个合理伙伴。前文所介绍的欧洲的 Bang & Olufsen，Combibloc and Porsche 三个案例把上述新的观点引入如何在实践中实施这种行动中，而三个相关的来自中国的案例则允许我们以交叉视角去分析实证的发现并且用针对中国的政策内涵得出初步的结论。

西班牙学者阿特罗·罗迪盖兹，卡斯特兰诺斯·乔·兰迪塔·罗迪盖兹和斯坦尼斯拉夫·尤里安诺夫（Arturo Rodríguez, Castellanos Jon Landeta Rodríguez and Stanislav Youlianov, 2004）[①] 指出，在大学里，智力资本的一个重要部分就是研究—开发—转移资本（Research – Development – Transfer capital，R&D&T 资本），这个资本可归结为大学中科技知识创造以及它向社会环境转移的过程。为了这个目的，首先第一种关键知识类型在参考大学的战略目标基础上，通过对与大学的目标和规划相关的文献的检索以及同大学的领导者会晤被识别出来。然后，这个流程所涉及的活动通过对一群大学中研究团队的负责人进行深入的个人访谈来加以分析。这个访谈既获得了定性的结论也获得了统计分析的结果。随后，一系列确定下来的作为大学 R&D&T 资本驱动者的关键知识类型也被提出来。

（二）知识创造能力的相关研究

郝志红（2009）[②] 认为，信息时代，知识创造能力是促进区域经济发展的"推进器"，由知识创造产生的经济效益在国民经济中的比重越来越大。在缩小西部与其他地区经济发展的差距，加快经济建设过程中，西部地区不能只依靠资源优势发展经济，更要利用取之不尽、用之不竭的知识资源加快经济发展速度。知识创造能力的指标分为研究开发投入、发明专利授权、科研论文和科技的投入产出比 4 项。在知识创造过程中，政府财政的科技投入是研究开发投入的重要来源，研究开发人员是知识创造的主体。表现为科技产出的专利和论文，反映了一个地区知识积淀的深厚程

---

① Arturo Rodríguez Castellanos Jon Landeta Rodríguez and Stanislav Youlianov Ranguelov University R&D&T Capital：What Types of Knowledge Drive It？［J］. *Journal of Intellectual Capital*，2004，5（3）：478 – 499.

② 郝志红：《西北五省（区）知识创造能力对比分析研究》，《图书馆理论与实践》2009年第5期。

度。科研论文主要反映知识的产生，包括国内论文发表和国际论文发表两个指标，而专利则是一个地区应用知识进行创新的指标，包括发明专利受理和发明专利授权两个指标。通过对西部五省（区）的知识创造能力指标的分析，旨在找出制约其知识创造能力发展的因素，并提出相应对策以加快提高知识创造能力。

王元地等（2004）[①] 根据偏离份额分析思想，将被研究区域的知识增长与标准区域的知识增长的差异分解为两个分量：一个是专利结构分量，反映区域专利增长与标准区域的结构增长因结构差异所造成的影响；另一个是竞争分量，它反映区域内各类型的专利增长是因不同于标准区域相应各部门的增长引起，因而它提供了区域知识增长的优势与劣势、区域创新的相对竞争力等信息。同时，他们以中国经济科技发展相对比较发达的地区——沿海地区数据为例，来进行知识创造能力结构的偏离份额分析，并进一步考察了辽宁在这个群体中的知识结构情况。指出，辽宁知识创新能力的增长基本上是依靠全国知识创新能力的增长带动的，是全国科技发展效应作用的结果。

袁天波等（2007）[②] 在回顾国内外等专家学者研究的基础上，运用系统思维对组织知识创造的 SECI 模型及其与知识创造能力的关系进行了分析，提出了以组织知识创造战略为导向，以开放式知识管理数据库系统为基础，由个体知识创造能力开发循环和组织支撑环境组成的组织知识创造能力的开发模型。

汪小梅等（2006）[③] 强调，由于科学知识的深化和信息技术的快速发展，知识在一定程度上可以代替物质的投入，节约物质资源，提高经济效率，知识日益成为企业发展的重要资源之一，而知识创造则是整个科技活动的核心，组织知识创造能力的高低直接影响国家和社会的科技发展水平、技术创新能力、经济发展的后劲，等等。所以，组织知识创造能力影

[①]　王元地、刘凤朝、徐国泉、潘雄峰：《知识创造能力的结构分析与预测》，《科技进步与对策》2004 年第 10 期。

[②]　袁天波、白思俊、宫晓华：《组织知识创造过程及能力开发模型研究》，《科学学与科学技术管理》2007 年第 12 期。

[③]　汪小梅、白利娟、袁薇：《组织知识创造能力分析与综合评价》，《软科学》2006 年第 6 期。

响因素的分析成为提高组织创造能力的必要环节。近几年，对于该问题的研究更加重视。野中郁次郎（Nonaka）在 2000 年出版的"Enabling knowledge creation"中首次对知识创造影响因素进行了深入分析，此后各国学者从多个角度对知识创造影响因素进行了理论研究和实证分析。由于这些研究的角度各不相同，并且好多研究都没有突破野中郁次郎研究的局限性，所以还没有形成一个相对完整的知识创造影响因素体系。本书在回顾前者研究的基础上，对组织知识创造的 SECI 过程进行了详尽的分析，避开了 SECI 模型的不足之处，总结了影响组织知识创造能力的因素并进行了综合评价①②③。

上述这些研究成果表明，国内外学者从不同的角度对知识创造给予了高度的关注，作了深入的分析和探讨，特别是围绕知识创造及其影响因素、大学与产业之间的知识传递与知识联盟建设以及知识创造能力的对比、开发与评价等方面开展深入而细致的研究工作。但是，对于从大学这一背景出发，在探索大学知识创造能力的制约因素和要素构成方面，以及大学知识创造能力的评价问题上开展的研究并不多见。

二　创造力测评的相关研究

（一）知识与创造力关系的研究

英国学者戴维·格尔汀（David Gurteen，1998）④ 指出，创造力和创新涉及新知识的创造和应用过程。同样，它们也处于知识管理的中心。尽管如此，由于知识管理还是一个新兴的学科，所以创造力和创新需要在这个新的背景下被重新加以考虑。他在《知识、创造力和创新》（Knowledge，Creativity and Innovation）一文中创建了一个讨论这些问题的框架。该框架在不断探索我们的创造力是如何在各种各样的路径上被封锁的问

---

① ［德］迈诺尔夫·迪尔克斯、阿里安娜·贝图安·安拖尔、［英］约翰·蔡尔德、［日］野中郁次郎等：《组织学习与知识创新》，上海人民出版社 2001 年版，第 100、382 页。

② 芮明杰、李鑫、任红波：《高技术企业知识创新模式研究——对野中郁次郎知识创造模型的修正与扩展》，《外国经济与管理》2004 年第 5 期。

③ Ijujiro Nonaka, *Enabling Knowledge Creation* ［M］. New York：Oxford University Press, 2000.

④ David Gurteen, Knowledge, Creativity and Innovation ［J］. *Journal of Knowledge Management* Vol. 2，No. 1，1998，pp. 5 – 13.

题，同时也包括被深深禁锢的世界观。最后该文也简要地介绍了支持知识管理和创造力的两种工具：一是应用在人的领域的，即对话（Dialogue）工具；另一个是应用在技术领域的，即群件（Groupware）工具。

　　华中科技大学周治金和杨文娇（2007）[①] 指出，知识与创造力的关系比较复杂。主要存在张力观与地基观两种观点，张力观与地基观之争着重于知识的数量与创造力的关系，知识与创造力的张力观（以下简称张力观）认为，知识与创造力之间应保持适度的张力。一方面，知识是创造力的基础；另一方面，丰富的知识经验又会使人囿于常规，妨碍人的创造。因此，个体在一个领域里拥有中等程度知识水平时最有创造性，知识和创造力的关系是一种倒 U 形的关系。张力观的核心在于，知识不是越多越好，太多的知识会限制个体的思维方式，从而阻碍其创造力的发挥。知识与创造力的地基观（以下简称地基观）认为，知识和创造力之间的关系如同地基与大楼之间的关系，知识越丰富，创造力就会越高。一个人只有积累了足够的知识才会有所创造。支持地基观的学者们看到，那些在各个领域内卓有成读者，都是在该领域内受到长期训练的专家，而非对该领域一无所知或知之甚少的新手。

　　其实，知识的性质、组织方式以及知识如何被运用等都对创造活动有重要影响。知识的有效组织有助于个体快速有效地提取与加工信息，进而有利于创造活动。隐性知识可以激发个体的直觉和灵感，显性知识则帮助个体选择适当的信息。

　　（二）创造力测评的研究

　　1. 有关创造力维度的研究

　　亚瑟·克罗普利（Arthur Cropley，1996）认为，创造力包括三个维度：新颖性（novelty），即偏离常规的创造性的产品、行动过程或观念；有效性（effeetiveness），即这个新颖的产品或观念确实起作用，比如取得一些美学上的、艺术上的、精神上的成就（也可以是物质上的成就，如取胜或获得利润等）；伦理性（ethicality），即创造性活动不能是自私或破坏性的行为[②]。

---

① 周治金、杨文娇：《论知识与创造力的关系》，《高等教育研究》2007 年第 10 期。

② Arthur Cropley, A. J. Cropley, Creativity In Education And Learning [M] . T&F, 2001.

　　泰勒（Taylor，1960）的五层次创造力说[①]为检查日常教学中的创造力潜能提供了一个有用的分析框架。第一层次，表达性创造力（expressive creativity），包括言语表达的自发性和自由性，例如，即兴谈话所表现出来的创造力。教师在成功指导有学生参与的课程时所能表现出的表达性创造力等都属于这一类。第二层次，技术性创造力（technical creativity），表现在创造产品的能力上和完成考试的过程中。如果一位教师的学生在考试中经常取得突出的高分，那么就表明这位教师有生产性创造力（productive creativity）。第三层次，发明性创造力（inventive creativity），即把已有的材料或观念应用于问题研究中的天赋，是那些特别擅长于找到吸引学生兴趣的方法的教师所表现出来的创造力。第四层次，革新性创造力（innovative creativity），此类创造力涉及修改已建立的学术体系。第五层次，浮现性创造力（emergent creativity），涉及把新的范式引进某一领域。

　　还有研究提出，就创新维度而言，有心理、意识领域的创新，包括智力领域的创新（如创造型思维和创造型智力运作能力等）、情感领域的创新（如敢于、痴迷于、乐于创新的情感、心态和精神等）、意志领域的创新（如坚强的、迎难而上的、百折不挠的创新意志和毅力等）；有实际操作、动手能力的创新，这包括物质生产领域、精神生产领域、社会活动领域的创新，含科技、艺术、日常生活等人类活动无所不及的所有大、小环节上的创新，创新应当是随时、随地、无所不在、“无孔不入”的。其中，创新思维能力是核心和关键，创新智力化能力是基础和手段，创新人格化能力是动力和方向。构成创新能力的各个要素在主体的创新活动及其自身创新能力的发展中发挥了各自应有的不同功效。构成创新能力的各个要素联合成一个整体，这个整体所发挥的对主体创新的整合功效就是创新能力在主体创新活动中所体现出来的一种整体功能，使主体能创造出符合社会意义和个人价值的具有独特性和革新性的新成果。创新思维能力是主体创新和创新能力发展的核心和关键，创新思维能力是主体所具有创新特质因素的思维和多种创新思维形式内在有机整合体。

————————

　　① Taylor, D. W. , Thinking and Creativity, *Annals of the New York Academy of the Sciences*, 1960，（91）：108－127.

2. 创造力测评的研究

吉尔福德（Guilford）主张使用纸笔来测试，通过日常事物与心理测量的办法来打破创造力研究的窠臼。较为普遍认同的一种就是非常用途测验法，其做法简单，只要求被测者尽量说出某种事物具有的多项用途。这是检验被测者完成"发散思维"任务程度的手段，它很快成为了测量创造性思维的主要参照和依据，亦是在一个标准量表中衡量、比较人的创造力水平简而易行之法。近些年，不少研究者都认为创造力是一个由诸多复杂心理结构所组成的系统，包括创造目的、创造过程、创造材料、创造结果、创造力中的认知与非认知因素。因此，创造力具有多侧面的本质。实际上，人们评价创造力都以创造活动的某个侧面为指标来测量的，具体讲可细化为以下几种：

第一，在测量创造力的众多方法中，最常见的一种是以发散思维为指标来实施测验的。所谓的发散思维，其概念最早见于 R. S. 伍德沃思（R. S. Woodworth）在 1918 年撰写的《动力心理学》（*Dynamic Psychology*）著作里，之后吉尔德福将其纳入智力三维结构之中。吉尔福德是这样解读发散思维的：它是从已知信息中产生出来的、有着大量变化的、独特的新信息，是一种从不同方向、不同范围、不因循传统的思维方式，其主要特征是从同一源头里"产生各种各样的、为数众多的输出"。创造性思维的突出特征集中体现在发散思维上，而它所表现的潜能就是创造力，所以发散思维自然成为测定创造力的主要标志之一。吉尔福德还认定了发散思维具有流畅性、灵活性与独特性的三个明显特点，并以此三种特性为指标，编制了发散产品测试（简称 DPT）与非常用途测试（简称 UUT）。20 世纪六七十年代，托兰斯（Torrance，1974）参照吉尔福德的创造力测验，在以课堂教学培养和促进儿童创造力的一项长期研究计划中，发展了创造性思维测验。他独出心裁地把流畅性、灵活性、独创性与精细性作为基本指标，研制了著名的"托兰斯创造维测验"（TTCT）。而且在当时被广泛地应用于发散思维测验来进行创造力的研究中，从而发散思维测验这种创造力测量的主导之具，也得到提升和出新。必须指出，这种测验与以前的不同之处是以改变的答案正确与否来记分测评智力，却用上面所提及的四种特征为标准，凭着反映观念的数量、类别数及比率裁分，来评判被测者创造力的水平。目前，在世界范围测验创造力的应用最广仍是托兰斯创造思维测验法，其长处还有它适用于各种年龄段的人。当然，运用发散思维来打造、酿制创造力测验之法还有很多，例如多维流畅性测验和舞蹈创造力测验，就是比较知名的。前者为 L. J. 古德文和 J. D. 莫兰（L. J. Godwin and J. D. Moran，1986）编制的，后者是 M. A. 布雷南（M. A. Brennan，1991）研制成的。他们皆遵循吉尔福德的思想，沿用发散思维的路数测量创造力。还有，美国芝加哥大学心理学家 J. W. 盖泽尔斯和 P. W. 杰克逊（J. W. Getzels and P. W. Jackson）在 20 世纪 60 年代初研制的芝加哥大学创造力测验法，包括五项分测验，也有不少借鉴吉尔福德创造力测验之处。他们的五个人测验适用于小学高年级至高中阶段的在读学生，测验项目分别为语词联想、用途测验、隐蔽图形、完成寓言、组成问题。其计分标准——反应数量、新奇性、多样化，与流畅性、独特性、变通性分别对应，在实践中可集体施测，其效用可以想见。继踵而来，由沃莱茨和珂根（Wallach and Kogan）于 20 世纪 60 年代中期，研制了侧重于联想方面的发展思维测验，称为沃莱茨和珂根（Wallach and Kogan）测验。它由五个分测验组成，即列举例子、替代用途、寻找共同点、图案与线条的意义。它的评价程序主要来源于吉尔福德的工作，却有两点出新之处，这就是在测量的内容上只限于观念联想的生产性与独创生；在施测时气氛轻松，非但没有时间限制，而且以游戏的形式组织测试。

第二，随着研究的不断深化，有人认识到了以发散思维为基础测量创造力存在不足与局限。虽说发散思维在创造力的酿就中起到主要作用，然而聚合思维仍有着不可替代的功效。事实证明，一个人创造力的高低、强弱，不只是与发散思维紧密相关，亦跟聚合思维不能隔断。缘此，基于发散思维和聚合思维相统一的测量创造力的方式应运而生。聚合性思维又称收敛思维、求同思维、复合思维或集中思维，其主要特征是从已知的信息中得出逻辑结论，在现成资料中寻绎探求正确答案，是一种有方向、有范围、有条理的思维方式。聚合思维的突出功能是准确地思考判断出问题的正确答案，因此说聚合思维也是不容忽视的一种能力。不言而喻，主张将聚合思维纳入创造力的测量系统，把发散思维与聚合思维连成一体来测量创造力，无疑是可取的。例如，法卡奥鲁（Facaoaru）在赫勒（Heller）所领导的，针对科学家和工程师的慕尼黑天才研究项目中，编制了发散—

聚合测试，试图可在综合性解决问题的能力方面，较之传统的智力测验或发散思维测验提供更为理想的预测信息。许多研究的结果告诉人们，当提出假设的情况下，使用发散思维更多一些，而在检验和确认假设和阶段里，便会更多地使用聚合思维。其实，聚合与发散思维如若提高解决问题的能力，先决条件就是必须在丰富的专业知识基础之上，方可实现，发散和聚合思维测验在应用中具有代表性的成果有梅德尼克（Mednick）遥远联想测验（RAT）和与道和迈耶（Dow and Mayer）的顿悟问题（Insight Problems）测验。前一项的研制者认为创造力就是把头脑中已有的观念进行重新的组合，而形成一种新的联结的能力，只不过这种组合必须按照超乎寻常的、新颖独特的，而且是具有效用的方式来完成的。一个人的创造力可以经过相当的训练而得到提高，其训练的路径就是用同样的刺激产生不同的联结。说到底，创造性过程即是把互相关联的元素实现组合，使其成为符合指定需求的新联结。从某种意义上看，考察被试者对头脑中储存信息元素的联结能力，实际上就是测验从具体特征中寻找它们共同特征的概括能力。需要指出的是，遥远联想测验和吉尔福德的发散思维测验不同，最明显的特点则是以测量被试者建立词汇之间新联结的能力来判断其概括能力。由此推知，这一测验和发散思维测验具有互补性。但是，人们对创造性思维的研究并未裹足不前，研究者很清楚，发散思维测量只是过程角度的评价，而创造过程的评价并非为发散思维测量的全部包容。所以，人们还在尝试着研制包括发现问题能力和评估技能的测验，这两者与发散思维一样皆为创造性思维的有机组成部分。总而言之，上述的诸项测验必将加深人们对创造过程的理解和认识。

第三，决定人创造力的因素是多元的，其中人格与个性早就引起研究者的注意。因而出现了以创造性个性为指标的评价工具，及以创造者的个性特征为中心的测验工具便应时问世。它们涉及人格评价、态度兴趣调查和传记调查，那种自陈量表和观察核查表是最常用的评价形式。这里选录几个常见的鉴别创造力人格的量表：

（1）卡特纳—托兰斯创造知觉调查表。该表内容包含你是哪种人和有关自我情况两个部分，其目的是为了鉴别10岁以上少年的创造性个性，属于自我等级评定量表。在你是哪种人分量表这部分，由二择一式的50道必选题组成，旨在让受测者本人提供他的创造性人格特征的报告，借以了解被测者的创造性水平。在该量表中规定有五个因子分数，被测者能够在对权威的接受、自信心、钻研性、对他人的了解和想象五个分项中获得一定的分数。有关自我情况分量表里，也由 50 道选择题组成，被测者从中选定符合个人真实情况的句子，可从环境敏感性、首创精神、自我力量、个人特征和艺术才能分项中得到五个因子分数。

（2）创造才能团体调查表。此表是采用自陈形式的问卷，旨在评价具有创造潜能的小学生。其中有三个年级型，即初级型、基本型、高级型，分别用于一二年级，三四年级，五六年级。测量的主要内容为，小学生的独立性、坚持性、变通性、好奇心、兴趣广度、过去的创造活动及爱好等，要求学生对每个题目只做是或否的回答。测验结果学生可从中得到一个总分与想象、独立性、多种兴趣，这三个分量表中的分数。不容评言，此问卷的分辨信度很高，重测信度和效度一般，但和其他评价交互使用仍不失是一种较有效用之工具。

（3）发现才能团体问卷。这是在 1976 年和 1980 年分别问世的同类测试方法，前者研制人为 S. 里姆（S. Rimm）、后者为 G. 戴维斯（G. Davis）。此种测试法的使用及研究范围，广涉各种民族、不同国度的各类中、小学生。它与创造才能团体调查表相类，问卷中包括三个年级型，有用于一二年级的初级型、用于三四年级的基本型、用于五六年级的高级型。各类问卷中的试题分别由 32、34、33 道是非题构成，测验的主要内容不外乎中小学生之独立性、坚持性、交通性、好奇心、兴趣广度及其以往的创造活动与爱好等。

（4）你属于哪一类人。这是一个简便易行且相对有效的创造性人格自陈量表，它是托兰斯于 1965 年编制而成的《你属于哪一类人》。该量表内设有 50 个自选形式的项目，每项均为三择一式，量表将从这 50 项有关研究内容归纳出 66 个创造性人格的特征，其宗旨是让被测者本人提供其创造性人格特征的报告，借以了解与评估他们的创造性水平。

（5）探究兴趣问卷。这种测验问卷分为初中生与高中生两个版本，问卷内设有测量创造性、独立性、冒险性、坚持性、好奇心、内省性、幽默感、艺术兴趣等个性特点，及其创造活动的个人背景、兴趣、爱好等 60 道自陈题目。每个测验项目均用五点量表的形式来展示评估档次，它们分别是："否、有点、一般、较、是"。比较而言，此问卷的信度与效度是理想的。

　　第四，评定个体创造能力的方法是多种多样的，而能为大家所认同与公认的，则是以创造性产品为指标的评价工具，通过创造成果来断定的，因为一个人的创造能力，总是植根于他潜在的特质，而这种内隐的特质外化为创造能力的，必然凭借创造活动而显露出来，而且常常凝固在实践活动的产品里。通常情况下，产品评价要依赖于客观化的评定量表，它需要一个以特定的创造力指标为参照依托。除此之外，产品评价技术的信度、效度和评价标准，以及评价者能否做出准确评价的能力，均会影响产品评价的结果。基于这样的考虑，许多科学家开始自觉地重视对产品的分析。例如 S. 贝西默和 K. 欧奎因经多年的潜心研究，打造出一个评价创造产品的模型。难能可贵的是，这个模型可以完成对许多领域内复杂的创造性产品程序的评价，其评价的方法使用了"新奇性、问题的解决、综合评价"这三个明确的界定标准。在 1991 年，伦朱利和赖丝（Renzulli and Reis）推出了学生产品评价表，这是评价学生创造产物的工具。它既能对学生创造目的和所使用创造资源的适宜性，这类属于创造过程质量的陈述进行评定，又能对最后产品的独特性、产品的质量是否超越年级水平、工作耗时及投入的努力程度予以评价。据此可知，产品评价法分析深入、细致，具有一定的客观性，这是不可抹杀的优点。因其编制客观的数量化的计分系统是关键环节，不难想见此法难度很大，对产品进行评价需要邀请多个熟悉该领域的专家参与，而且要求他们进行独立性地评价这些产品，倘若专家的评价趋同、具有一致性（通常到 0.8），那么评价结果的信度、效度就会很高且令人满意。

　　第五，综合测验和其他类型的评价工具。20 世纪 80 年代之前，人们对创造力的评价和预测多采用上面提及的三个指标。1989 年安尼比尔发表了《创造性环境量表：工作环境问卷》，就意味着对创造力评价与预测指标有新的发展，因为它别开生面，以环境为指标编制了创造力量表。由于研究者已经关注到诸如动机、环境、特殊能力等因素也参与创造活动中来，并且制约着创造能力的发挥与增长，毋庸置疑，它们亦可当做评价和预测个体创造能力的指标。当然，另有科学家在不断探索新的指标，如 1980 年威廉姆斯推出了创造力评价包，这是以综合指标来对个体创造力的评价与预测。其中涵盖了发散思维测验、创造性特征的自我评价、行为核查表的综合测量。然而，迄今为止，评价和预测创造能力的综合指标还不够完善、不尽如人意，尚没有研制出信度好、效度高的可供广泛应用的量表。我们知道，影响创造行为的条件是繁复的，用单个指标测量创造能力，其效度是有限的。可想而知，研制综合指标评价和预测创造能力的方法是大有前途的。我们完全可以断言，假设能铸就综合性的多指标量表，必将会更好地评价与预测创造能力。同理，以综合指标来评价和预测学生的创造能力，也是未来的发展趋势，这也是向有志于改革教育管理、教育研究的人提出的挑战。

三　创造教育领域的相关研究

（一）创造教育内涵的研究

随着科技进步的日新月异，综合国力的国际竞争的日趋激烈，尤其是知识经济时代的到来，创造教育已逐渐被社会生活的各个领域所瞩目和接受。培养具有创新意识、创新能力的创造型人才已成全国教育所追求的目标，有学者已经提出，21 世纪是"创造的世纪"，"创造教育已经成为 21 世纪中国教育改革的主旋律"[1]。

苏联著名教育家、心理学家和教学论专家赞科夫（L. V. Zankov）从1957—1977 年通过长达 20 年的教育实验研究，使创造教育趋向了系统化。赞科夫提出了教育应发展学生三个方面的能力，即观察能力、思维能力和实际操作能力。这个概念基本上确定了创造教育的核心内容[2]。来自国内不同领域的专家和学者也对创造教育的内涵从各自的角度作出了相应的阐释。

朱作仁（1991）在其编撰的《创造教育手册》中指出，凡是有利于受教育者树立创造志向、激发创新意识、培养创造精神、增长创造才能、训练创新思维、开展创造活动的教育，都可以统称为创造教育[3]。

张武升（1999）撰文指出，创造教育在本质上就是遵循人的创造活动规律和人的创造素质的培养规律，以培养创新人才为宗旨的教育[4]。

---

① 燕良轼：《创造教育：中国 21 世纪教育改革的主旋律》，《湖南师范大学学报》1997 年第 4 期。

② 何齐宗：《创造教育新论》，《江西教育科研》2002 年第 10 期。

③ 朱作仁：《创造教育手册》，广西教育出版社 1991 年版。

④ 张武升：《创造教育的若干理论与实践问题》，《教育研究》1999 年第 8 期。

周明星（1999）也强调，现代创造教育是根据创造学的研究，采用创造学揭示的有关"创造"的理论与方法，把创造学、教育学、心理学和人才学等有关学科的一般原理，有机地结合起来，运用于教育活动的一种教育[1]。

综合国内外学者的观点，我们可以得出这样的结论，创造教育就是充分运用创造理论与方法，把激发人的创造本性以及批判性的传授现代知识信息和培养创造技能作为前提和内容，最大限度地开发个体创造潜能的一种教育活动[2]。

（二）大学中的创造教育研究

大学的知识创造能力源于大学的创造教育。随着知识经济已经成为21世纪的主导型经济，它的到来给每个人、每个企业、每个国家提供了发展过程中难得的机遇，同时也带来了严峻的挑战。在知识经济社会中，人的创造性被认为是知识经济的首要特征，是知识经济的灵魂。这对当代大学教育提出了培养创造性人才的课题，要求大学教育的人才培养观念必须转到以面向未来、培养创造性人才为重要目标的创造教育上来。

李小平（1998）[3] 根据知识经济社会的特征，提出了大学教育的新职能，并论证了这些新职能的履行，在于使大学以创造作为它的工作方式，进而，在分析我国大学目前面临的困境的基础上，从历史的发展、科技的历程、知识的特征及大学教育的现实4个方面揭示了大学创造教育的必然走向，并对建立大学创造教育的合理机制提出了一些有价值的建议。

张昊民、林宏武（2000）[4] 在分析知识经济时代需要培养创新人才，当前大学培养创新人才主要障碍的基础上，着重探讨了大学培养创新人才的主要思路：在教学观、思维观和师生观三个方面树立创造教育思想；从加强基础教育、创新教学方法、学研结合和确立新的评估尺度四个方面建立大学创造教育的合理机制。

---

① 周明星：《创造教育——挫折教育》，中国人事出版社1999年版。

② 陈发众：《创造教育新论》，湖北教育出版社1990年版，第6页。

③ 李小平：《知识经济与大学创造教育——兼论大学创造教育的历史必然性》，《高等教育研究》1998年第6期。

④ 张昊民、林宏武：《知识经济与大学创新人才的培养》，《江汉石油学院学报》（社会科学版）2000年第1期。

　　盛鹏飞、张安强（2000）[①] 指出，未来社会经济的发展迫切需要创造性人才支持，而高校培养高素质创造性人才的关键是实施创造教育。要从教育思想观念、课程体系、教学内容、教学方法、教学管理和教学评价机制等方面的改革入手，建构适应创造教育的教育教学机制。

　　进入 21 世纪，素质教育已经成为教育改革和发展的方向和主流。在素质教育中，培养学生的创造能力无论对于学生的成才还是对于中国未来的发展都是至关重要的。如何培养学生的创造能力，需要高校教育方式和教育结构的改革；由于高校改革已经纳入国民经济的轨道，成为启动经济的一个重要阀门，因此，从制度上保障高校的创新能力培养就成为一个重要的课题。江先荣（2000）[②] 主张应该做好以下几个方面的工作：一是高等教育的创新能力培养机制的建立必须有制度的保障，这种保障需要以高校内部组织结构的变革和完善为基础；二是由于当前市场的发展中仍以公有制作为基础和主导，以及高等教育部门货币资本的缺乏，制度创新的主要承担者应该是政府，因此，政府政策的目标导向和实施力度就是非常重要的；三是制度创新是以效率为目的的，这和高校通过创新体系建立、创新能力的培养从而创造知识去提高整个社会效率的目标是一致的，因此，制度保障的核心也是效率；四是高等教育系统和政府以及社会的结合，按照社会化大生产的要求，应该更加紧密，而这种紧密结合并不妨碍高校按照市场的需求提供技术和人才资源。

　　从上述研究中，我们可以看到，在知识经济时代，许多大学已经开始认识到创造教育的价值和意义所在。因此，这些大学已经开始尝试将创造教育的理念导入到大学的教育教学活动之中，它们或者从大学创造教育的合理机制角度提出一些建议和设想，或者从创造教育思想和大学创造教育的合理机制角度开展了一系列探索，还有一些大学尝试从制度保障等角度为大学开展创造教育提出了一些可行的方案和思路。但是，值得注意的是，尽管大学在创造教育方面已经开展了一些理论研究与实践探索，但这

---

　　① 盛鹏飞、张安强：《对高校建构创造教育教学机制的思考》，《华东冶金学院学报》（社会科学版）2000 年第 3 期。

　　② 江先荣：《高等教育中创新能力培养的路径依赖：制度保障》，《阿坝师范高等专科学校学报》2000 年第 1 期。

些仍停留在从表象上思考解决问题的办法，而没有从知识经济时代的资源特点和内在方面去探索相关的影响因素和大学创造教育的新的内涵与本质内容，即没有以大学知识创造和培养的核心来探讨大学的创造教育问题，始终没有找到解决问题的关键。

四 大学知识管理领域的相关研究

乔·J. P. C. 罗德里格斯和玛利亚·乔其娜·巴鲁拉斯（Joe J. P. C. Rodrigues and Maria Joaquina Barrulas，2003）[①] 在他们撰写的关于组织（大学）知识管理的文章中，介绍了葡萄牙属贝拉大学信息情报学系实施的一个研究项目的结果。该项目研究的目的在于确认和理解大学系（部）人员间知识的产生、传播和分享。基于这个研究的发现，他们提出了一个定位于促进人员间的互动和部门间知识共享的知识管理模型（见图2.1）。

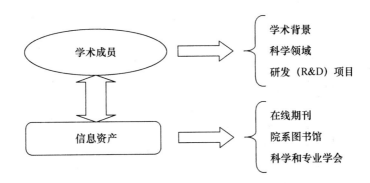

图2.1 院系/大学的智力资本

刘乃嘉、刘启新、蒋东兴（2005）[②] 分析了高校实施知识管理系统的必要性，提出了一个高等学校知识管理系统模型。在该模型中，主要包括知识收集和整理引擎，对知识进行收集和加工；然后将获得的知识送入知

---

① Joe J. P. C. Rodrigues and Maria Joaquina Barrulas. Towards Web – Based Information and Knowledge Management in Higher Education Institutions, M. M. Freire, P. Lorenz, M. M. – O. Lee (Eds.)：HSNMC 2003，LNCS 2720，2003. 188 – 197.

② 刘乃嘉、刘启新、蒋东兴：《高等学校知识管理系统模型》，《工业技术经济》2005 年第1 期。

识仓库中存储同时生成知识地图和知识搜索引擎需要的相关信息，这样知识管理系统的最终用户就可以通过知识门户获取知识，浏览知识地图，更重要的是用户可以通过知识门户将自己拥有的知识存放入知识仓库中，供其他人使用；同时，在高等学校的知识管理系统中还应有和其他的高等院校和科研院所乃至企业进行知识交流的数据交换的通用接口，以上的这些系统要素都是构筑在高等学校的信息化基础平台之上。另外，在此基础上，他们也探讨了在知识管理系统建设过程中应该注意的一些问题：如在进行知识管理建设实施过程中首先应该进行的是知识管理理念的推广；知识管理系统的建设本身也是一个长期的过程；进行知识管理系统建设时要留有充分的对外接口，以便将来可以和其他的应用系统能够方便地进行数据传输；在建设知识管理系统中，可以考虑使用现有的、比较成熟的知识管理系统软件等。

吴卫东（2005）[1] 认为，学校是选择、组织和传播知识的重要场所，教师群体不仅承担着以上功能，他们也是创造的主体，其自身专业发展更是通过知识的内化与外化的过程得以实现。因此，运用知识管理的理念促进以校为本的教师专业发展是学校管理的新范式。教师专业共同体的知识管理把 SECI 作为其参照模型，在知识管理实践中加以丰富与拓展。并在此基础上提出了教师共同体的知识管理策略。

王金明、高爱青、崔海英（2005）[2] 将企业中的知识管理模式运用到高校的管理中，论述了大学知识共享的基本知识，阐述了高校实施知识管理的必要性并构建了高校知识共享的一般模式：建立实现知识共享的外在条件；组织内部成员对组织的知识管理共享；发展校外知识网络。

夏晶、聂规划（2005）[3] 在借鉴左美云"企业知识管理的灯笼模型"[4] 基础上，构建了反映高校知识管理实施体系框架的模型，建立了高校知识管理系统模型和高校知识创新模型。为高校实施知识管理提供了有

---

① 吴卫东：《教师共同体的知识管理》，《教育发展研究》2005 年第 2 期。

② 王金明、高爱青、崔海英：《高校知识管理中的知识共享探析》，《教育与职业》2005 年第 5 期。

③ 夏晶、聂规划：《高校知识管理实施体系研究》，《科技与管理》2005 年第 2 期。

④ 左美云、许珂、陈禹：《企业知识管理的内容框架研究》，《中国人民大学学报》2003 年第 5 期。

价值的参考。

汪怿（2005）[①] 指出，大学知识管理是知识时代的新使命，但是要让大学在知识社会中承担起与其地位相称的职责，成为真正意义上的知识型组织，还要求大学建立适应知识社会的管理模式，这包括认识到知识是大学最为核心的资源，构建以知识为基础、符合知识运行和创造规律的大学知识管理系统。

上述关于大学知识管理的论述主要从大学知识共享的模型和大学知识管理的系统模型等方面开展研究，提出一些概念性的认识和框架，然而这些对大学知识管理的研究并不是基于对大学知识管理的评价，特别是对大学知识创造能力的评价基础来谈大学知识管理的。因而这种大学知识管理的研究还缺乏一定的系统性，这就为本书的研究工作提供了机会和可能。

五　大学人力资源管理领域的相关研究

（一）大学人力资源管理研究

刘文魁（2005）[②] 指出，大学的核心资源在于人，如何科学有效地开发人力资源是大学管理者面临的重大任务。他通过对目前大学人力资源管理工作现状的分析，论述了在公开、公平和公正、人才有效利用，以及对教师、干部绩效考评等方面存在的问题，并提出相应的人力资源开发和管理策略。

王文智（2005）[③] 认为，大学作为培养人才的重要基地，其自身的人才资源决定着人才培养的质量，而大学人力资源整体素质的提高很大程度上取决于人力资源管理水平。本书从人力资源管理的观念、管理机制、管理工作的方式方法等方面来探讨大学人力资源管理的改革和创新。

当前，从人力资源管理的角度看，目前大学人事管理工作主要存在以下几个方面的问题：管理体制落后；管理者和普通教职员工的观念陈旧；人员使用和管理模式僵化；教师、教辅、管理队伍建设不均衡；改革措施执行不够彻底，改革的效果不理想；考核、评价缺乏科学性，影响了奖惩

---

① 汪怿：《大学知识管理初探》，《辽宁教育研究》2005 年第 3 期。
② 刘文魁：《高校人力资源管理中的问题分析与对策》，《有色矿冶》2005 年第 1 期。
③ 王文智：《高校人力资源管理创新初探》，《广西广播电视大学学报》2005 年第 1 期。

效果等。在对这些问题进行深入分析的基础上，殷晓练（2006）提出了知识经济条件下，用人力资源管理的理念指导、革新大学人事管理工作的必要性和相应对策①。

党的十六大第一次明确提出把社会更加和谐作为我党为之奋斗的重要目标。建设和谐社会，大学在人力资源培养上肩负着重要的责任。在这一思想指导下，于睿等（2006）② 探讨了大学如何在管理模式上创新以保证其正常运作，在建设和谐社会的伟大实践中发挥更大的作用的问题。提出采用人本管理、柔性管理、团队合作管理模式 3 种现代人力资源管理理念，为构建和谐社会背景的大学人力资源管理模式提供了创新之路。

大学人力资源管理的主体是教师，其核心是人才资源的管理。在这一方面，余作斌（2007）③ 认为，目前大学人力资源管理存在的问题是教师的作用没有得到很好的发挥，构建以人为本的人力资源管理体系显得非常必要。通过教师聘用机制、培育机制和激励机制的建立，可以解决上述存在的问题，并促进大学人力资源优化，使其为经济社会建设培养更多人才，发挥更大作用。

何菊莲（2007）④ 主张，大学发展的关键在于大学人力资源的开发与管理，教师队伍是其中的核心资源。大学教师职业与教育经历的特殊性决定了他们的需要有着与一般人不同的特点，其中最主要的特点是重视人格独立和自由。因此，大学教师人力资源管理的法则在于人格化管理。人格化人力资源管理的法则主要包括：新型组织的创立、激励措施的完善、信息沟通的有效、校园文化的构建等。

倪东风（2008）⑤ 强调，大学人力资源管理的核心是人才资源管理，大学人力资源管理工作的重点在于深化大学用人制度改革，促进人力资源

---

① 殷晓练：《高校人力资源管理的问题与对策》，《陕西理工学院学报》（社会科学版）2006 年第 2 期。

② 于睿、史彩霞、文中晴：《构建和谐社会背景下高校人力资源管理模式的创新》，《重庆工学院学报》2006 年第 3 期。

③ 余作斌：《构建以人为本的高校人力资源管理体系》，《信阳师范学院学报》（哲学社会科学版）2007 年第 6 期。

④ 何菊莲：《人格化管理：高校教师人力资源管理的法则》，《云梦学刊》2007 年第 1 期。

⑤ 倪东风：《对高校人力资源管理的思考》，《安阳师范学院学报》2008 年第 3 期。

的合理配置，改变旧有观念，以人为本，创造良好的人文环境；实施人力资源开发，优化人力资源管理，使人力资源适应高校发展。加强人力资源中的风险管理，形成有效的监控机制。

（二）大学智力资源管理研究

根据金福教授和王前教授（2005）[1] 的研究结果，我们可以了解到智力资源包含于人力资源范畴之中。社会资源、人力资源、智力资源、人才资源具有彼此包含关系。随着知识经济时代的到来，对脑力劳动者在知识结构（包括知识广度与深度）、知识存量、创新能力、学习速度、应变能力、知识运用能力等指标的要求越来越高，这有必要将智力资源管理作为重点进行研究。尤其值得注意的是，个人隐性知识存量及其融会贯通能力，对于从事创造性脑力劳动非常重要[2][3]。因此，可以预言，智力资源正在成为战略人力资源的重要构成部分，并有可能逐渐成为人力资源中相对独立的要素，成为一种新型资源形态，体现出独特的价值。

第二节 大学知识创造能力的内涵与外延

一 大学知识创造能力的内涵

（一）创新和创造

1. 创新的含义

关于"创新"的概念，各学科有不同的解释。一般而言，"创新"是指创造和发现新东西。如人类学界一般认为，创新是文化变迁的基础，霍默·G.巴尼特在《创新：文化变迁的基础》中说："创新"是指"在实质上不同于现有形式的任何新思想、新行为或新事物"。不过，巴尼特还认为，"发明"和"创新"可当做同义语使用。可见，"创新"的含义较广，既包括人类社会和文化的革新与改造，也包括科学与技术的发现和

---

① 金福、王前：《人力资源管理研究的新发展——智力资源管理研究》，《中国软科学》2005 年第 1 期。

② 曾建权、郑丕谔、马艳华：《论知识经济时代的人力资源管理》，《管理科学学报》2000年第 2 期。

③ 王前：《智力资源管理的若干基本问题》，《公共管理学报》2004 年第 2 期。

发明。

　　中文"创新"一词，出现较早，不过，词意与现代不同，主要是指制度方面的改革、变革、革新和改造，并不包括科学技术的创新。

　　创新（Innovation），顾名思义，创造新的事物。《广雅》①："创，始也"；新，与旧相对。创新一词出现很早，如《魏书》有"革弊创新"②，《周书》中有"创新改旧"。和创新含义近同的词汇有维新、鼎新等，如"咸与维新"③、"革故鼎新"④、"除旧布新"⑤、"苟日新，日日新，又日新"⑥。

　　在西方，英语中 Innovation（创新）这个词起源于拉丁语。它原意包含三层含义：一是指更新，就是对原有的东西进行替换；第二是指创造新的东西，就是创造出原来所没有的东西；第三是指改变，就是对原有的东西进行发展和改造。

　　创新往往是指人类为了满足自身需要，不断拓展对客观世界及其自身的认知与行为的过程和结果的活动。或具体地讲，创新是指人为了一定条件下的某种目的，遵循事物发展的客观规律，对事物的整体或其中的某些部分进行变革，从而使其得以获得更新与发展的活动。

　　在西方，创新概念的起源可追溯到 1912 年由美籍经济学家熊彼特出版的《经济发展概论》。熊彼特在该著作中提出，所谓创新就是把一种新的生产要素和生产条件的"新结合"引入生产体系之中。它包括四种情况：引入一种新产品，引入一种新的生产方法，开辟一个新的市场，获得

---

　　①　《广雅》是我国最早的一部百科词典，收字 18150 个，是仿照《尔雅》体裁编纂的一部训诂学汇编，相当于《尔雅》的续篇，篇目分为 19 类，各篇名称、顺序，说解的方式，以致全书的体例，都和《尔雅》相同，甚至有些条目的顺序也与《尔雅》相同。该书由三国时魏国的张揖撰写。张揖字稚让，魏明帝太和中为博士。

　　②　引语出自《魏书》卷六十二，原文系："革弊创新者，先皇之志也。"

　　③　引语出自唐·孔颖达《尚书正义·胤征》："旧染污俗，咸与维新。"原意是沾染旧俗的百姓，都给重新做人，概不追究。后来就用"咸与维新"表示一起参加更新旧制。

　　④　意指去掉旧的，建立新的。多指改朝换代或重大变革。引自《周易·杂卦》，原文系"革，去故也，鼎，取新也。"

　　⑤　意指清除旧的，建立新的。以新的代替旧的。引自《左传·昭公十七年》："彗，所以除旧布新也。"

　　⑥　意即与时俱进，每天每月都有新的变化，形容进步迅速。引自《大学章句·传十章·第二章》汤之盘铭曰："苟日新，日日新，又日新。"

原材料或半成品的一种新的供应来源。熊彼特的创新概念包含的范围很广，如涉及技术性变化的创新及非技术性变化的组织创新。

到 20 世纪 60 年代，随着新技术革命的迅猛发展，美国经济学家华尔特·罗斯托提出了"起飞"六阶段理论，把"创新"的概念发展为"技术创新"，把"技术创新"提高到"创新"的主导地位。

创新的主体主要是人类。这里的人类包含两层含义：一是指个人（如自然人的发明创造，像爱迪生等）；二是指团体或组织（如：国家创新体系的建立）。创新的客体是指客观世界，主要包括自然科学、社会科学以及人类自身思维规律。创新的过程是指不断拓展和改变对客观世界（包括人类）认知与行为的动态活动本身。创新的核心：就是创新思维。是指人类思维不断向有益于人类发展的方向动态化的改变。创新的关键：就是改变。向新的方向、有效的方面进行量和质的变化。创新的结果包括两种：一是物质的结果，如蒸汽机和电脑等；二是非物质的结果，如新思想、新理论、新经验，等等。创新的特征则包括价值取向性、明确目的性、综合新颖性、高风险和高回报性五个方面。具有主观能动性的创新的作用包括三个方面的内容：一是不断满足人类生存与发展的客观需要；二是不断深化人类对客观世界的认知；三是不断提高人类对客观世界的驾驭能力。创新原则就是开展创新活动所依据的法则和判断创新构思所凭借的标准，主要包括遵守科学原理原则、市场评价原则、相对较优原则、机理简单原则、构思独特原则以及不轻易否定和不简单比较原则六个方面。

不少杰出的创新都留下了大量的动人的传说：瓦特看到壶盖被蒸汽顶起而发明了蒸汽机，牛顿被下落的苹果砸了头而发现了万有引力定律，门捷列夫玩纸牌时想出了元素周期表的排列顺序。当然，如果创新真的如此简单，那么创造学就成为没有意义的学问了。我们研究创新的过程，其实是把过程看得比结果更为重要。创新是由创新思维的过程所决定的，而结果仅是过程的成功产物。但是，在教育上的一个缺陷是注重创新成果的渲染，而对创新的过程却讲得不多，甚至导致人们对创新的误解。

创新活动的"四阶段理论"是一种影响最大、传播最广，而且具有较大实用性的过程理论，是由英国心理学家沃勒斯提出来的。该过程理论认为创新的发展过程分四个阶段，即准备期、酝酿期、明朗期和验证期。

2. 创造的含义

创造是指将两个以上概念或事物按一定方式联系起来，以达到某种目的行为。简而言之，创造从字面意思来看，就是把以前没有的事物给产生出来或者制造出来。这种行为明显的属于一种典型的人类自主行为。因此，创造的一个最大特点就是有意识的对世界进行探索性劳动的行为。想出新方法、建立新理论和做出新的成绩或东西都是创造的结果。

创造亦作"剏[①]造"，主要包括以下几层意思[②]：

（1）创造的第一层意思主要是指发明以及制造前所未有的事物。《宋书·礼志五》："至于秦汉，其（指南车）制无闻，后汉张衡始复创造。"唐封演《封氏闻见记·文字》："按此书隶，在春秋之前，但诸国或用或不用。程邈观其省易，有便于时，故脩改而献，非创造也。"李大钊在《今与古》中指出："历史是人创造的，古时是古人创造的，今世是今人创造的。"秦牧在《青春的火焰》中写道："有人用水稻和高粱杂交，创造了平均每穗三百粒的纪录。"

（2）创造的第二层意思主要是指制造和建造。《三国志·魏志·曹髦传》："诸葛诞创造凶乱，主簿、宣隆部、曲督、秦絜秉节守义，临事固争，为诞所杀。"《北史·长孙道生传》指出："初，绍远为太常，广召工人，创造乐器，唯黄钟不调，每恒恨之。"清刘献廷在其撰写的《广阳杂记》卷二中描述："寺左有九曲亭，乃东坡之所剏造，而子由之所记焉。"闻一多先生在其《红烛》诗中云："灰心流泪你的果，创造光明你的因。"

（3）创造的第三层意思是指创作，即撰写文章或创作文艺作品。在《后汉书·应劭传》记载："其见《汉书》二十五，《汉记》四，皆删叙润色，以全本体。其二十六，博采古今璠玮之士，文章焕炳……其二十七，臣所创造。"鲁迅先生在其《集外集拾遗补编·关于〈小说世界〉》中所说："新的年青的文学家的第一件事是创造或介绍，蝇飞鸟乱，可以什么都不理。"

3. 创新与创造间的关系

创新，简单地说，就是利用已存在的自然资源创造新东西的一种手

---

① 音 chuàng，同"创"。

② http://baike.baidu.com/view/115801.htm.

段。创造是指将两个以上概念或事物按一定方式联系起来，以达到某种目的行为。二者的根本区别所在即创新的本质是一种手段，而创造的本质是一种行为。

创是开始的意思，所以创造不是后造，而是始造。创造和仿造相对。通常说创造，含有造出了一个前所未有的事物的意味。说创新，大致有两种意味：一种意味是创造了新的东西，这和创造实际是同一个意思。另一种意味是本来存在一个事物，将它更新或者造出一个新事物来代替它。在这种意味下，创新中包含了创造。但创造不可能凭空而起，新的创造一般是建立在原有的事物或其转化的基础上，包含了对原有事物的创新，因而创造中又包含了创新。人类的创造创新可以分解为两个部分：一是思考，想出新主意；一是行动，根据新主意做出新事物。一般是先有创造创新的主意，然后有创造创新的行动。创造和创新还有一种特定的含义，即创造创新学术界主流的术语定义，创造是指想新的，创新是指做新的。

从马克思主义关于创新概念的阐述，我们可以更清楚地了解其中的内在关联。

马克思主义经济学的根本在于劳动概念。基于科学的人类进化、发展学说的经济学思想，来自人类自我创造的实践思想。劳动价值论是马克思主义经济学的核心，其揭示出社会发展的本质变量。其在广义上是一切社会存在的基本决定要素。

创新劳动是劳动的阶段性发展，是对于同质劳动的超越。劳动的基本矛盾关系是生产工具与劳动力，劳动力与生产工具的发展推动生产力整体的革命性进步。创新在人类历史上首先是个人行为，在近代实验科学发展起来后，创新就不断成为一种集体性行为。但个人的独立实践对于前沿科学的发现及创新依然起到引领作用。具体体现在以下几个方面①：

（1）人类创造自我的行为就是以发现、创新对重复、积累。对自然的发现是创新的前提条件。人类来自自然物质世界，以创新自我的物质形态为起源。在个人的发现及创新以各种信息系统传播开来形成社会化的大生产后就形成以普遍的人民主导的生产力体系。这个体系主要是重复新生

①　白贵才：《创新和创造有什么区别》（［EB/OL］．http：//www. chinavalue. net/blog/Blog-Thread. aspx？ EntryId = 156454）。

产技术的生产过程，同时积累财富与实践范畴。在某个时期后为一个新的劳动者发现新的领域及创新新的生产方式。这是一个质变与量变交替发展的阶段。

（2）在经济领域，创新是劳动的一个重要的阶段性成果，是生产力发展的阶段性标志。其是社会经济发展的前置因素，形成规模性效益的源泉。创新与积累劳动形成经济发展的两大矛盾性劳动根源。创新的价值在于重新配置生产要素形成新的生产力。其在于创新成果社会化过程对于经济领域的路径选择或者创新新的路径。

（3）创新的社会化与创新成果的社会化是相辅相成的。创新社会是依赖创新成果有效社会化的。创新成果的有效社会化同时是创新劳动的社会价值实现。同时其创造了创新理念的社会化。从社会历史发展的过程看，创新的社会化根本是创新劳动行为的社会化。创新行为的社会化与分工的社会化结合在一起形成总体对于简单劳动的超越性发展。

（4）创新劳动的价值论在于创新成果的分配过程，分配又看所有制。从社会关系的发展史看财富的流通过程就是形成社会各个主体间关系的直接路径。但社会财富的生产过程中的生产分工才是最根本的决定通道，决定分工的竞争要素根本上取决于劳动者的劳动素质。所以一个创新的价值直接的来自财富分配、流通，而根本反映劳动者本人的劳动素质的实现。

（5）创新劳动的根本问题在于创新劳动者自我。劳动者的劳动是对于自我的劳动素质的创造。人来自自然却是自我创造了自我的人格与生命的统一。人的内在矛盾要素都是人的自我创造并在有意识的连续的发展中。人在一定实践范畴中，却无时不在超越已有的生命经历。

（二）知识创造

野中郁次郎和竹内弘高（Nonaka and Takeuchi）指出，企业在"组织的知识创造"中的技能是其成功的关键因素[①]。因此，企业面临的挑战就是不断改进创造、传递和使用知识的过程。在此基础上，他们提出了"组织知识创造"的概念，强调所谓组织知识创造就是指组织整体创造新知、将新知传播至整个组织，并且将之融入组织产品、服务与系统的能

---

① ［日］野中郁次郎、竹内弘高：《创造知识的企业：日美企业持续创新的动力》，知识产权出版社 2006 年版，第 4 页。

力。为此，我们这里将知识创造定义为通过科学研究获得新的科学知识（包括自然科学知识、社会科学知识和技术科学知识等）的过程和行为①。

知识创造的途径主要包括组合和交换两种。约瑟夫·熊彼特（Schumpeter）认为，经济发展的基础是创新，即将获取的原料、资源等生产要素进行重新组合（即"新组合"）以产生新的生产方式。科学家和工程师通过对不同学科的知识、理论和技术的组合来创造新知识。因此，对已有知识的重新组合确实是新知识产生的途径之一。新知识不仅可以通过不同主体所拥有知识和经验的组合而产生，当有限的资源被不同的行为主体拥有的时候，资源的相互交换就成了资源组合的先决条件，管理人员可以充分利用科研人员、理论学家和思想家所掌握的互补性知识来加快知识创造活动。新知识的创造是通过社会互动和共同合作而发生的②。

（三）知识创造能力

知识创造能力是主体依靠知识进步改进现实世界的活动能力，是主体创新能力的典型表现。它强调的是运用知识所开展的原始创造，并突出了个人与组织作为智力系统不断创造新知识，并用于改造客观世界和主观世界的能力③。

（四）大学知识创造能力

大学知识创造能力是知识创造能力在具体的组织层面的一种具体表现。因此，大学知识创造能力可以表述为大学中的知识创造主体（大学教师和学生）根据大学的教育教学目标，在教学、科研等活动中运用所掌握的专业知识、经验和相关技能，在知识获取、传播与应用过程中所表现出来的具有新颖性、独特性和创造性地解决理论和实践问题的群体性知识活动能力，是大学知识创造主体创新能力的集中表现。它强调的是运用知识所开展的原始创造，并突出了个人与组织作为智力系统不断创造新知识，并用于改造客观世界和主观世界的能力。

---

① 夏敏：《基于系统论的现代大学知识创造能力思考》，《光明日报》2009 年 1 月 3 日第 3 版。

② 《知识创造》（［EB/OL］．http：//wiki.mbalib.com/wiki/%E7%9F%A5%E8%AF%86 E5%88%9B%E9%80%A0.2009 – 07 – 30）。

③ 夏敏：《基于系统论的现代大学知识创造能力思考》，《光明日报》2009 年 1 月 3 日第 3 版。

二　大学知识创造能力的外延

大学作为知识密集型组织，无论在个体、群体与组织层面，还是在大学的各种知识活动之中，都存在着各种各样的知识创造活动，因此大学的知识创造能力的要素不仅包括大学内部的个体知识创造能力、群体知识创造能力和大学的知识创造能力，而且还要把大学知识创造活动的环境因素考虑进去，这样所形成的大学知识创造能力才符合系统性和完整性的要求。

（一）大学内部的个体层面的知识创造能力

应该说，在大学知识创造活动中，个体在知识创造能力的形成过程中，往往发挥着重要的作用和影响。正如我们所知，大学的知识创造活动往往是以个体的知识创造活动能力为基本单元来整合实现的。

大学知识创造活动中的个体主要包括大学中的教师和学生。他们的一举一动、一言一行都反映着大学知识创造能力的个体层面水平的高低。大学中的教师往往具备着多重的身份和角色，他们不仅是大学中的重要个体单元，即教师群体中的一员，有着教授、副教授、讲师和助教等不同层次的教师的身份，而且他们往往也是重点学科、创新团队和特色专业中各个学术梯队中的重要成员和骨干，他们在各自的工作岗位上，往往以带头人的身份或者重要成员的身份在教学、科学研究和学科专业建设工作中不断地发挥着积极的作用和影响，不断地从其所从事的工作取得的成绩中体现其作为个体所拥有的知识创造能力。当然，我们这里讨论的大学内部的个体层面的知识创造能力是以大学内部的重点学科、创新团队和特色专业为依托的，所计算的个体知识创造能力水平数值既有作为每个个体的知识创造能力实际分值，又有其相对的国际标准等级（即 AAA，AA，A，B，C）。与此相类似的是，大学学生的身份主要包括博士生、硕士生和本科生三个层面。他们也相应地被从大学学生的知识创造素质、大学学生的知识创造潜力、大学学生的知识创造实力和大学学生的知识创造影响力四个方面被测算出相应的每个个体的知识创造能力，同样的，这种学生个体层面的知识创造能力也是既有分值，也有相对应的等级。这样所获得的大学内部的个体层面的知识创造能力不仅能够反映出群体内部的个体间的知识创造能力水平的高低差别，而且能够反映出不同学校间相同层面群体间（如相同级别的重点学科、创新团队、特色专业的教师个体或者相同层次的学生个体）的知识创造能力水平的高低。

（二）大学内部群体层面的知识创造能力

大学内部群体层面的知识创造能力往往充分体现出来的是群体成员知识创造能力的整体水平状况。它的群体构成主要包括大学教师中的重点学科群体、创新团队群体、特色专业群体以及大学学生的博士生群体、硕士生群体和本科生群体。这些群体的知识创造能力往往是通过个体的知识创造能力体现出来，是对个体知识创造能力的系统的整合与叠加的结果，反映的是群体知识创造能力水平的高低。通过测算所得到的群体知识创造能力水平的数值和相应的等级，不仅可以实现同一学校内部不同的重点学科、创新团队和特色专业的教师群体间的知识创造能力水平以及博士生、硕士生和本科生等学生群体间知识创造能力水平的比较，而且可以实现不同学校间相同或者相近的重点学科、创新团队和特色专业的教师群体间的知识创造能力水平以及博士生、硕士生和本科生等学生群体间知识创造能力水平的比较。从而为群体间的知识创造能力的有效比较与合理评价提供了一个可靠的保障，对于大学群体层面知识创造能力的发展及存在问题的解决等提供了一个清晰的思路。

从上述情况来看，大学内部群体层面的知识创造能力所表现的一般是一所大学在某个方面或领域的知识创造能力。这样所获得的测量结果具有较明确的指向性，既可以对高校内部的管理工作提供方向性的指导，明确自身工作的优势和存在的不足，而且也可以对不同大学间的重点学科、创新团队和特色专业及学生群体的培养情况等开展横向的比较，从中发现各所大学在某一领域内与同行间存在的差距和所形成的比较优势，从更宏观的层面对大学进一步开展管理工作从外部提供指导。

（三）大学组织层面的知识创造能力

大学组织层面的知识创造能力的构成有别于群体层面的知识创造能力，它不仅是群体层面的系统整合与叠加，而且还需要将大学知识创造能力的环境影响因素以加权的方式整合到其中，这样形成的最终结果才是大学组织层面知识创造能力的真实反映。对于每所大学的组织层面的知识创造能力而言，其能力构成主要包括大学教师群体的知识创造能力部分、大学学生群体的知识创造能力部分以及大学知识创造能力的环境影响因素部分，这三个部分以加权的方式进行系统的整合，所最终形成的结果就是大学的组织层面的知识创造能力。

　　大学组织层面的知识创造能力不仅可以体现出大学作为整体的知识创造能力的水平状况，根据国际标准等级对照出自身所处的能力状态，而且可以在不同的大学间开展相互的比较，从比较的结果中找到相互间的差距和异同。需要说明的是，这种知识创造能力的比较不仅可以从整体数值上加以比较，而且在以大学作为一个整体看待的情况下，看到不同大学间在重点学科、创新团队、特色专业以及不同学生群体间的知识创造能力存在的差异。即虽然大学 1 可能在整体上知识创造能力高于大学 2，但在大学组织层面下的大学内部群体的比较上，大学 2 的某些项目可能会优于大学 1。这就使大学间的整体知识创造能力在组织层面上进入一个更为准确、更为细致的比较层次。

第三节　大学知识创造能力研究的意义

　　有关知识创造能力的研究引起了学者们的广泛关注。不同学科的人自辟蹊径对此问题展开了探究。知识管理专家提出了知识创造的过程[①]和知识转移的模型[②]，心理学家对人的创造力产生的条件、创造者个人特质以及社会支持系统进行了深入的研究，智力资源管理者也从管理学角度提出了开发与管理智力资源的运行机制。虽然研究大学知识创造能力的课题已经引起了学者们的重视，但大多停留在观点的论证层面，缺乏系统的研究和实证的检验。

　　本书研究工作的价值主要体现在理论意义和现实意义两个方面。

一　理论意义

（一）大学知识创造能力的评价体系的科学构建是知识管理理论的新突破

　　大学知识创造能力的评价体系既是大学知识管理的出发点，也是大学

---

　　① ［日］野中郁次郎、竹内弘高：《创造知识的企业：日美企业持续创新的动力》，知识产权出版社 2006 年版。

　　② 李红玲、廖建桥：《从 Shannon – Weaver 到 Boisot：解读国外若干典型知识转移模型》，《科技管理研究》2008 年第 4 期。

知识管理的终极目标。它既为大学知识管理理论的建构提供了依据，也为大学知识管理的自身的科学性提供了评估标准。但是，目前该领域的学者们对大学知识创造能力的研究还缺乏系统性、科学性和实证性。如何以科学的方法论为指导建构大学知识创造能力的评价体系，并通过实证研究来透析该评价体的有效性，将成为解决大学知识管理问题的关键和难点。

（二）基于大学知识创造能力的评价体系的大学知识管理是知识管理的新视域

提升大学知识创造能力是大学教育内涵建设的核心问题，必然也是大学教育教学改革的重要目标。基于大学知识创造能力的评价体系的大学知识管理抓住了知识管理的关键问题，这就有助于科学而有效地建构大学知识管理的理论体系、方法和模式。

（三）大学知识创造能力的评价与管理研究将丰富创造教育的内涵

在大学知识创造能力的框架下，重新思考创造教育的问题，将使创造教育不仅具有培养创造型人才的目标，而且具有了教学过程的创造性的内涵，即强调了教师如何将知识创造能力向学生传递，进而为实现大学创造型人才培养目标提供了保障。这样就使传统的创造教育的内涵在知识经济时代得以更新和升华。

二　现实意义

（一）开展对大学知识创造能力的评价体系与管理研究是知识经济时代的要求

知识经济时代呼唤知识管理。知识管理的关键在于解决知识创造问题。大学是知识密集型组织，大学教育教学改革的重要内容就是通过实施知识管理，促进创造教育以培养创造型人才，进而实现国家创新体系建设与发展的宏伟目标。因此，开展大学知识创造能力研究不仅是确保大学实施知识管理的一项关键问题，更是大学实现时代所赋予的职责和使命的得力举措。

（二）开展对大学知识创造能力的评价体系与管理研究，使创造教育的实施更具有操作性，为培养创造型人才提供了有效的支持

传统的创造教育虽然描绘了美好的蓝图和宏伟的目标，但在具体实施过程中往往停留在空泛的概念和纸上谈兵阶段。而在大学知识创造能力的评价体系指导下，赋予了创造教育具体、清晰和明确的措施与手段

时，大学培养具有创造型人才的目标也变得更加明确。从知识管理的角度看，大学是个知识生产、知识传递和知识转化的重要场所。大学的教师和学生兼备知识载体与知识创造主体的属性。大学知识创造能力既为大学智力资源开发与管理提供了依据，也为大学培养创造型人才提供了可测和评价的标准。

第三章　大学知识创造能力评价的理论基础和理论建构

第一节　大学知识创造能力评价的理论基础

一　知识科学与知识管理理论

在知识科学领域，与本书研究工作结合得较为密切的理论主要有大连理工大学博士生导师、中国工程院院士王众托提出的知识系统工程理论以及大连理工大学科学学与科学技术管理专业博士生导师刘则渊教授提出的知识活动系统理论。

（一）知识系统工程理论

1. 知识系统的特征

根据王众托院士（1991）的知识系统工程理论[①]，知识系统是由许多要素组成的整体；要素之间，要素与整体之间，整体与环境之间存在着有机联系；系统具有整体功能性；具有层次性；具有环境适应性。对于一个组织中所存在的知识系统而言，系统中的要素主要包括：存在于文件、手册、图纸中的知识；存在于人的头脑中的知识；已经凝聚在工作过程、经营管理制度和方法之中的知识；嵌入（外化）在产品或者服务中的知识。知识系统整体功能是支持知识主体的存在和发展（对国家来说是提高创新能力，增强综合国力，对企业来说是提高企业的竞争力，对大学来说是提升学术影响力和知名度）。知识系统是随着社会经济、文化生活的发展而产生和发展的，要不断更新以适应社会需要。

---

① 王众托：《系统工程引论》，电子工业出版社1991年版。

2. 知识系统的构成

中国科学院（1997）在《迎接知识经济时代，建设国家创新体系》研究报告中提出，一个宏观的知识管理系统，主要包括知识创新系统、技术创新系统，知识传播系统和知识应用系统4个子系统①。知识创新系统的核心组成部分是国家科研机构与科研型大学，它们借助于知识生产、扩散和转移过程中所形成的网络系统，通过大量缜密而细致的科学研究，获得新的基础科学与技术科学知识，进而达到知识的创新与升级。技术创新系统的核心组成部分是企业，参与技术创新全过程的相关机构亦构成网络，在学习、研究、实践、革新的过程中，创造新技术，推动产品和技术的升级换代。知识传播系统，主要由高等教育与职业培训系统组成的网络来承担。其功能是培养有知识、懂技术、具有实践能力的创新型人才。知识应用系统则更加广泛，除了政府部门、企事业单位之外，还包括实际应用各种知识的集体和个人。他们创造性地把知识应用于各个社会层面，从而，推动社会经济活动的全面开展。作为知识管理系统的各个分支，即子系统，它们又是相互关联、密不可分的。社会上的许多组织既是知识和技术的创新系统，又是知识的传播与应用系统，一身而数任。正是这样一个借助网络系统、以培养创新型人才为本位，在知识的传播与应用过程中，推动社会经济发展的系统，必然成为未来知识经济时代中知识系统的主体。

（二）知识活动系统理论

刘则渊教授在知识活动系统理论中主张，社会再生产包括三大基本生产领域：这就是物质再生产、精神再生产和人口再生产。知识活动系统如何链接，首先看物质的再生产。在知识活动系统的链条中，无论是企业、大学、科研机构或其他组织，还是社会上的个人和家庭，都在不同程度上进行着学习、创造、传播和应用各种各样知识的活动，这样物质再生产就成为一个知识的应用系统。而满足人们基本生存的生产活动也就成为把知识转化为现实生产力的过程。从这个角度说，人类社会再生产系统本质上就是人类知识活动系统。其次看精神再生产。社会的精神再生产是对客观世界（包括自然和社会）的主观认识，是依赖于物质生产和社会生活的认识活动。它在认识、实践、再认识、再实践这个循环往复螺旋式上升的

---

① 《中国科学院召开"走中国特色自主创新之路"院士座谈会》，《中国信息导报》2005 年第 6 期。

体系中能动的反映世界，并把人们对世界的认识提升到高级的阶段，特别是生产科学技术知识的科技系统，人类知识再生产的成果在近百年来更加显著。因此，精神再生产也可以简化为知识再生产系统。最后看人口的再生产。人类不间断的世代更替的过程，是社会再生产的一个重要方面，它既是活的生命的生产，也是智力的再生产。因为人的成长包括体力和智力两方面的成长，后一方面的承担者就是从事智力再生产、进行知识传播活动的教育系统。这样人口再生产就可以把它对应于以教育系统为代表的知识传播系统，如图3.1所示。

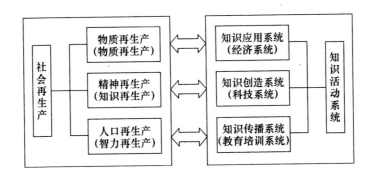

图3.1　社会再生产与知识活动的抽象对应关系

资料来源：刘则渊、韩震：《知识活动系统与大学知识管理》，《大连理工大学学报》（社会科学版）2003年第2期。

还有一个问题需要说明，就社会分工而言，人类知识活动系统是由作为知识生产的科技系统、作为知识传播的教育系统和作为知识应用的经济系统所组成的。那么，知识活动系统的全息结构特征——社会再生产系统就可以简化或抽象为人类知识活动系统。我们知道，经济发展两大战略的支撑点是科技和教育。物质再生产的经济活动为科技和教育提供了物质保证和现实需求；而科技和教育则为经济活动提供了知识支持和智力保障。这样，知识活动系统的各个分系统除了以本身子系统为主之外，又都或多或少包含其他两个辅助的子系统。经济系统（产业部门和生产企业），以物质再生产为主，同时，为了产品的更新换代，就必须进行技术创新，这就需要研究开发方面的知识再生产和技术培训方面的智力再生产（知识传播）。科技系统（科研机构），主要以知识再生产为主，但他们的劳动成果不能束之高阁，所以，必须进行知识传播及科技培训，特别是积极参与技术创新及知识应用的物质再生产，而这也正是科研成果进入生产领域的必经途径。教育系统，主要指是大学，它们虽然以智力再生产为主，同时也从事研究开发的知识再生产和参与技术创新及知识应用的物质再生产。社会越发展，技术越进步，产学研的结合也就越密切。所以，以智力生产为主，加上研究开发和技术创新必然成为现代大学的基本职能。这就是说，任何一个个别组织系统的微观结构都反映和具有整个社会活动系统的宏观结构特征。这就是人类知识活动系统的全息结构（见图3.2）：即任何一个子系统结构都大致包含人类知识活动系统结构的全部信息，这很有点分形几何图形的自相似特征。在一定意义上，人类知识活动的全息结构是社会分工与协作的内在原因。

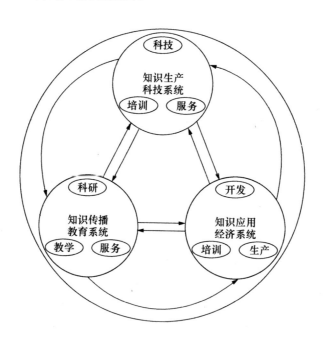

图 3.2　知识活动系统全息结构示意图

资料来源：刘则渊、韩震：《知识活动系统与大学知识管理》，《大连理工大学学报》（社会科学版）2003 年第 2 期。

（三）知识科学相关理论的贡献

由于本书关注于大学知识创造能力的评价与管理，因此，在研究过程中首先就有必要对知识本身具有系统的科学的认识。

知识系统工程理论和知识活动系统的理论可以为我们提供这种科学系统的认识。具体来说，这两种理论在如下几个方面给本研究提供了理论的支撑。第一，这两种知识理论所提出的知识创造系统、知识传播系统和知识应用系统，都与现代大学的科学研究、教书育人和社会服务三大职能有关，而这三大职能中都包含有知识的创造和开发问题，这就为我们研究大学知识创造提供了坚实的理论基础；第二，这两种知识理论都是以系统的观念来看待知识问题，这就为我们从系统的角度来建构大学知识创造能力的结构体系及其评价体系奠定了基础，我们研究大学的知识创造能力，不仅要全面关注大学创立知识的主体教师和学生，全面关注大学创造知识的教学、科研和学习活动，还要关注主体创造知识活动的环境因素；第三，知识系统工程理论还对知识管理系统进行了科学的分析，因此这种理论不仅为我们认识知识有重要的作用，还对我们研究知识管理也有重要的作用。

二　创造力理论

（一）创造力理论的内容

R. J. 斯腾伯格（R. J. Sternberg，1996）1988 年提出了一种"创造力三维模型理论"。他认为，创造力是一种多层面的现象[1]。创造力由三维度组成。第一种维度是创造力的智力维度，包括内部关联型智力、经验关联型智力和外部关联型智力三个方面。第二种维度是创造力智力方式维度。它是个体的一种习惯化或自觉的自我控制，常常使创造力的智力维度带有一定的倾向或风格。第三种维度是创造力人格维度。包括对模糊性的容忍度、敢于克服困难、内部动机、一定的冒险性、求知欲以及乐意为了获取知识去工作等个性特征。任何创造力都是这三种维度共同作用的集中体现，三个维度既相互独立，又相互联系，但对某一项创造力来说，其相互结合的程度、成分、方面以及各维度所起的作用是有区别的，这也体现了创造力的复杂性与多样性。他强调这三方面的相互作用及每一方面内部

---

[1]　Sternberg, R. J., *Successful Intelligence* ［M］. N. Y.：Simon & Schuster, 1996.

诸因素的相互作用。他还认为，在这个模型中，他强调的是创造力的内部特征，作为一个完整的模型应当把环境变量考虑进去。斯腾伯格的三维模型理论提供给我们创造力测量的结构框架：创造性智力及智力方式、创造性人格。

美国社会心理学家 T. 爱姆比尔（T. Amabile, 1983）认为，创造力是来自个性特质、认知能力和社会环境的特殊综合体的行为结果。她提出了一种创造力成分的模型①。这个模型中包含了三种成分，即领域相关的技能（Domain - Relevant Skills）、创造力相关的技能（Creativity Relevant Skills）和任务动机（Task - Motivation）。领域相关的技能是创造力的知识基础，创造力相关的技能是认知风格方面的特征，任何动机都是人格因素，是她的创造力的社会心理学中最重要的方面。爱姆比尔认为，创造力应包括这些成分以及它们之间的相互作用。

以综合指标评价和预测创造能力成为人的创造力测量的发展趋势。就个体创造力评价而言，创造性思维与创造性人格成为评价的核心内容。

（二）大学教师的创造力

大学教师与中小学教师的区别在于必须承担"教学、科研，为社会服务"三项基本任务，因而大学教师的创造能力是由教学创造能力和知识创造能力两者复合而成的。

1. 大学教师的教学创造能力

教学是培养创造型人才的主渠道，教师的教学创造能力在这个主渠道中得到充分的展现。这就形成了以教师和学生双边活动为主的教学创造链。具体表现是：教学观念的更新，教学目标的创造，教学方案的创造，教学内容的创造，教学方式、方法的创造。

（1）更新教学观念的能力。我们知道，知识经济时代，是信息化、国际化和个性化的时代。所以改变陈旧落后的教学观，树立现代化的教学观就必须在教学过程中体现求异性、新颖性和高效性，这是对教育进行整体性改革的重要方面。亦是我们培养创造型人才的重要前提，是教师确立

---

① Amabile, T. M., *The Social Psychology of Creativity* [M]. New York: Springer - Verlag, New York Incorporated, 1983.

教学创造意识的基础。

（2）发现并确定新的教学目标的能力。教学目标是个动态发展的概念，它既要服从于经济发展的客观需要，又要考虑专业人才的培养方向。所以，教师在确定教学的整体目标时，不但要考虑大学的办学定位，而且要从社会发展、学科专业发展的客观需要和学生的实际水平出发，考虑他们的身心发展特点和未来的可持续发展性。教学目标的创造是教学内容、教学方法创造的驱动力。

（3）设计最佳教学方案的能力。设计最佳教学方案的目的在于帮助大学生构建一个科学的、合理的知识结构、能力结构和素质结构。这就要求教师要站得高、看得远，对教育动态，学科发展都了然于胸，进而对教学大纲有全面、准确的理解和把握，注意研究具体课程在人才培养中的地位、作用以及与其他课程的配合关系；对所教学生的总体现状和个体特征有深入的分析和把握，特别是对大学生的创造潜能应有所了解和发现。有此条件才能设计出最佳的教学方案。

（4）教学内容、教学方法创造的能力。一个课程体系和教材的运用，是个相对稳定并具有一定时效性的知识体系，难以迅速反映最新的知识信息。所以教师要不断地吸收最新的科技成果，来充实、更新教学内容以适应社会发展的需要。一个有创造性的教学过程就是一个增值与创生的过程，也是一个吐故纳新的过程，因此教师还要善于吸收最新的教学研究成果，发现行之有效的新的教学方法，恰到好处地运用到教学活动之中。

（5）对教学的分析判断、总结提高的能力。提高教学创造能力，必须善于反思和总结自己的教学经验，正确地评判自己教学中的成功之点和失误之处，并力求上升到理论的高度来认识这些成功和失误。同时还要善于向其他教师学习，并根据教学环境的变化，不断调整自己的知识结构和教学行为，全面提高自己的教学水平，以全新的姿态面对可能的新发展、新变化。

2. 大学教师的知识创造能力

知识创造能力是指大学教师在自身的学科专业领域内有所发现、有所创造、有所发明的本领。由于我国大学基本上都是以学科专业来设置课程体系并组织教学的，大学教师大都耕耘在自然科学、人文社会科学或技术科学领域。因而大学教师的知识创造可细分为学术创造、技术创造两个范畴。学术创造能力体现在如下方面：要探索相关专业的发展规律，在一个可以驾驭的范围内，揭示其发展方向，就必须敢于对现有学术观点、理论体系进行怀疑和否定，对前人创立的理论体系中的缺陷或不足之处进行必要的修正，在此基础上，提出自己的新观点或新的理论体系，丰富并发展现有的理论体系。在一个学科领域，开拓前人未曾涉足的领地，进而有新的发现，那是一个十分艰难的过程。这不仅需要教师本人具有较高的素质和学术穿透力，也需要大学的相关基础的物质支撑。所谓技术创造能力就是指技术上的发明创造并实现其市场价值的本领。

3. 教学创造能力与知识创造能力的关系

教学创造能力与知识创造能力二者是怎样的关系呢？一般来说，凡是创造能力都要由一定的知识体系、创造的激情、创造性思维、科学精神这几个要素构成。如学科专业知识、教育科学类的知识、教学创造的经验、教学创造性思维、科学精神等都是形成教学创造能力的要素。如果大学教师不能掌握本学科专业领域的发展动态，缺乏知识创造能力，那么他的学术水平就难以提高，在这种情况下，即使他有再高的施教能力，他的教学水平也不会令人满意，甚至会影响到创造人才培养的质量。反过来说，如果大学教师缺乏了教学创造能力，或者作为教师有不尽如人意的地方，他在知识的迁移与传递方面自然存在一定的障碍。这样的话，尽管他在本专业领域内硕果累累，也不能将自己的创造精神、创造能力传递给学生，并内化为学生的创造精神和创造能力。所以对大学教师而言，教学创造能力与知识创造能力是一个相辅相成的有机整体，二者缺一不可。

从目前我国高等学校办学的现状来看，我国大学教师创造能力的发展存在着亟待解决的问题：其一，相当一部分教师创造能力欠缺，教学、科研处于应付状态，出不了像样的成果，但也不犯错误。其二，一部分教师创造能力片面发展，有的重视科研，学术创造能力或技术创造能力得到了较快发展，但对教学工作不重视，因而教学创造能力较弱。在以教学为主的大学，教师十分重视教学改革与研究，注意培养自己的教学创造能力，但对科研的开拓力明显不足，因而学术创造或技术创造能力较弱。其三，有一小部分大学教师真正做到了教学科研双中心，因而教学创造能力、学术创造能力或技术创造能力获得了和谐的发展，他们是高等教育改革的中坚力量，是创建国家创新体系的排头兵。

导致大学教师创造能力不能全面发展的原因是多方面的，其中教学与科研脱节，在事实上形成两张皮的状态是教师创造能力不能协调发展的根本原因。与此同时，大学的利益分配政策或偏向于科研或偏向于教学又加深了教学、科研的分离。作为教育主管部门或相关领导，在理论上虽然都已认识科研、教学之间源与流的关系，但在办学实践中将教学与科研分别对待的现象仍然不能从根本上得到改观。此外，还有环境因素、物质经济条件缺乏也会影响教师创造能力的和谐发展。

（三）创造力理论的贡献

首先，创造力理论从创造力的概念出发、创造力的理论阐释、创造力的测量到大学教师的创造力等各个角度为大学知识创造能力的评价指标体系的设计提供了依据。

其次，根据泰勒的五层次创造力学说的观点，主要包括表达性创造力、技术性创造力、发明性创造力、革新性创造力和浮现性创造力五个方面，该观点不仅从第一层次的表达性创造力为大学教师传授知识创造能力提供了理论的依据，同时，也从其他几个层次为当前的传统教育向创造教育的转变与发展提供了强有力的理论支撑。

最后，创造力理论中所提出的智力领域的创新、情感领域的创新、意志领域的创新和操作动手能力的创新等观点，都紧紧围绕创造思维能力的形成与发展来展开，表明了创造思维在创造能力形成的过程中的核心地位与作用，这为大学教师和学生创造素质的提升与培育提供了理论依据。

此外，创造力测量领域的研究工作及结论为我们在大学知识创造主体（教师和学生）的知识创造力素质的测评提供了可靠的方法和有效的工具保证。

因此，我们可以认为上述理论不仅为大学知识创造能力中大学教师和大学学生的知识创造能力的各要素的构建提供了参考，而且也从不同角度为各要素指标的有效测量，提供了各种方法方面的选择与保证。

三　智力资源管理理论

人类可以用来开发和利用的资源，按其属性可分为自然资源和社会资源两大类：自然资源如土地资源、矿产资源、水资源，等等；社会资源如人力资源、信息资源、知识资源，等等①。从其构件的关系上分，人力资源、知识资源都包含于社会资源，从这个意义上来看，智力资源包含于人力资源②。因此，智力资源管理是在知识管理和人力资源管理之间产生与发展起来的一个新的研究方向③，它是人力资源管理发展与研究的新的视角和阶段。

（一）智力资源管理理论的内容

1. 智力资源的解析

资源泛指一国或一定地区内拥有的物力、财力、人力等各种物质要素的总称，是为了创造社会财富而可以投入生产活动中的一切要素。它是自然界和人类社会生活中一切可以利用来创造物质和精神财富的客观存在形式的集合。

智力资源作为一种特殊的社会资源，既包括作为各种能力的智力本身这一无形资源，又包括作为智力成果和智力载体这些有形资源。它与自然资源不同，自然资源是有形的、消耗型的，是递减式的，而智力资源是有形资源和无形资源的组合，是累增式的、越来越丰富的。在智力资源中，人作为"智力"生产与再加工的母体，是智力最富活力、最具有特殊意义的载体。智力资源是从智力活动效能方面对人力资源的一种特殊规定，指经过一定的专业技能培育（尤其是受过高等教育）以后，能够从事脑力劳动并带来一定的经济或社会效益的个人或群体④⑤。

因此，智力资源不仅仅是拥有一定知识和技能的人力资本（个人或群体）及其智力（知识、管理、脑力与创意等），而且还包括作为智力成果和智力载体存在的有形资源以及各种从事基础科学研究和应用开发研究

---

① 张德、吴志明：《组织行为学》，东北财经大学出版社 2006 年版，第 55 页。

② 金福：《组织的智力资源管理》，博士学位论文，大连理工大学，2007 年，第 3 页。

③ 金福、王前：《人力资源管理研究的新发展——智力资源管理研究》，《中国软科学》2005 年第 1 期。

④ Wang Qian, Jin Fu, Liu Wen - yu. A New Development Branch of Human Resources & Knowledge management - Intellectual Resources Management ［A］. XU Qing - rui, WU Xiao - bo, CHEN Jin. Managing Total Innovation in the 21st Century ［C］. Zhejiang University Press, 2004, 596 - 600.

⑤ 王前：《智力资源管理的若干基本问题》，《公共管理学报》2004 年第 2 期。

的科研机构等，同时，对智力资源以及其他资源的管理、使用、开发等本身也是智力资源的一种。从形式上看，智力资源大体上可分为个人的智力资源和组织的智力资源两个方面。从时空上看，智力资源可分为静态智力资源和动态智力资源两类。前者指知识与能力水平相对稳定的个人或组织，后者指知识和能力水平随着时空及外在环境变化而变化的个人或组织。智力资源的核心部分是知识，不仅包括显性知识（explicit knowledge），也包括隐性知识（tacit knowledge）①。

2. 智力资源管理

智力资源管理研究作为一个特定研究方向，是在知识管理研究和人力资源管理研究之间产生和发展起来的。知识管理的任务就在于管理好智力资本，运用集体的智慧提高应变和创新的能力。同时，智力资源管理作为人力资源管理的一个重要方面，强调通过适当的管理手段和方法，实现对智力资源的管理、评价、配置和利用②。智力资源管理的核心部分是智力活动过程的效能分析和优化设计，即通过对智力资源的有效管理，实现脑力劳动的"精益生产方式"③。因此说，智力资源管理不仅包括对个人、团队、组织与社会层面的智力资源的管理，还应该包括更广阔范围内智力资源的科学合理开发与利用、外界智力资源引进工作的管理与决策活动，等等④。

3. 大学智力资源管理

智力是一个非常复杂的概念，主要指人们对客观事物及其规律的认识能力和运用知识解决实际问题的能力⑤。知识可以脱离个体而存在，智力则不能脱离个体而存在。隐性知识是以人为载体存在的。大学智力资源管理主要体现为对大学中具备隐性知识的人（具备知识创造潜力的人）的管理，即对这些人利用其隐性知识从事创造性脑力劳动的工作绩效的管理。对个人的智力资源管理，要求管理对象具有知识整合能力，借助隐喻

① 孙林叶：《智力资源的内涵及特征》，《生产力研究》2003 年第 4 期。

② 王前：《智力资源管理的若干基本问题》，《公共管理学报》2004 年第 2 期。

③ 同上。

④ 金福、王前：《人力资源管理研究的新发展——智力资源管理研究》，《中国软科学》2005 年第 1 期。

⑤ 白学军：《智力心理学的研究进展》，浙江人民出版社 1996 年版。

（metaphor）、类比（analogy）与模型（model）方法进行隐性知识传播的能力，对各类知识单元内在联系的揭示能力和运用知识解决问题的能力，等等①。

因此，从知识管理视角分析，大学的智力资源管理的核心任务是通过对大学中的人才的智力活动过程开展研究，进而对其智力活动的绩效进行分析和对其知识创造能力实施管理。

（二）大学智力资源管理与人力资源管理的关系

大学竞争力主要依赖于大学中的"学术人"或"知识人"，即大学中的人力资源。通过大学中人力资源所实施的一系列高智力活动，在科学研究、学科教学及学术管理等方面不断获取、创造、运用信息和知识解决问题的能力或综合实力。这种通过高智力活动的创造是形成大学可持续发展能力的最集中体现，是大学自己生成的难以移植的力量，也是一所大学的核心竞争力或可持续发展能力。因此，大学中各种其他资源的合理整合与有效配置，最终都要依靠知识和信息的载体——人力资源的积极参与来实现。

然而，人力资源也并非大学的核心资源。因为，在大学里，并非所有从事智力活动的个体或群体组织都具有不断获取、创造、运用信息和创造知识来解决问题的能力，更非所有智力活动都能为学校创造发展性价值。事实上，只有那些从事高智能活动的人力——大学的智力资源——在不断地创新、利用知识与信息，并在大学所有资源中起合力作用的核心资源，才具有竞争实力，才能转化为大学核心竞争力。

由此可见，大学智力资源是对人力资源、信息资源和知识资源进行有效分析、优化整合后的大学核心资源之所在，在大学资源中居于核心和支配地位，是大学的核心竞争力资源，在大学的竞争与发展中是不可移植、不可替代的资源②。这就进一步确立了大学智力资源管理的地位：大学的智力资源管理是大学人力资源管理的核心与难点内容，是大学人力资源管

---

① ［美］彼得·F. 德鲁克等：《知识管理》，中国人民大学出版社 1999 年版，第 18—39 页。

② 夏敏、康翠萍：《优化智力资源效能管理与提升大学核心竞争力》，《沈阳师范大学学报》（社会科学版）2008 年第 4 期。

理创造价值的所在，是大学形成核心竞争力的关键因素与途径，大学智力资源管理源于大学人力资源管理，但随着与知识管理的结合和自身的不断完善，大学智力资源管理又形成了独特的发展特点。

（三）智力资源管理理论的贡献

大学知识创造能力的主体是大学中的教师和学生，属于大学的关键人力资源，无论是从个体层面还是从群体层面开展研究，设计相关的评价指标体系，考虑相关环境因素（如文化与制度建设、激励机制的设计等）的影响，以及制定适当的管理策略等，都离不开智力资源管理理论的有力支持。同时，大学知识创造能力的重要来源的本质是大学教师和学生所拥有的智力资源（包括个体层面、群体层面和组织层面的显性知识和隐性知识）。因此，智力资源管理理论对于大学知识创造能力的形成与发展发挥着不可替代的作用。

四　创造教育理论

（一）创造教育理论的内容

1. 创造教育的要素构成

（1）创造环境。创造性的教育环境通常包括以下几方面：一是通畅的信息环境，这种优良的信息环境不仅包括现代的图书情报系统和实验设备系统，它使从事创造的人们能及时、便利地检索、查阅、获取最新、最丰富的信息，而且包括合理、流畅的信息共享，它使创造者获得最高层次的信息刺激，同时还包括及时、广泛地学术交流和纵横交织的网络连接；二是民主的人际环境，营建一个允许民主讨论、自由探索、自由辩论和反批评的人际环境和学术环境将会对激励人们的创造性产生积极的影响。

（2）创造性师资。教师是创造教育的实施者。创造性师资的条件是本人拥有创造力并懂得创造教育的规律，能够热情洋溢、坚持不懈地把创造教育贯彻下去。这是创造教育能否正常进行的主导因素。

（3）学生。教育规律告诉我们，每个学生都具有创造潜能，他们是创造教育的对象，创造教育的目的就是挖掘学生的创造潜能，培养学生的创造习惯、树立学生的创造观念、全面提高学生的创造素质，从而使学生真正成为以创造为己任的创造型学生。

（4）创造教育实施体制。创造教育是个系统工程，它包括考试制度的改革、教育目标的转化、教育观念的变迁、各个学科的渗透、课外活动的开展、创造型师资的培育等，是一个实践过程，而非纯粹的理论探讨，所以实施体制的建立和完善是创造教育得以开展并坚持下去的保证[①]。

因此，同传统教育相比较，创造教育是依据创造学原理，遵循人的创造活动的规律和人的创造素质培养规律，运用现代教育观念，采取科学的艺术的创造性教学方法与手段，开发学生创造潜能，培养学生创造意识和能力，启迪学生创造思维，塑造学生创造品格的一种新型教育[②]。

2. 创造教育的任务[③]

（1）培养学生的创造意识。培养学生的创造意识是一项十分复杂的系统工程，它需要从大事着眼，小事着手。在日常生活中，我们要使学生时时保持好奇心，有刨根问底、富于想象、大胆设想的品质；培养学生对周围事物有敏锐细微的观察力，养成勤于观察、乐于观察和善于观察的习惯；培养学生捕捉灵感的敏捷力，鼓励学生大胆实验、大胆实践。在课堂教学与课后的自学中，要注意培养学生思维的灵敏性、流畅性，为未来的创造发明提供必要的素质准备。

（2）培养学生坚忍不拔的创造毅力。培养创造精神不仅要有聪慧的头脑，还要有克服各种困难的勇气和毅力。创造和发明是探索前人没有开拓和开拓不完善的领域，这就需要培养他们对传统观念和现成结论大胆否定和怀疑的态度，要探索难免犯错误，要教会他们经得起失败、挫折、打击的韧性，有百折不挠的奋斗精神。发明创造活动当然具有重大的价值和意义，但这种价值的实现是与努力的付出成正比的。只有勇猛向前、不盲从权威的人，才能摘取创造的果实。

（3）训练学生的创造性思维，促进两个半脑的协调发展。心理学研究发现，人的两个半脑是有分工的，左脑掌管语言与逻辑思维，而右脑则

① 何齐宗：《创造教育新论》，《江西教育科研》2002 年第 10 期。

② 卢明德：《创造教育与传统教育——创造教育研究之五》，《钦州师范高等专科学校学报》2000 年第 3 期。

③ 《创造教育理论》（［EB/OL］. http：//www. phynet. cn/Article/jxjf/jyll/200609/8482. html. 2006 - 9 - 23）。

自有其独立的、非语言的思维序列。我们实施创造教育的重要使命就是促进大脑两个半脑的和谐发展，尤其是开发人的右脑的创造性功能，促进创造性思维的综合发展。在教学活动和相关学习中，要注重培养形象思维、逻辑思维、发展性思维、集合性思维以及灵感性思维等，让他们思维的触角在创造的天地中无限伸展。

（4）帮助学生建立结构合理、张弛有序的智能结构。学习的方式方法、形态是多种多样的，而开发学生的学习潜力，使学生学会创造性地积累和选择知识，是我们进行创造性教育的重中之重。而根本的目标就是培养既有精深的专业知识、又有广博的百科知识、各学科的知识比例匀称合理的优越的 T 型知识结构，从而为不断地创造打下坚实的基础。

综上所述，我们可以得到关于创造教育的本质和内涵是：创造教育是根据创造学原理，遵循人的创造活动规律与人的创造素质培养的规律，运用现代教育观念，采用科学的艺术的创造性教学的方法与手段，开发学生创造潜能，培养学生创造意识、创造能力和创造精神，启迪学生创造思维，塑造学生创造品格的教育。其基本含义主要包括以下四个方面：一是全体性，即创造教育是面向全体学生的，每一个正常的学生都有一定的创造潜能，都能通过适当的教育，获得创造性的成绩，成为某一领域的创造型人才；二是差异性，即人在创造能力及其发展过程中具有类型和层次上的差异，对学生个体的创造力，不能照搬同一模式去培养，必须坚持个性；三是导向性，即在人的创造素质的发展中，教育起着导向作用；四是主体性，即学生是创造教育的主体，教师在创造条件帮助学生全面发展自身的创造素质过程中起着主导作用①。

（二）大学的创造教育

正如一些学者指出的那样，创造教育是整个教育领域所追求的目标，大学作为整个教育体系不可或缺的组成部分，其教育教学活动中也不能缺少创造教育的内容。但是由于大学教育有其自身的发展特点，因此，大学的创造教育也必然有其独特性。

---

① 卢明德：《创造教育与创新教育辨析——创造教育研究之九》，《江汉大学学报》（人文科学版）2003 年第 5 期。

1. 大学创造教育中的观念创新

大学要培养高层次创造性人才，必须摒弃传统的教育思想观念，牢固树立以全面、充分发挥学生创造力为核心的创造教育思想，即：在人才质量观上，以学生创造力的高低衡量人才质量，树立更加注重素质教育，融知识传授、能力培养和素质教育为一体的思想观念；在教学观上，树立把教学重心由关注知识传授转移到注重学生独立学习能力、创造精神和创造能力的培养上来，更加注重发挥学生在教学活动中的主体性和创造性的思想观念；在教学评价方面，树立将学生实际创造素质纳入教学工作重要评价指标的教育思想；切实从单纯的专业教育和应试教育中解脱出来，全面实施素质教育和创造教育①。

2. 大学创造教育中的创造力开发

大学中的创造教育还体现在创造力开发训练方面。大学往往通过开设创造力训练课程，以提高学生的创新能力，许多学校还开展相应的"科技小发明"活动，以提高学生的实际运作能力；学校在课程设置和科研活动中加强学生的创造力训练，以提高学生的创新意识。训练的内容可以分为以下几个方面：一是提高学生的创新意识，使之了解创造对社会及个人发展的重大作用；二是通过学习，让学生们理解创造力的特点、性质和创造过程的规律；三是讲授各种创造技法，辅之以相应练习；四是努力让学生在生活的各个方面表现出灵活性、开放性和创造性，养成并具备基本的创造品质②。

3. 大学创造教育的本质

在知识经济时代，大学创造教育的本质更深刻地体现在对于知识的操作方式上。大学从知识的保存、整理、选择与传递为主转变为以知识的生产、转换和传递、普及并重。其中，大学在知识的创造和转换过程中将充当空前重要的角色。在工业经济社会，知识的创造与转换虽然也是大学的职能，但并不是主体性的和全方位的。知识经济的发展要求大学在创建新文化、生产新知识，且将一部分知识创造性地转化为生产力方面成为核心

---

① 夏敏、康翠萍：《优化智力资源效能管理与提升大学核心竞争力》，《沈阳师范大学学报》（社会科学版）2008 年第 4 期。

② 刘惠琴、林功实、白永毅：《国内外创造教育浅析》，《学位与研究生教育》2000 年第 3 期。

力量，这就决定了大学必须成为一个知识创造的群体①。

（三）创造教育理论的贡献

大学知识创造能力的一个重要构成要素就是大学教师传授知识创造的能力。这部分知识创造能力主要是通过教学活动和教学过程中的一些环节来体现的。而在这个过程中，大学教师传授知识创造的能力所包含的启发学生创造思维能力、科研成果在授课中的创造性应用能力和教学改革情况三个方面，都渗透着创造教育致力于开发学生创造潜能，培养学生创造意识、创造能力和创造精神，启迪学生创造思维，塑造学生创造品格的思想来源，因此，创造教育理论对大学知识创造能力的形成与完善起着支持和引导的作用。

第二节 大学知识创造能力的理论建构

由于本书所研究的主题"大学知识创造能力"具有系统的复杂性，其构成要素和环境影响因素既涉及了知识科学与知识管理领域的内容，又涉及创造力的问题，同时大学知识创造能力本身又与知识创造的主体——人存在密切的关联。因此，我们在设计研究的理论基础时，就不可避免地需要得到知识科学与知识管理的理论（其中包括知识活动系统理论和知识系统工程理论等）、创造力的测评理论与方法以及智力资源管理理论，特别是大学智力资源管理理论等内容的支持，为此，我们进行了大学知识创造能力评价与管理的理论建构（见图3.3）。上述理论基础对于确定大学知识创造能力系统的内部要素，以及制定大学知识创造能力评价指标体系和管理策略，提供了重要的思想根据和方法论的指导。

① 朱作仁：《创造教育手册》，广西教育出版社1991年版，第70页。

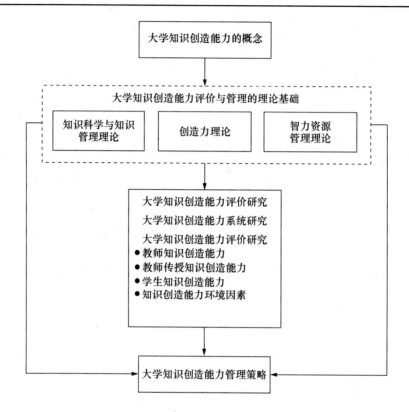

图 3.3　大学知识创造能力的理论建构

第四章 大学知识创造能力评价要素的系统分析和系统集成

第一节 大学知识创造能力评价要素的系统分析

大学的知识创造过程是一个系统工程，主要包括四个方面的内容：大学教师的知识创造过程、大学学生的知识创造过程、大学教师传授知识创造的过程和大学知识创造活动的环境影响因素。

一　大学知识创造能力的要素构成

大学知识创造能力具有较为复杂的构成要素及相关影响因素，它是教师和学生个体与群体以及教学过程中知识创造活动的能力的集成，因此，我们应该把它放在系统的框架下去思考其各方面的作用和影响，探讨其能力的状况及评价问题。

（一）大学知识创造能力的评价指标体系设计的理论基础

大学知识创造能力是一个综合作用的结果，是其构成要素各方所形成的一种经过整合后的合力。它不仅是作为一个系统出现，与周围的环境发生相互的作用，而且系统内部的各要素间、各要素与系统整体间也产生着许多相互的、重要的影响，诸如大学教师和学生间、教师之间以及学生之间，教师、学生与大学整体之间的相互作用和影响。同时，从大学知识创造能力的更深层次思考，一方面我们也可以发现，这种能力更多地表现为受到来自个体、群体和组织心理因素的影响；另一方面，我们可以认识到，这种能力与大学中的个体、群体和组织层面上所拥有的智力资本密切相关。基于以上的分析，我们可以明确的问题是，大学知识创造能力的评价指标体系的设计，必须依托于知识活动系统理论、知识系统工程理论、心理学理论和智力资本理论等来设计其框架。

（二）大学知识创造能力的评价指标体系的要素构成

从大学知识创造能力内在构成来看，主要应该包括三个方面的内容：大学教师知识创造能力、大学教师传授知识创造的能力和大学生知识创造能力，但考虑到大学知识创造能力是一个系统，离不开环境因素的作用和影响，所以我们在进行评价时也同时涉及了相关的环境因素。因此，大学知识创造能力的评价指标体系的构成如图4.1所示。

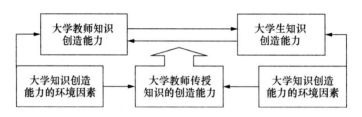

图4.1　大学知识创造能力的指标体系集的构成

（三）大学知识创造能力系统内部要素框架

根据大学知识创造能力的评价指标体系的要素构成，我们可以设计出大学知识创造能力的评价指标体系的要素框架。在这个框架中，大学知识创造能力主要是通过对大学教师知识创造能力、大学教师传授知识的创造能力、大学生知识创造能力和知识创造的环境因素四个要素加以评价。而更为具体的是大学教师知识创造能力则由对大学教师自身所具备的知识创造素质、创造潜力、创造实力和创造影响力等要素加以评价；大学教师传授知识创造的能力则由大学教师在教学与科研活动过程中所体现出来的启发学生创造思维能力、科研成果在授课中的创造性应用能力和教学改革情况等方面的要素加以评价；大学生知识创造能力则由大学生自身所具备的知识创造素质、创造潜力、创造实力和创造影响力等要素加以评价。这样就从整体上形成了大学知识创造能力的评价指标体系的要素框架（见图4.2）。

（四）大学知识创造能力的评价指标体系的说明

大学知识创造能力的评价指标体系主要包含三个层次：第一层即目标层，就是把大学知识创造能力作为研究和评价的目标；第二层即准则层，主

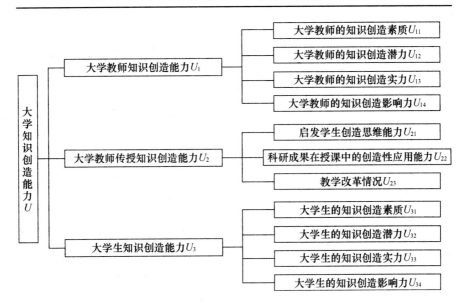

图4.2　大学知识创造能力系统内部要素框架

要包括三个方面的要素，就是要从大学教师知识创造能力、大学教师传授知识创造的能力和大学生知识创造能力三个方面去开展评价，进一步解析大学知识创造能力这一研究与评价目标；第三层即对象层，主要包括大学教师的知识创造素质、大学教师的知识创造潜力、大学教师的知识创造实力、大学教师的知识创造影响力、启发学生创造思维能力、科研成果在授课中的创造性应用能力、教学改革情况、大学生的知识创造素质、大学生的知识创造潜力、大学生的知识创造实力和大学生的知识创造影响力11个方面的要素，就是对准则层的三个方面作具体的阐释，使准则层所涉及的三个方面内容在实践层面找到对应的领域和内容。

二　大学知识创造能力的要素分析

（一）大学知识创造能力构成要素的变量属性分析

从前面的分析过程中，我们可以明确认识到，大学知识创造能力主要由大学教师知识创造能力、大学教师传授知识创造的能力、大学学生知识创造能力以及大学知识创造能力环境因素4个方面的二级指标构成。而支撑这4个二级指标的三级指标主要包括大学教师的知识创造素质、大学教师的知识创造潜力、大学教师的知识创造实力、大学教师的知识创造影响力、启发学生创造思维能力、科研成果在授课中的创造性应用能力、教学改革情况、大学生的知识创造素质、大学生的知识创造潜力、大学生的知识创造实力、大学生的知识创造影响力、大学知识创造的文化因素、大学知识创造的制度因素、大学知识创造的激励机制、大学知识创造能力资源储备等共 17 个三级指标。

由于大学知识创造能力研究中涉及许多变量，都不能准确、直接地测量，这种变量称为潜变量（Latent variable）[①]，如素质、潜力、实力等。其中，大学教师知识创造能力、大学教师传授知识创造的能力、大学学生知识创造能力三个指标属于内生潜变量（用 η 分别表示为 η_1，η_2，η_3），而大学知识创造能力环境因素指标属于外源潜变量，（用 ξ 表示）。各种潜变量间的关系，即结构模型，这是我们研究工作的重点。我们在研究过程中只好退而求其次，用一些外显指标（Observable indicators），去间接测量这些潜变量。例如，以大学教师的创造性思维、创造性人格作为大学教师知识创造素质（潜变量）的指标，以近 3—4 年与 1—2 年科研成果变化趋势、个人科研成果与同时期本专业科研发展趋势比较作为大学教师的知识创造潜力（潜变量）的指标，以科研立项级别及数量、科研经费总数量、科研成果获奖数量作为大学教师的知识创造实力（潜变量）的指标。

传统的统计分析方法不能妥善处理这些潜变量，而结构方程模型[②]则能同时处理潜变量及其指标。

（二）大学知识创造能力相关指标的验证性因子分析

当然，这些只是我们来源于主观的判断，为了能够更好地揭示这些来自不同层次的指标之间的相互关联，了解它们之间的相互作用和影响，我们有必要借助结构方程模型的理论与方法，对这些指标所标明的因子之间的关系进行验证性因子分析。

1. 模型简介

在运用结构方程进行分析中，我们更多的是对大学知识创造能力下的

---

① 温忠麟、侯杰泰、马什赫伯特：《潜变量交互效应分析方法》，《心理科学进展》2003 年第 5 期。

② 侯杰泰：《结构方程模型及其应用》，教育科学出版社 2005 年版，第 13 页。

各个因子间的相关性（以双向弧形箭头表示），而不是因子间的因果效应（以单向直线箭头表示），我们把这类分析称作为验证性因子分析（Confirmatory Factor Analysis，CFA）假设我们用 15 个题目（见图 4.3），了解大学知识创造能力的四个构成因素及其相互关系。例如，"同当前高校发展的平均水平来看，大学教师的创造素质的高低水平"。可以让被调查对象用 7 点量表回答（从"非常高"、"比较高"、"高"、"一般"、"低"、"比较低"、"非常低"）。假设可以将大学知识创造能力划分为四个维度 A（大学教师知识创造能力）、B（大学教师传授知识创造的能力）、C（大学学生知识创造能力）以及 D（大学知识创造能力环境因素），分别用 5 个、3 个、5 个和 4 个题目进行测量。

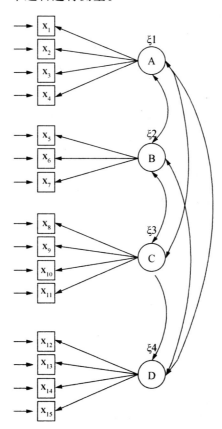

图 4.3　大学知识创造能力各因素的验证性因子分析模型 M_A

2. 验证性因子分析的 LISREL 程序和解释

通常情况下，一个 LISREL 程序，由数据输入（DA 开始）、模型建构（MO 开始）和结果输出（OU 开始）三个部分组成。

（1）程序解释：

其一，DA NI = 15，NO = 350，MA = KM，DA 是输入数据（data，DA）的指令。NI = 15 表示数据共有 15 个变量，NO = 350 表示有 350 名被试。MA = KM 表示要求用相关矩阵做分析。

其二，KM SY：读取对称（Symmetrical，SY）相关矩阵（KM）的下三角部分，必须包括对角线元素 1。

其三，"MO NX = 17 NK = 4 LX = FU，FI PH = ST TD = DI，FR" … "4（0 0 0 1）" 由 MO 开始（但不包括 OU 输出指令），是对模型（Model，MO）的建构和参数（Parameter，PA）的设定，其中描述了数个矩阵（LX，PH，TD 等）的内容。设定某些元素（参数）为固定（Fixed，FI），某些元素自由估计（Free，FR），这样便可替代路径图，去表达变量及因子间关系。对简单模型来说，在两种情况下要将元素固定：第一种情况是希望某两种变量（指标或因子）间没有关系，将代表该关系的矩阵元素固定为 0。例如 X，不从属 ξ_2，将该因子负荷（LX 1，2）固定为 0。又如，假定因子 ξ_1 和因子 ξ_2 不相关，则将对应的因子相关（PH 1，2）固定为 0。第二种情况，需要设定因子的度量单位（Scale）。因为观察变量（指标）所隐含的因子本身没有单位，不设定其单位无法计算。做法有两种：一种是将所有因子的方差固定为 1（或其他常数），简称为固定方差法，另一种是在每个因子中选择一个负荷固定为 1（或其他常数），简称为固定负荷法。

其四，OU、MI、SS、SC：从 U 开始是结果的输出（Output，OU）指令。如果只有 OU，会输出最基本的结果，包括参数估计值、标准误差和 t 值、拟合指数等。MI 表示要求输出修正指数（Modification Index，MI）。SS 表示要求输出参数的标准化解（指因子是标准化变量时的参数估计）。SC 表示输出参数的完全标准化解（指因子和指标都是标准化变量时的参数估计）。

（2）验证性因子模型设定规则小结。简单来说，验证性因子模型的设定涉及 3 个矩阵 LX、PH 及 TD。LX 是指标与因子的从属关系，PH 是因子间关系，TD 是误差间的关系。在绝大多数情况下，对于简单模型，TD 只需设定对角线元素自由便可，两个常见的设定方法是：第一，在 MO 指令中用 TD = DI，FR。或第二，在 MO 指令中用 TD = SY，FI；再用指令 FR TD 1，1 TD 2，2 TD 3，3……因为要设定因子的度量单位，故 LX 和 PH 可依固定方差，或固定负荷方法去设定。

（3）Number of Iterations = 19 解释：迭代（iterate）19 次收敛。复杂模型迭代次数一般较多。

（4）LISREL Estimates（Maximium Likelihood）参数估计。

三　大学知识创造能力要素的系统性考察

（一）系统分析方法的概述

1. 系统分析方法

系统分析（Systems Analysis，SA）一词最早是在 20 世纪 30 年代提出的，当时是以管理问题为主要应用对象，是管理信息系统的一个主要和关键阶段，负责这个阶段的关键人物是系统分析员，完成这个阶段任务的关键问题是开发人员与用户之间的沟通。到了 40 年代，由于它的应用获得成功，得到了进一步的发展。以后的几十年，无论是研究大系统的问题，还是建立复杂的系统，都广泛应用了系统分析的方法。我们所说的系统分析方法，就是把要解决的问题作为一个系统，对其各种要素进行综合分析，然后找出解决问题的可行性方案或以备咨询的方法。

兰德公司认为，系统分析是一种研究方略，它能在不确定的情况下，确定问题的本质和起因，明确咨询目标，找出各种可行方案，并通过一定标准对这些方案进行比较，帮助决策者在复杂的问题和环境中做出科学抉择。系统分析方法来源于系统科学。系统科学是 20 世纪 40 年代以后迅速发展起来的一个横跨各个学科的新的科学部门，它从系统的着眼点或角度去考察和研究整个客观世界，为人类认识和改造世界提供了科学的理论和方法。它的产生和发展标志着人类的科学思维由主要以"实物为中心"逐渐过渡到以"系统为中心"，是科学思维的一个划时代突破①。

2. 系统分析方法的步骤

一般来说，系统分析方法的具体步骤包括：限定问题、确定目标、调

———————

① 《系统分析》（［EB/OL］．http：//baike．baidu．com/view/170100．htm，2008 - 11 - 07）。

查研究收集数据、提出备选方案和评价标准、备选方案评估和提出最可行方案。

（1）限定问题。系统分析就像医生给病人看病那样，首先是进行"诊断"，也就是找出问题，查明原因，然后根据诊断开出药方。开药方就是提出解决问题的可行性方案。所谓限定问题，其实是很复杂的，既要明确问题的本质或特性、问题存在范围和影响程度，还要进一步深究问题产生的时间和环境、问题的症状和原因等。所谓问题，是现实情况与计划目标或理想状态之间的差距。找出问题，就要对现实情况进行科学分析，比照计划目标和理想状态，找出差距和不尽如人意的地方。限定问题是系统分析中最为关键的一步，就像医生"诊断"出错，开的药方自然不能对症，其后果的严重性世人皆知。所以，限定问题时，要注意区别症状和问题，不要想当然地草率行事，更不能以点带面或先入为主。要细心判别理顺哪些是局部问题，哪些是整体问题，在广泛调查研究、深入细致分析之后，才能得出最后的结论。

（2）确定目标系统分析。对于目标的确定，应该在找出问题的基础上，对需要解决问题的理解十分明晰以后，再加以确定。对确定的目标一定要和有关部门预先的要求反复比对，如有可能应尽量通过指标表示，以便进行定量分析。对不能定量描述的目标，在用文字说明时，力求清楚、明白、准确，不能有含义不清的词汇语汇，以便保证定性分析和评价系统分析的成效有科学性。

（3）调查研究，收集数据。调查研究和收集数据一定要有针对性，对症下药。特别对问题的起因应该详查详测，还要验证限定问题阶段形成的假设，使收集的数据去伪存真，从而为下一步提出解决问题的备选方案作充足的准备。调查研究常用的方法有：阅读文件资料、访谈、观察和调查。阅读文件资料要细心，带着调查的问题去阅读。访谈要注意受访者的背景和态度，然后结合问题，反复斟酌。对收集的数据和信息，包括事实（facts）、见解（opinions）和态度（attitudes），都要进行交叉核实，保证其真实性和准确性。

（4）提出备选方案和评价标准。前面，我们已经描述了制订预选方案的前提准备，即通过深入调查研究，确定有待解决的问题，进而查明产生问题的主要原因。有了这个基础性的工作，我们就可以有针对性地提出解决问题的备选方案。制订备选方案一般应提出两种以上的文件，以便提供进一步评估和筛选。为了使备选方案在实施过程中顺畅、可行，必须对备选方案进行评估，并根据问题的性质和客户具备的条件，提出约束条件或评价标准，供下一步应用。

（5）备选方案评估。对备选方案进行评估，一定要依据上述约束条件或评价标准，而评估应该是综合性的，既要全盘考虑相关的技术因素，更要考虑社会经济等因素；组建的评估小组一定要有代表性，除咨询项目组成员外，也要吸收需求方组织的代表参加。根据评估结果确定最可行方案。

（6）提交最可行方案。生活经验告诉我们，最贵的、最好的，不一定就是我们最需求的。制订可行性方案也是这样。最佳方案不一定是现实中最可行的，最可行的方案一定要在约束条件之内，根据评价标准反复筛选出的最现实可行的方案，以达到需求方的满意。如果需求方感到满意，则系统分析达到目标。如果不能令需求方感到满意，我们则要重新调整约束条件或评价标准，甚至重新限定相关的问题，开始新一轮系统分析，直到达到满意为止。

（二）大学知识创造能力的系统分析

大学知识创造活动本身就是一个复杂的系统工程。它不仅牵涉大学教师的知识创造活动、大学学生的知识创造活动、大学教师传授知识的创造过程等一些关键因素，而且涉及了大学知识创造过程中的环境因素以及在此基础上所形成的各种知识创造能力等相关内容。因此，大学知识创造能力的研究应该开始于对大学知识创造能力各构成因素、大学知识创造活动的过程、大学知识创造活动的环境影响因素的系统分析。

从已有的文献综述的角度来看，关于大学知识创造能力的研究，传统的观点往往集中在大学教师身上，而对来自大学学生、大学中的教学活动（传授知识的过程）等方面的影响因素认识不足，而对于大学知识创造的环境因素则更加表现为缺乏有效的关注，同时在如何解决大学教师、学生及教学过程中知识创造能力的有机结合方面，表现得不够紧密，显得力不从心。这些对于全面认识与评价大学知识创造能力都是非常不利的，因此，大学有必要对其自身所拥有的知识创造能力作出系统分析，以便不断了解大学知识创造能力诸要素的系统构成及其运行的态势，使业务流程各个环节实现充分的结合，进而实现与现有的大学知识创造环境因素相适应和匹配的条件，不断适应企业对知识管理的需求。

　　知识创造的过程不是简单的信息交流过程，它是一个捕捉知识、创造知识、推动知识和保持知识的过程。AMT 企业资源研究中心提出，知识创造的一般过程是：组织内外有大量的信息，从这些信息中整理得出相应的知识；将这些知识转化为组织的行动，并获得行动的经验；在组织内实现检验的协同与共享；最后将新知识加以运用。也就是从信息到知识、从知识到行动、从行动到创造的过程。新知识在运用的过程中，主体结合组织内外的知识和信息，将创造出新的知识。因此，知识创造不是一个线性过程，它是一个螺旋上升的过程。① 那么，作为知识管理重要环节和组成部分，知识创造可以描述为组织成员把创造出的知识或者转成产品和服务，或者转化为新的组织理念，组织结构和管理体系的活动过程②。

　　而知识创造力则是指个体的理解得到顿悟升华，进而创造出新知识或者更高层次知识的能力。当然，作为一种更加具体的和特殊的表现形式，大学知识创造活动不仅具有来自个体层面的知识创造和所呈现出来的知识创造力，而且更为突出地表现出来的是来自群体和组织层面的知识创造和所呈现出来的知识创造力。

　　所以，根据上述对知识创造和知识创造力等定义的描述与分析，我们既应该明确大学知识创造活动的复杂性，又应该知道大学知识创造活动的多层次性和系统整合的必要性。从系统的复杂性角度来看，大学知识创造活动的系统构成要素主要包括大学教师的知识创造活动、大学学生的知识创造活动，以及大学知识创造的活动过程，即大学教师传授知识创造过程。当然，从系统科学的角度来看，大学知识创造活动系统外部还存在必须加以考虑的系统环境影响因素。从系统的整合性来看，我们需要从大学知识创造活动的不同层次和各要素的相互关系中把握其整体的功能与特点。

　　在实现上述两个方面的目标过程中，为了对大学知识创造活动从战略的高度进行把握，就有必要对大学知识创造活动的内部构成要素、实现过

---

　　① 王培林：《知识创造模型研究》，《情报科学》2007 年第 11 期。
　　② 李晓光：《组织知识创造的理论与方法》，《中国质量》2004 年第 2 期。

程和外部环境因素进行全面分析，从而确保不断提高对大学的知识创造能力的理解与评价以及不断提升大学的知识创造能力的水平。

（1）大学知识创造活动的构成因素分析。大学知识创造活动的构成因素主要来自于大学教师和大学学生。这两个因素是构成大学知识创造活动的主体因素。其中，由大学教师作为主体参与的知识创造活动是大学知识创造活动的主要内容。其主要作用是为了形成大学教师个体（或群体）的知识创造能力。该构成因素主要包括大学教师的知识创造素质、大学教师的知识创造潜力、大学教师的知识创造实力和大学教师的知识创造影响力等几个方面。另外一个主体因素就是大学学生，该构成要素主要包括大学学生的知识创造素质、大学学生的知识创造潜力、大学学生的知识创造实力和大学学生的知识创造影响力等几个方面，其作用就是为了形成大学学生知识创造能力。

（2）大学知识创造活动的过程分析。大学知识创造活动的目标就是形成知识创造能力。相对于大学来说，知识创造能力除了通过主体本身可以形成大学的知识创造能力之外，大学知识创造活动过程中的教学过程也是大学知识创造能力形成的一个重要渠道，其产生的知识创造能力就是大学教师传授知识创造的能力。而大学知识创造活动中的过程分析，也就是对教学活动过程中的知识创造能力产生的原因进行分析。这个过程分析进一步表明，大学知识创造活动中所产生的大学知识创造能力不仅仅包括源于大学知识创造主体（教师与学生）身上的固化的能力，而且包括在教学活动过程中所产生的动态的能力。这种动态的知识创造能力主要体现在启发学生创造思维、科研成果在授课中的创造性应用和教学改革 3 个方面。

知识创造活动不仅需要参与者在其中发挥作用并作出贡献，而且需要一系列具有特定意义和价值的具体活动、操作和重要环节，这些具体活动、操作和重要环节主要体现在大学知识创造活动的过程之中。这让我们进一步明确了在知识创造活动中除了需要关注知识创造的主体之外，还需要关注知识创造的过程，特别是需要关注知识创造主体在知识创造过程中发挥的作用。

过程的有效性在于过程自身的正确性及被实现的力度与方式，而过程的正确与否是在实践中检验出来的。在实践中总结的经验，形成的心得体会、建议意见，以及外来的指导性文字经过提炼概括都是知识，可以说知识是在过程中不断地被加以运用并不断地以新的内容和形式产生的。那些在过程中不断被创新并积累下来的知识又重新作用于过程之中，才使得过程在知识创新中所起的作用不断被提升和扩大。

大学知识创造活动的过程其实就是对大学中所存在的知识流的确认、行为和作用的一种整体上的描述。美国在这方面就有成功的经验，例如，美国生产力与质量中心（APQC）的目标就是使知识管理成为一个系统的流程，帮助人们识别重要信息，总结经验教训，深入学习隐性知识。由于这个目标的实现，使人们能够分享他们所知道的知识和所创造的知识，最大限度的达到了较大范围的知识共享。而且更有助于其他人在将来能够利用这种知识，取得最佳的实践效果。并向其他需要和可能使用的人传递这些数据、信息和发现等有用知识[①]。大学知识创造活动的过程的实现体现了日本学者野中郁次郎和竹内弘高（Nonaka and Takeuchi，1995）关于知识创新的 SECI 模型[②]的主要思想。这两位学者从隐性知识和显性知识的相互转化、相互作用关系出发，提出知识创新就是在这种相互转化的过程中实现的[③]。这个模型概括了知识之间的四种转化过程，具体而言，包括：（1）隐性知识——隐性知识的社会化过程，主要通过企业文化氛围和有效的知识传递环境来实现；（2）隐性知识——显性知识的外部化过程，又称编码化，主要通过对人脑中存在的隐性知识进行归纳、总结并以编码的方式表现出来；（3）显性知识——显性知识的组合化过程，主要是将现存的显性知识通过组合形成新的系统化的显性知识；（4）显性知识——隐性知识的内部化过程，主要通过人在工作中运用显性知识的体验来形成。新的知识正是在这两类知识不断转化的螺旋式上升过程中创造出来的。

SECI 模型的观点体现在大学知识创造活动的过程之中，表明大学教

①　American Productivity & Quality Center, Community of Practice Report. APQC'S Work in Knowledge Management, 2009 - 10 - 05.

②　Nonaka, I., Takeuchi, H., *The Knowledge - creating Company*：*How Japanese Companies Create the Dynamics of Innovation*？［M］. Oxford University Press：New York，1995.

③　［德］迈诺尔夫·迪尔克斯、阿里安娜·贝图安·安拖尔、［英］约翰·蔡尔德、［日］野中郁次郎等：《组织学习与知识创新》，上海人民出版社 2001 年版，第 100、382 页。

师传授知识的活动过程也伴随着这样的四个转化阶段：（1）隐性知识——隐性知识的社会化过程，大学教师向学生传授的绝不仅仅是知识（特别是可以编码化的显性知识等）本身，更为重要的是要把其所掌握的隐性知识和技能向广大学生扩散与传播，从而产生社会化的效果与影响。（2）隐性知识——显性知识的外部化过程，这个过程表明两个方面的内涵：一是表明隐性知识的传递过程是艰难和困苦的过程，为了提高知识的传播效率，就有必要对一些隐性知识进行编码化处理，以改善其传播和被接受的程度；二是表明大学教师在教学过程中的一种改革探索与尝试内容。（3）显性知识——显性知识的组合化过程，在该过程中，不仅有教师如何运用组合方法创造知识的过程，而且也表明了学生在这个过程中创造性地学习与掌握知识的过程。（4）显性知识——隐性知识的内部化过程，教学过程是一个双向的、互动的过程，体现的是"教学相长"的原则，因此，教师在这个过程中通过传授知识也会不断改善自身的知识结构、丰富自身的经验与技能，从而表现出一个内化的过程。由于这个过程是以这两类知识不断转化的螺旋式上升的方式表现出来的，所以，大学知识创造活动的过程也是以螺旋式上升的方式不断地向前推进的，每一次知识创造活动的开始，都是在一个新的起点。这就是知识创造活动的过程分析。

（3）大学知识创造活动的环境因素分析。大学知识创造活动的环境因素主要包括大学知识创造的文化因素、大学知识创造的制度因素、大学知识创造的激励机制和大学知识创造能力资源储备等几个方面。

第一，大学知识创造的文化因素的影响。就本质而言，大学知识创造活动是大学中的人力资源的智力创造活动，如果希望大学知识创造活动顺利进行，大学就应该有目的地构建一种全新的组织文化——学习型组织的文化。这种文化的特点是有助于知识共享，促进互相学习，创造一个宽松、自由的文化氛围，使个人与组织之间实现知识权威和利益的"双赢"①。

在大学中，人是知识活动的中心和主题，知识是通过人来表达的。人驾驭了知识，就好比插上了腾飞的翅膀。其积极性与创造性必然达到前所

---

① 张建华、刘仲英：《知识管理环境营建策略》，《科学管理研究》2003 年第 5 期。

未有的阶段。所以大学组织的管理者应该坚持"以人为本"的观念，构建基于"以人为本"的组织文化，全面提高大学中人的主体地位并关注他们知识创造能力的发展。只有构建了这种文化氛围，才能使每个教师和学生都获得一种归属感和成就感。为了使这种文化氛围更有活力和更持久，首先要最大限度的提升大学教师的创造力，把学校的教学科研水平推进到一个崭新的阶段。有了教师的积极性，学生的聪明才智也会得到最大限度的挖掘，在此基础上，教师与学生的个人的利益都会得到根本的保障。一个充分调动个人积极性和创造性的好的校园空气就会建立起来，从而实现大学知识和信息共享的目标。

对此，托马斯·H.达文波特和劳伦斯·普鲁萨克（Thomas H. Davenport and Laurence Prusak，1997）[①] 也曾指出，乐意接受知识的文化是组织知识管理项目取得成功的最重要条件之一。因此，构建"知识导向型"文化的价值体系是减少知识创造和知识扩散障碍的一个有效方法。"知识导向型"文化主要包括以下方面的内容：对知识有积极的价值取向；文化中不存在对知识的禁锢；知识管理项目的类型适合其文化。"知识导向型"文化的关键要素是在一个持续学习、共享和鼓励尝试的环境中营造一个诚信和开放的氛围。在这种文化氛围下，组织员工对知识有积极的倾向和强烈的好奇心，这些驱使他们自由地探索知识，并且他们的知识创造活动能够得到来自高层管理者的支持。另外，组织员工也愿意同其他人交流与共享知识、经验和技能，不必担心因为分享他们自身所拥有的知识、经验和技能而失去工作地位和损害自身的利益。

还应该指出的是，知识共享与创造的文化也是一种"宽容"的文化。这种宽容表现在两个方面，其一是成员间的相互理解、沟通、宽容和友爱，创造和谐的气氛，让广大师生心理健康，学习自觉，精神愉快，他们的创造力就会得到最大限度的释放。其二是对师生创造性的保护和扶植。知识创造活动具有高成本和高风险性的特质，随着知识生命周期的缩短和知识更新速度的加快，这种风险会加大。因此，在构建大学知识创造活动的知识环境过程中，要爱护师生的积极性，宽容地对待教师学生在学习与

---

① Thomas H. Davenport, Laurence Prusak, *Working Knowledge – how Organization Manage What They Know* ［M］. Harvard Business School Press, Boston, 1998.

创新中的失败，在一个宽松的环境中把个体的潜能最大限度地发挥出来，真正地使知识在大学组织内部得到全方位扩散和创造。

第二，大学知识创造的制度因素的影响。大学知识创造的活动是面向全体教师和学生的，让如此众多的个体改变其原有的日常工作、学习习惯来从事一项新的活动是一件比较困难的事情。因此，为了确保这个目标的顺利实现，大学有必要建立一套严格的组织制度将知识创造活动与教师和学生的日常工作与学习紧密结合起来，将知识创造活动与教师和学生的能力考核结合起来，将知识创造活动与教师和学生的激励结合起来，从而改变他们的传统观念与习惯借以形成新的大学组织文化。著名知识管理专家托马斯·达文波特在其提出的"知识管理十项基本原则"[1] 中指出，分享和利用知识往往是一种非自然的行为，这表明隐藏知识并疑惑地看待来自他人的知识是个体与生俱来的倾向，获取和共享知识去参与知识创造过程是一个艰难的过程。因此，建立知识与知识创造活动有关的制度或者说激励机制就显得非常的关键。

这种知识的制度主要由知识运行制度、知识明确制度、知识能力制度和知识奖惩制度构成[2]。

托马斯·达文波特说的知识运行制度，主要是通过建立包括市场信息的收集制度、对待创新的宽容制度、大学组织知识标准与分类制度、文档收集与更新制度、知识型项目管理制度、外部知识内化和知识宽松等制度来促进知识的创新、共享与应用。

知识明确制度就是通过建立大学组织知识管理阶段性目标发布制度、员工知识成果申报制度和知识产权制度等，来确保大学组织知识管理目标与员工的知识成果清楚而明确地展现出来。

知识能力制度则是以大学组织中教师和学生个体为主要对象，对他们上报的知识成果进行审核与评定，确定其应有的业绩和效果。在确保个体知识成果真实有效的情况下，给他们的知识价值以准确的定位，以此为参

---

[1] T. 达文波特：《知识管理的十项原则》（［EB/OL］．http：//www.cko.com.cn/web/articles/km/2/20020408/2，6，0.html，2009－10－05）。

[2] 张润彤、曹宗嫒、朱晓敏：《知识管理概论》，首都经济贸易大学出版社 2005 年版，第44—45 页。

考依据，对他们的知识成果给予奖励或惩罚。当然，无论奖与惩，目的都是一个，最大限度提高教师和学生学习和创造知识的积极性和自觉性。最切实有效的办法是把教师和学生知识工作及知识成果具体化为个体愿意接受的不同形式的收益，也许受益的量不一定很大，但对激发人的最大创造性的杠杆作用却是不可低估的。这样，通过奖惩制度不仅要达到知识成果价值在教师和学生个人身上的具体体现，而且要让他们感受到大学组织对他们个体的知识工作的认知状况，其效果必将是积极的。

第三，大学知识创造的激励机制的影响。大学中的知识创造活动本身和知识管理的其他阶段一样，都不具有自发性，而为了确保这个活动过程的顺利实现，必须对大学知识创造活动的主体（大学教师和学生）提供激励机制，施加外界的激励和影响，以确保其产生动力。因此，激励机制对于大学知识创造活动而言也是非常必要的。

由于大学知识创造活动是一项复杂的系统工程，在分析大学知识创造的激励机制影响的时候就不能从单一的某个方面去简单地思考问题。因此，在设计激励机制的过程中，必须遵循以下原则①：其一，物质激励与精神激励相结合原则；其二，正激励与负激励相结合原则；其三，内在激励与外在激励相结合原则；其四，按需激励原则；其五，组织目标与个人目标相结合原则；其六，严格管理与思想工作相结合原则。在上述这些原则的基础上，应该从下面的不同角度去努力构建大学知识创造活动的激励机制。这些角度主要包括：从麦克利兰的激励需要理论出发，建立大学教师和学生的成就需要激励机制；根据佛隆和劳勒的期望理论，个体的期望到绩效的结果间主要包括努力导致绩效（E→P）的期望和绩效导致结果（P→O）的期望两大类，即个人努力程度正比于努力导致绩效（E→P）的期望、绩效导致结果（P→O）的期望以及个人对最终成果效价（V）这三者的乘积。在该理论指导下，大学管理者应该根据大学教师和学生的需要设置报酬和奖励措施，以提高他们对知识创造活动所产生结果的评价程度（即提高效价 V），为他们创造良好的工作条件增强他们达到目标的信心（提高 E→P），另外就是要建立赏罚分明的奖惩制度提高员工的工作热情（提高 P→O）；也可以根据美国心理学家洛克（Edwin A. Locke，

---

① 张德、吴志明：《组织行为学》，东北财经大学出版社 2006 年版，第 55 页。

1967) 的目标设置理论①，通过给大学教师和学生设置合适的目标来激励他们积极地从事知识创造活动。

第四，大学知识创造能力资源储备影响。大学知识创造活动的目标就是为了形成大学的知识创造能力。而在形成这一能力的过程中需要提供所需的各种各样的资源来保障能力形成中的需求。这表明大学知识创造能力不是凭空产生的，不是空中楼阁，它需要现实的物质和其他形式的资源为其形成提供保障。与大学知识创造能力相关的资源储备主要包括大学的基础设施建设、大学的图书馆及馆藏文献资料、大学组织体系中蕴藏的隐性知识等。

其中，大学的基础设施建设主要指大学中的与科研和教学活动密切相关的各种房间、设备等，如教室、实验室、研究室、讨论室、会议室以及在这些场所中被提供的黑板、课桌、多媒体教学设备、实验仪器、计算机、通信设备及各种办公设备等，这些构成了大学知识创造活动的基础物质保障。

另外，在大学知识创造活动中不可或缺的还有大学的图书馆及馆藏文献资料。大学图书馆及其拥有的图书文献资料成为知识创新的重要来源之一。这里不仅提供了一种设备保障，如研究与查阅文献资料的空间，更为重要的是以各种形式的媒介方式为广大的大学教师和学生提供了知识来源，既有书面的、声音的和图像的资源，也有各种网络的和数据化的等电子方式的资源。既可以在数量上提供充足的保证，又可以通过方便快捷的方式利于使用者查阅。

同时，作为一种更为重要的大学知识创造能力的资源储备，就是来源于大学自身的组织体系下所蕴藏的隐性知识。这种隐性知识是作为组织的知识资源出现的，它的表现形式主要包括以下几个方面：一是每一所大学所固有的价值观、道德准则和行为方式；二是大学中所区别于其他组织的人际关系下的沟通规则、交往原则与事件的处理方式；三是大学中组织结构和管理体系下所积累的经验、教训和各种专业技能等。

---

① Locke, E. A., Chah, D. O., Harrison, D. S., Lustgarten N. Seperating, The Effects of Goal Specificity from Goal Level [J]. *Organizational Behavior and Human Decision Processes*, 1989 (43): 270 – 287.

（三）大学知识创造能力的系统分析框架

在大学知识创造能力的培养中，教师传授知识的能力是关键要素；学生知识创造能力源于教师的知识创造能力。知识创新包括多个领域的知识创造。同样，知识创新的能力也涵盖多种知识创造能力。因此，知识创造能力是一个智能系统工程，不能靠单一的学科解决问题，知识创造能力应该是多学科交叉、整合的整体系统。下面是基于系统论的现代大学知识创造能力三维度分析①。

1. 心理学——个体层面

根据心理学研究表明，人的创新能力与三方面因素直接相关：知识因素、智力因素和非智力因素。一般来说，个性特征明显、善于提出问题、敢于冒险、富于挑战性、想象力丰富的人更具有创造能力。构成创造能力的各个要素在主体的创新活动及其自身创造能力的发展中发挥着各自应有的不同功效。构成创造能力的各个要素有机作用形成一个系统，这个系统所发挥的对主体创新的整合功效则表现为一种整体功能，使主体能创造出符合社会意义和个人价值的新成果。知识创造能力是主体创新和创造能力发展的核心和关键，创新思维能力是主体所具有的创新特质因素的思维和多种创新思维形式内在的驱动力。

2. 知识管理——组织层面

在知识创造能力研究中，知识创造模式是知识管理研究的体现。现代管理科学为知识的管理、生产和应用提供了科学的范式。"积、渐、熟、化"就是知识生产、知识分享、知识应用及知识创造的过程。知识管理在某种程度上就是要取得四种活动之间的平衡。所谓"积"，就是对现有知识进行收集、分类和存储的过程。这种存储不是仓库似的堆积，而是按一定规律，分门别类的积存起来，形成一个高端的资料库，这就是知识生产的过程。它为知识创造提供必要的技术支撑。所谓"渐"，是知识分享的过程，就是通过知识交流而扩展组织整体知识储备，这是一个循序渐进的过程。所谓"熟"，是指利用知识生产过程而得到的现行知识去解决现实中问题的过程，这就是知识应用的过程，有应用才有再生和创造。所谓"化"，是指各类新知识再生与创造的过程，比如新的产品知识、新的业

---

① 夏敏：《基于系统论的现代大学知识创造能力思考》，《光明日报》2009 年 1 月 3 日。

务知识，等等。在这一系列过程中，知识管理的目的是促进个人知识转化为组织知识，完成知识创造过程，并为知识创新提供条件。科学化的管理既要有质的评估，又要有量的测度，知识管理活动的绩效测度法对有效的知识管理活动具有重要的作用。知识创造需要主体的广泛性，既充分应用个人组织、内部外部的知识，又要有表现形式的多样化。所以知识创造是显性知识和隐性知识在个体、团队、组织和组织间的动态整合。一般说来，其创新模式有四种：一者是从隐性知识到隐性知识的创新，我们把它称为"社会化"；二者是从隐性知识到显性知识的创新，我们把它称为"外部化"；三者是显性知识到显性知识的创新，我们称为"组合化"；四者即显性知识到隐性知识的创造，我们称为"内部化"。

3. 经济学——社会层面

知识在发展层面被认为是除土地、资本和劳动力之外的又一种生产要素，并且是最重要的生产要素，其他生产要素都可以通过依附于其中的知识创造得到更新和提高。大学的知识创造有助于实现学校和社会资源配置的优化，从而使人才资源在社会范围实现经济效益的最大化。与此同时，大学是知识创新的生产基地。人才培养、知识创新、高科技成果产业化是知识经济社会中大学存在的价值所在，也是大学为经济发展和社会进步服务的主要方式。既然大学对社会的发展起到如此重要作用，所以，社会对大学知识创造能力的评估对学校发展同样起到重要作用。得到社会的认可，就有利于学校的可持续发展，从而形成经济和智力资源的循环叠加效应。得不到社会的正面评价，大学的生机和活力自然委顿。

第二节　大学知识创造能力的系统集成

一　系统集成及其特点

以上几个方面的大学知识创造能力评价指标最终需要采用系统集成的方法，以便对大学知识创造能力做出整体评价，因而需要讨论系统集成方法的特点及其应用途径。

系统集成也可以借鉴综合集成（Meta - systhesis）来加以理解。所谓综合集成是指整合所有可利用的资源，包括不同或相反的观点、群体或个体的行为、不同类型的要素和力量，形成一个协调统一的整体，以达到一个明确的目标。① 与综合集成相比，系统集成具有更强的量化特征和可操作性。系统集成（SI，System Integration）源于系统工程的实践，是指在系统工程科学方法的指导下，根据用户需求，优选各种技术和产品，将各个分离的子系统连接成为一个完整可靠经济和有效的整体，并使之能彼此协调工作，发挥整体效益，达到整体性能最优。具体而言，系统集成就是通过结构化的综合布线系统和计算机网络技术，将各个分离的设备（如个人电脑）、功能和信息等集成到相互关联的、统一和协调的系统之中，使资源达到充分共享，实现集中、高效、便利的管理。

　　也就是说，系统集成是将不同的系统，根据应用需要，有机地组合成一个一体化的、功能更加强大的新型系统的过程和方法②。

　　系统集成主要具有以下几个方面的显著特点：（1）系统集成要以满足用户的需求为根本出发点；（2）系统集成不是选择最好的产品的简单行为，而是要选择最适合用户的需求和投资规模的产品和技术；（3）系统集成不是简单的设备供货，它体现更多的是设计，调试与开发，是技术含量很高的行为；（4）系统集成包含技术，管理和商务等方面，是一项综合性的系统工程，技术是系统集成工作的核心，管理和商务活动是系统集成项目成功实施的可靠保障；（5）性能和性价比的高低是评价一个系统集成项目设计是否合理和实施成功的重要参考因素③。

　　因此，系统集成是在系统工程科学方法的指导下，根据用户需求，优选各种技术和产品，将各个分离的子系统连接成为一个完整可靠经济和有效的整体，并使之能彼此协调工作，发挥整体效益，达到整体性能最优。

二　大学知识创造能力评价指标层次

　　大学知识创造能力的评价指标体系主要包含三个层次：第一层即目标层，就是把大学知识创造能力作为研究和评价的目标；第二层即准则层，主要包括三个方面的要素，就是要从大学教师知识创造能力、大学教师传

---

①　顾基发、唐锡晋：《综合集成与系统科学》，《系统工程理论与实践》2002 年第 10 期。

②　《系统集成》（［EB/OL］. http://baike.baidu.com/view/43762.htm）。

③　邓贵仕、邢志华：《敏捷制造环境下的系统集成研究》，《机械设计与制造》2003 年第 3 期。

授知识创造的能力和大学生知识创造能力三个方面去开展评价，进一步解析大学知识创造能力这一研究与评价目标；第三层即对象层，主要包括大学教师的知识创造素质、大学教师的知识创造潜力、大学教师的知识创造实力、大学教师的知识创造影响力、启发学生创造思维能力、科研成果在授课中的创造性应用能力、教学改革情况、大学生的知识创造素质、大学生的知识创造潜力、大学生的知识创造实力和大学生的知识创造影响力11个方面的要素，就是对准则层的三个方面作具体的阐释，使准则层所涉及的三个方面内容在实践层面找到对应的领域和内容。

三　大学知识创造能力评价指标的系统集成

在大学知识创造活动的复杂系统背景下，系统集成被赋予了新的内涵，主要思考如何将大学知识创造能力所涉及的大学教师知识创造能力、大学教师传授知识创造的能力、大学学生知识创造能力和大学知识创造能力环境因素4个存在内在联系的子系统，集成到相互关联的、统一和协调的系统之中，使大学知识创造活动所需资源达到充分共享，实现集中、高效、便利的管理，并形成可以对大学知识创造能力实施综合管理与全面而客观评价的统一体的过程。

根据前文的论述，我们可以了解到，从知识管理的视角分析，现代大学知识创造能力主要包括教师自身的知识创造能力、教师传授知识的创造能力、学生知识创造能力等三个部分。这几部分相互作用，动态地发展和变化，形成了复杂的知识系统。

第一，大学教师的知识创造能力。教师的知识创造能力是以教师的思想素养为基础的能力，它是既熟悉本专业知识，又吸纳其他学科知识的综合，具有知识"复合型"特点的能力。同时教师的知识创造能力也是善于把知识应用于社会实践，并不断获得新认知和新经验的能力。教师通过社会实践（在干中学）获取隐性知识，可有效地提高其自身素质；课堂教学的知识创造来自于教师的知识积累与运用过程。可以说，教师的知识创造能力是勤于获取信息、归类信息和利用信息能力的综合。

第二，大学教师传授知识创造的能力。教师知识传授能力直接关系到学生创新能力的培养和提高。教师必须具有丰富的显性知识；在此基础上，教师的价值观、信念、兴趣、心智模式等认知要素，从事学术研究获取新知识的经验、从事知识创造活动积淀的经验等，都属于隐性知识的范畴，这类知识传播的最好方式是通过隐喻、类比和模型的方法，教师只有具备这种能力并通过这种方法融会贯通所掌握的知识，才能更好地传播隐性知识，提高学生的知识创造能力。

第三，大学学生的知识创造能力。学生的知识创造能力是以不墨守成规，勇于探索，不畏艰难的精神为核心的能力，包括自学能力、实践能力、创新能力等方面。这样，在大学知识创造活动过程中，由大学教师的知识创造能力、大学教师传授知识创造的能力、大学学生的知识创造能力三个子系统构成大学知识创造能力的一个复杂系统（见图4.4）。这三个子系统借助大学知识创造活动的环境影响因素支持和帮助，保持着彼此间的一定的内在关系，确保着大学知识创造能力在整个大学知识活动系统中的正常运行，并得到不断的发展与提升。

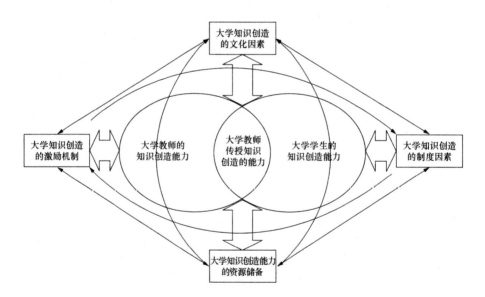

图4.4　大学知识创造能力的系统集成模型

第五章　大学知识创造能力评价的
科学性分析

为确保大学知识创造能力评价指标体系的科学性与合理性，在对大学知识创造能力发展状况正式开展调查研究工作前，在相关研究领域内广泛征求了具有一定理论造诣和丰富实践经验的专家的意见。

第一节　大学知识创造能力评价指标体系的科学性调查方案的设计

本次调查工作主要采用电子邮件网上邮寄问卷的方法来收集大学知识创造能力评价指标体系科学性的资料。在调查过程中，调查方案的设计重点考虑三个方面的内容。

一　调查对象

本次调查工作的调查对象主要是针对大学中的个体来展开的。调查个体类别主要包括五个方面：大学校级相关领导及教育管理领域的院系领导、知识管理研究专家、教育管理研究专家、创造力研究专家和管理学专家。本次调查选择了共计 30 家单位的 80 名个体样本。这 30 家单位中"211 工程"学校、"985"学校占 70%，一般高等院校和研究机构占 30%。选取的个体样本中，大学相关领导及教育管理领域的院系领导 15 名，知识管理研究专家 14 名，教育管理研究专家 21 名，创造力研究专家 12 名，管理学专家 18 名。个体样本中具有研究生学历、大学本科学历的分别为 49 人和 31 人。从个体样本地域分布来看，涵盖了来自日本、中国香港、中国台湾以及中国大陆的国内外知名专家和学者；从样本学术层次分布来看，主要包括博士生指导教师、30—50 岁硕士生指导教师以及相关学科的学术带头人。

二　调查对象的选择方式和步骤

本次调查根据随机抽样的方法来选取样本。

三　实际调查的结果

本次调查共发放调查问卷 80 份，回收问卷 72 份，有效问卷 69 份，有效率为 86% （见图 5.1）。

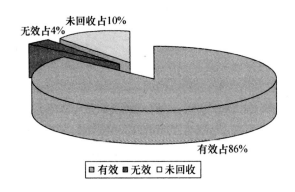

无效占4%　　未回收占10%

有效占86%

☰有效 ▨无效 □未回收

图 5.1　调查问卷发放及回收统计

第二节　大学知识创造能力评价指标体系科学性调查的内容

本次调查的内容主要集中在三个方面，一是针对大学知识创造能力评价指标本身设计和设置上的科学性和合理性所开展的调查；二是针对大学知识创造能力评价的各级指标，开展确定其所对应层面的权重高低方面的调查；三是针对大学知识创造能力评价的各级具体操作层面的指标，开展确定评价方法方面的调查。围绕这三个方面，本书设计了以下相关的调查内容。

一　大学知识创造能力评价指标的合理性调查

根据大学知识创造能力评价指标体系四个层次的构成，对每个层次下属的次级指标作出相应判断，考察其所属的次级指标是否能够充分说明上一级指标的内涵，如果能够说明，则在相应的表格中填写"是"；如果认为次级指标不能够充分说明或者涵盖上一级指标的内涵，则在相应的表格中填写"否"，并在其后提出修改意见或建议。具体范例见表5.1。通过相关专家填写该表，进而获得他们对本指标体系中各级指标本身设计和设置上的科学性和合理性的综合评价。

表 5.1　　　　　　　大学知识创造能力评价指标体系的科学性调查表

姓名：_____　性别：____　年龄：____　职称/职务：_____　学历：_____

所在学校：_____　所从事的专业领域：_____

请在表格中填写是或否，如有建议请另加附页说明。

指标名称	包含维度	下一级指标是否能够说明上一级指标	如果选择否，或认为上述指标不足以涵盖上一级指标的内涵，请提出修改建议
指标1	次级指标11	是	或否（提出具体修正意见）
	次级指标12	是	或否（提出具体修正意见）
	……	是	或否（提出具体修正意见）
	次级指标1n	是	或否（提出具体修正意见）
……	……	是	或否（提出具体修正意见）
指标n	次级指标n1	是	或否（提出具体修正意见）
	次级指标n2	是	或否（提出具体修正意见）
	……	是	或否（提出具体修正意见）
	次级指标nn	是	或否（提出具体修正意见）

二　大学知识创造能力评价指标权重确定的调查

根据大学知识创造能力评价指标体系四个层次的构成，对每个层次及其下属的次级指标所具有的权重作出相应判断，考察其所属的次级指标在其所处层次上所应该具有的重要程度，即每一个维度上的指标对其所属上一级维度的重要程度，这种重要程度用一位小数来表示，其中隶属于同一上级维度的各指标的权重之和为1。确定好该指标维度后，在其后对应的表格中填写相应的权重值。具体范例见表5.2。通过相关专家填写该表，可以获得他们对本指标体系中各级指标所具有的权重的综合评价。

表5.2　　　　大学知识创造能力评价指标体系中各指标权重的调查表

姓名：_____　性别：____　年龄：____　职称/职务：_____　学历：_____

所在学校：_____　所从事的专业领域：_____

请在表格中填写是或否，如有建议请另加附页说明。

指标名称	包含维度	请根据每个维度对上一级维度的重要性程度给出每个维度的权重系数
指标 1	次级指标 11	
	次级指标 12	
	……	
	次级指标 1n	
……	……	
指标 n	次级指标 n1	
	次级指标 n2	
	……	
	次级指标 nn	

三　大学知识创造能力评价指标的评价方法确定的调查

在各项指标和相应权重确定之后，由于各级指标的自身性质上存在的差异，必然造成各级在评价方法上不一致性。有的指标可能容易获得数据，可以采取定量分析的方法，而有的指标则模糊一些，需要采用一些其他方法来获得我们需要的结果，为此，有必要分别对这些指标的评价方法分别加以确定，以便为接下来的实际调查分析工作提供可靠的保障。本书通常采用的评价方法主要有心理测验、知识图谱、数据挖掘、数据处理、同行评价、教师评价和学生评价等方法。具体范例见表5.3。

表5.3　　　　大学知识创造能力评价指标的评价方法确定的调查表

	一级指标	二级指标	三级指标	评价方法
目标层	指标 1	指标 11	指标 111	例：心理测验
			……	例：知识图谱
			指标 11n	……
		……	……	……
		指标 1n	指标 1n1	……
			……	……
			指标 1nn	……
	……	……	……	……
	指标 n	指标 n1	指标 n11	……
		……	……	……
		指标 nn	指标 nnn	……

第三节 大学知识创造能力评价指标
体系科学性的分析

本次调查工作获得了来自不同国家和地区的同行专家学者的大力支持，在发放的 80 份问卷中，共回收了 69 份有效问卷，获得了较为客观和合理的关于大学知识创造能力评价指标体系科学性与合理性的具有建设性和重要参考价值的意见和建议。

一 有关专家对指标体系的整体评价

（一）大学知识创造能力评价指标体系的意义

根据调查反馈的意见，这些专家和学者认为，这样一个指标体系，确实可以在一定程度上实现对大学知识创造能力的整体上的评价。同时，他们也指出，随着研究工作的不断进展，研究成果的不断完善，该指标体系在适应当前我国社会经济发展实际的前提与背景下，必将对进一步理解我国大学的主要职能产生重要的促进作用，对于更好地把握我国大学发展与评价的方向产生积极的和深刻的影响。

（二）关于大学的知识创造能力评价指标体系总体的看法

从整体上看，这些专家和学者对于本书所设计的大学知识创造能力评价指标体系是比较满意的，在许多方面给予高度认同并较普遍地达成了一致意见。

首先，他们普遍认为该指标体系在总体设计上具有独到性、新颖性和创造性，基本涵盖了大学知识创造能力的全部内涵。

其次，他们也指出，从三级指标、二级指标、一级指标，最后到目标层，每一层指标都能够起到对上一层指标的较充分的解释、说明和支撑的作用，使整个评价指标体系具有较强的系统性和逻辑性。

第三，该指标所表达的内容（包含的集合）即大学教师知识创造能力集、大学生知识创造能力集和大学教师传授知识创造能力集，恰好表达了大学的教学活动中的两个主体和教学活动的过程，因此，在开展评价的过程中不仅确保了大学知识创造能力评价内容的完整性，而且使评价的对象更具有系统适应性和动态性。

二　有关专家对指标体系具体内容的评价意见

（一）关于一级指标的主要评价意见

上述专家普遍认为大学的知识创造能力主要应该来自于大学教师、大学的学生和大学教师的教学活动即传授知识的过程三个方面。这三个方面知识创造能力的系统整合，就形成了大学的知识创造能力。其中，"大学教师自身知识创造能力"一级指标，69份问卷全部支持；"大学教师传授知识创造能力"一级指标有2人认为表述不准确，建议改为"大学教师传授知识创造的能力"；"大学生知识创造能力"一级指标，有3人建议只考虑本科生不够，应该增加研究生。此外，还有2人提出除上述三个一级指标外，建议再增加一个"大学知识创造能力环境因素"的一级指标。这个指标中应该包括制度、文化、激励机制和大学知识创造能力资源储备等内容（见图5.2）。

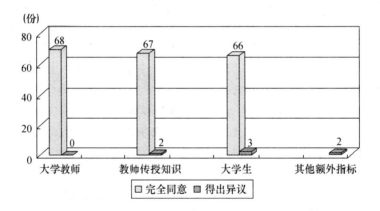

图5.2　一级指标的专家评价情况

（二）关于二级指标的主要评价意见

1．一级指标"大学教师知识创造能力"下属的二级指标的评价

这些专家和学者对"大学教师知识创造能力"一级指标下的"创造素质"、"创造潜力"、"创造实力"、"创造活力"和"创造影响力"等二级指标大多数专家表示基本认同（见图5.3）。只是在"创造素质"上有3人认为概念表述不清和概念包容性过强，容易与其他几项混淆；在"创造潜力"上有1人认为其反映在"创造实力"中；在"创造活力"上有

2 人认为概念表述不清和反映在素质里；在"创造影响力"上有 3 人认为与活力两者之间有重复的地方。

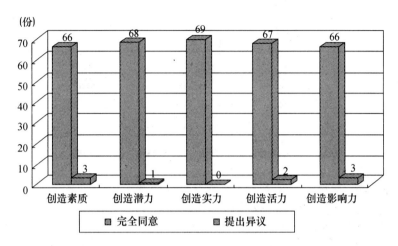

图 5.3　大学教师知识创造能力各二级指标的专家评价情况

2. 一级指标"大学教师传授知识创造能力"下属的二级指标的评价

这些专家和学者对"大学教师传授知识创造能力"一级指标下的二级指标"启发学生创造性思维的能力"、"在授课中创造性应用科研成果的能力"和"教学改革情况"没有提出异议。

3. 一级指标"大学生知识创造能力"下属的二级指标的评价

这些专家和学者对"大学生知识创造能力"一级指标下的二级指标"创造素质"、"创造潜力"、"创造实力"、"创造活力"和"创造影响力"基本没有异议，只有 2 个人认为对学生也采用和老师一样的评价指标是否合适以及"创造影响力"能否改为"获取信息、协作能力"。

（三）关于三级指标的主要评价意见

1. 大学教师"创造素质"下各三级指标的评价

这些专家和学者对二级指标"创造素质"下各三级指标如"创造性思维测验"、"创造性人格测验"等做出评价，基本同意这两项指标的表述。只是有 3 位专家建议增加"创造性知识结构测验"这个三级指标项，他们强调创造素质离不开来自于不同的学缘与师承关系、学历与学力等为背景的创造性知识结构的支撑（见图 5.4）。

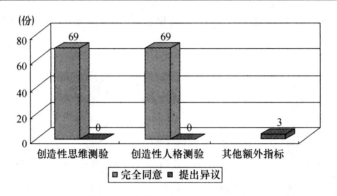

图 5.4　大学教师创造素质各三级指标的专家评价情况

2. 大学教师"创造潜力"下各三级指标的评价

这些专家和学者对二级指标"创造潜力"下各三级指标如"前 4 年与近 2 年创新成果的自身比较（论文被引用数）"、"与上级、同级学者创新成果的比较"等做出评价，形成如下评价意见。对于三级指标"前 4 年与近 2 年创新成果的自身比较（论文被引用数）"，他们中有 9 人提出不同意见，主要表现在对这样表述的依据的质疑；论文发表是有周期性的，这样安排时间阶段是否合理；根据参考影响因子的统计的要求，时间设定是 2 年和 5 年为好；成果已发表是显在的而不是潜在的；潜力能否只是用论文被引用率所体现等几个方面。对于三级指标"与上级、同级学者创新成果的比较"有 10 人从"与上级同级科研成果创新程度的比较"、"要先确定好比较标准"、"成果已出是显不是潜"、"与同级学者创新成果的比较"、"与上级、同级学者创新活力的比较"、"如何理解上级、同级学者"、"同类学科不同年度比较"等几个方面提出异议。此外，还有 2 人主张增加一个"个人科研成果与同期本专业科研发展趋势比较"的三级指标项（见图 5.5）。

3. 大学教师"创造实力"下各三级指标的评价

这些专家和学者对二级指标"创造实力"下各三级指标如"科研立项级别及数量"、"经费总数"、"科研获奖数"等三级指标提出了评价意见，对"科研获奖数"没有异议，有 2 人认为现实中，科研立项和经费数额与一个人的社会资本密切相关，不体现创造实力；另外，文理科差异大，学科差异要体现出来（见图 5.6）。

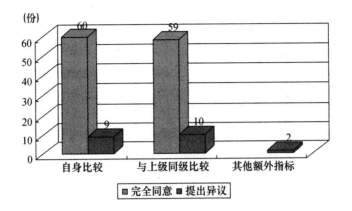

图5.5 大学教师创造潜力各三级指标的专家评价情况

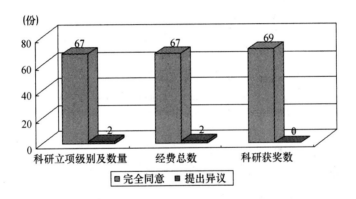

图5.6 大学教师创造实力各三级指标的专家评价情况

4. 大学教师"创造活力"下各三级指标的评价

这些专家和学者对二级指标"创造活力"下各三级指标如"论文被引用数"、"论文被转载数"、"专利数"、"代表作的原创性评价"等做出评价。对于"代表作的原创性评价"没有异议，但对于"论文被引用数"有2人认为数量并不是绝对的，经典结论可被反复引用；同时，该项与创造潜力内容存在重复。对于"论文被转载数"有2人指出转载只能代表认同，与活力关系不密切；同时，该项内容也存在与创造潜力重复情况。对于"专利数"有1人提出质疑，大学应以科学研究为主，而不是以技术探索为主（见图5.7）。

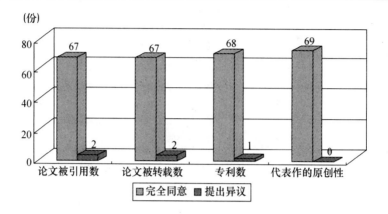

图5.7　大学教师创造活力各三级指标的专家评价情况

5. 大学教师"创造影响力"下各三级指标的评价

这些专家和学者对二级指标"创造活力"下各三级指标如"能带动青年教师搞科研项目"、"经常与人分享自己的想法并碰撞出新的思想火花"、"成果被采纳数（企业、政府）"形成如下评价意见。对于"能带动青年教师搞科研项目"这一指标项有 3 人提出建议，认为应该表述为承担起学术带头人的作用并形成合理的学术梯队，并且应该考虑学科之间存在的不同情况。对于"经常与人分享自己的想法并碰撞出新的思想火花"这一指标项有 3 人提出建议，认为应该表述为学术交流与激发合作者灵感的表现；该项往往与教师的个性、所处的地位有关，应该区别对待；同时指出，这也只是一种创造方式。对于"成果被采纳数（企业、政府）"这一指标项有 2 人提出建议，建议改为成果转化为经济效益和社会效益（企业、政府）（见图5.8）。

6. 大学教师"启发学生创造性思维能力"下各三级指标的评价

这些专家和学者对二级指标"启发学生创造性思维能力"下各三级指标如"课堂上以问题为主线授课的能力"、"课堂上善于点拨、启发学生思维的能力"、"课堂上诱导学生发现问题、解决问题的能力"、"课堂上善于通过事例或恰当比喻启迪学生领悟理论观点的能力"等提出如下评价意见。对于"课堂上以问题为主线授课的能力"，有 1 人建议改为"课堂教学以问题为主线授课的能力"；对于"课堂上善于点拨、启发学生

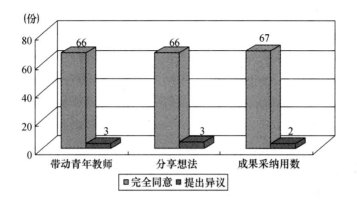

图 5.8　大学教师创造影响力各三级指标的专家评价情况

思维的能力"，有 1 人建议改为"课堂教学激发学生创造性学习的能力"；对于"课堂上诱导学生发现问题、解决问题的能力"，有 2 人指出与上述两项在部分内容上存在重复；对于"课堂上善于通过事例或恰当比喻启迪学生领悟理论观点的能力"，有 2 人提出将此项改为"课堂教学以个案剖析或选用恰当推理催发学生悟性的能力"，或者建议与第二项指标"课堂上善于点拨、启发学生思维的能力"合并。以上评价情况如图 5.9 所示。

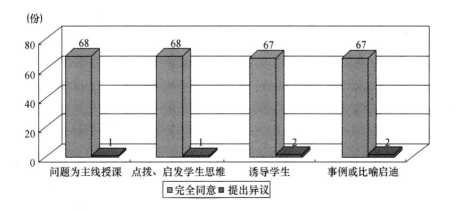

图 5.9　大学教师启发学生创造性思维能力各三级指标的专家评价情况

7. 大学教师"在授课中创造性应用科研成果的能力"下各三级指标的评价

这些专家和学者对二级指标"在授课中创造性应用科研成果的能力"下各三级指标如"结合现实问题阐释发挥理论"、"将研究成果引入课堂启发创造性"、"将科研成果引申探讨新的课题"做出如下评价意见。对于三级指标"结合现实问题阐释发挥理论"有 2 人建议修改为"用理论解释现实问题的能力"或与上一层次中的"问题为主线项"合并。对于三级指标"将研究成果引入课堂启发创造性"有 1 人建议修改为"转化学术前沿性问题的能力"。对于三级指标"将科研成果引申探讨新的课题"没有异议。另外还有 2 人建议增加 2 个三级指标，即"在理论与实践的结合部，挖掘科研新课题，培植科研生长点的能力"和"阐释各种实际问题的理论穿透能力"。以上评价情况如图 5.10 所示。

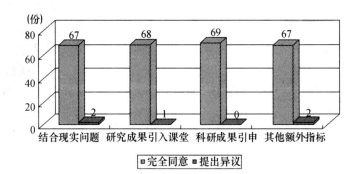

图 5.10　大学教师在授课中创造性应用科研成果的能力各三级指标的专家评价情况

8. 大学教师"教学改革情况"下各三级指标的评价

这些专家和学者对二级指标"教学改革情况"下各三级指标如"教改立项数"、"教改获奖数"、"教学大奖赛获奖数"、"精品课程数"等做出评价，相关意见和建议如下。对于三级指标"教改立项数"，没有异议。对于三级指标"教改获奖数"，有 1 人建议把"教改获奖数、教学大奖赛获奖数"合并为"教学教改获奖数"。对于三级指标"教学大奖赛获奖数"，有 2 人指出教学获奖不能说有创造性，另外此类大赛的组织者有无权威性值得考查。对于三级指标"精品课程数",有1人认为当前精品课程评审有问题。以上评价情况如图5.11所示。

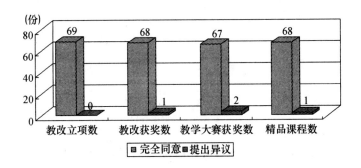

图5.11 大学教师在教学改革情况中各三级指标的专家评价情况

9. 大学生"创造素质"下各三级指标的评价

这些专家和学者对二级指标"创造素质"下各三级指标如"创造性思维测验"、"创造性人格测验"等做出评价,相关意见和建议如下。对于以上各三级指标普遍没有异议。

10. 大学生"创造潜力"下各三级指标的评价

这些专家和学者对二级指标"创造潜力"下各三级指标如"发表论文数量的同学间比较"做出评价,相关意见和建议如下。对于三级指标"发表论文数量的同学间比较",有5人提出建议,主要强调学生发表论文很少,在学期间也不是发表论文的时候;另外,发表论文数量主要是与同年级和高年级同学比较;还有就是建议改为提出创新性问题的能力;或者是以论文写作数为参考来比较更合适;同时,也指出要先确定好标准,才好进行比较。此外,还有3人提出增加3个三级指标,即"大学生在课堂中发现问题、提出问题的频率和质量"、"专业知识广度和深度的表现"、"独自的兴趣爱好和研究问题具有方向性"。以上评价情况如图5.12所示。

11. 大学生"创造实力"下各三级指标的评价

这些专家和学者对二级指标"创造实力"下各三级指标如"参与科研活动数量"、"大学生科研立项数量"、"科研经费数量"等做出评价,相关意见和建议如下。对于三级指标"参与科研活动数量",没有异议。对

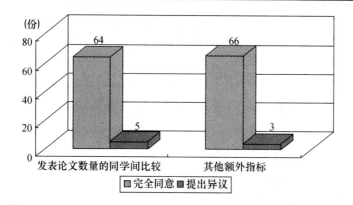

图 5.12　大学生创造潜力中各三级指标的专家评价情况

于三级指标"大学生科研立项数量"，有 1 人提出质疑，认为该项指标往往取决于不同学校的政策，比如重点大学经费多，立项就多一些。对于三级指标"科研经费数量"，有 2 人认为有些大学的大学生没有申请科研经费的机会，因此建议改为解决现实问题能力。以上评价情况如图 5.13 所示。

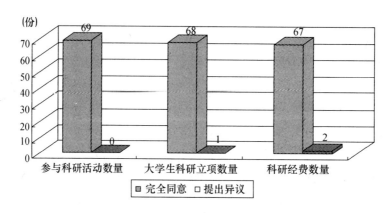

图 5.13　大学生在创造实力中各三级指标的专家评价情况

12. 大学生"创造活力"下各三级指标的评价

这些专家和学者对二级指标"创造活力"下各三级指标如"论文被引用数"、"论文被转载数"、"专利数"、"代表作的原创性评价"等做出评价，相关意见和建议如下。对于以上各三级指标均没有异议。

13. 大学生"创造影响力"下各三级指标的评价

这些专家和学者对二级指标"创造活力"下各三级指标如"科研获奖情况"、"经常与他人交流学术观点并激发创造灵感的情况"等做出评价，相关意见和建议如下。对于三级指标"科研获奖情况"有 3 人提出建议，指出外在的奖励会扼杀创造，建议此指标改为知识综合运用能力，同时强调大学本科学生应以学习为主。对于三级指标"经常与他人交流学术观点并激发创造灵感的情况"，有 2 人提出学生那么多，如何操作的问题。此外，还有 1 人认为应该增加 1 个三级指标，即"参与学术交流和激发创造灵感的情况"。以上评价情况如图 5.14 所示。

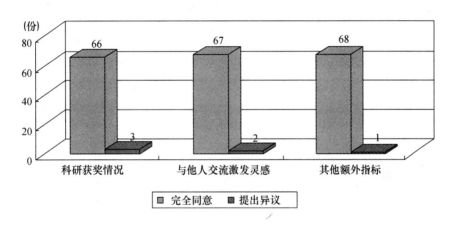

图 5.14　大学生在创造影响力中各三级指标的专家评价情况

三　大学知识创造能力评价指标体系的修正方案

在综合以上专家的意见和建议，重新对大学知识创造能力加以理解的基础上，本书提出了大学知识创造能力评价指标体系的修正方案。这个修正方案可以分为两套可行的子方案：其一是在现有指标体系基础上增加一个知识创造能力的环境因素的一级指标，相应设计出一套二级指标；其二就是将现有指标体系根据专家意见进行修正，然后与独立评价的大学知识创造能力的环境因素评价指标进行系统的整合。

（一）方案一：增加知识创造能力的环境因素

考虑到大学知识创造能力是作为一个系统来发挥作用，体现其影响。

因此，作为一个系统整体，除了应该考虑到系统内各要素之间的作用和影响之外，还需要考虑到系统本身和外部环境之间的作用和影响。因此，为了确保对大学知识创造能力的更完整的评价，在充分吸收和借鉴有关专家和学者的意见和建议的基础上，提出此修正方案（见图5.15）。

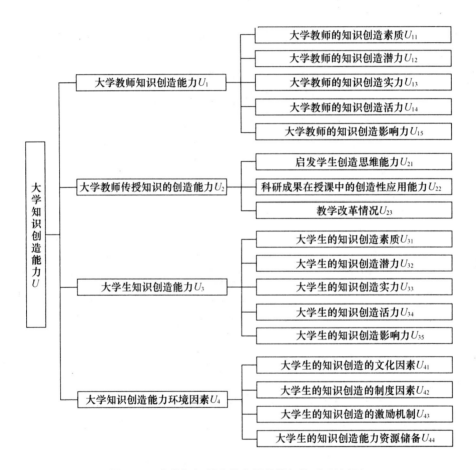

图5.15　大学知识创造能力评价指标体系理论框架

（二）方案二：两个子评价指标体系的整合

本方案将大学知识创造能力的评价同大学知识创造能力环境因素的评价分别独立进行，然后将评价结果整合到一起，形成对大学知识创造能力的综合评价结果。

　　本方案的评价工作将分成三个阶段进行，一是从大学内部入手，从大学教师自身、大学生和大学教师的教学活动三个维度对大学知识创造能力进行评价。二是考虑到作为系统的大学知识管理能力需要与其相关的知识环境因素发生相互的作用和影响，再对大学知识创造能力的环境因素进行评价。三是根据系统工程的研究方法，利用系统集成的手段，将前述两个评价结果整合在一起，形成最终的大学知识创造能力的评价结果。

第六章　大学知识创造能力评价指标体系及其分析

第一节　大学教师知识创造能力评价指标体系及其分析

大学的知识创造能力首先表现在大学教师的身上。在知识创造的过程中，大学教师既是知识的承载者，又是知识创造的主体，发挥着重要的作用。

一　大学教师知识创造过程

（一）知识创造的一般过程

知识创造是一个充满矛盾与统一的辩证思维过程，如宏观与微观、静态与动态、抽象与具体、情感与逻辑等。根据知识的显在性和隐含性，我们可以将组织中的知识资产划分为显性知识（Explicit Knowledge）和隐性知识（Tacit Knowledge）两种类型①。我们常说的显性知识，其特点是可以通过书面和系统化的语言表示出来，并且以诸如数据、科学公式、说明书、手册等形式在组织中共享；它可以比较容易地处理、传递与存储。而隐性知识一般是比较个性化的，难以形成固定的形式。例如，社会个人的主观认识、感觉体悟，对不可知问题的预感，等等，便属于隐性知识。隐性知识虽不显现，但它却植根于所在单位的价值观与情感交流中。它的特点是体现在身体和精神的双重感知中，很难与他人进行交流。

---

① Michael Polanyi, *Personal Knowledge: Towards a Post - Critical Philosophy* ［M］. Chicago: The University of Chicago Press, 1974.

我们需要探讨的是，基于原有的显性知识和隐性知识基础，新知识是怎样创造出来的呢？日本北麓先端高等科学技术学院（Japan Advanced Institute of Science and Technology）的野中郁次郎[①]（Ikujiro Nonaka）和 P. W. 迈耶斯[②]（P. W. Meyers，1990）等著名学者，用社会化模式（Socialization）、外部化模式（Externalization）、组合模式（Combination）和内部化模式（Internalization）4 种模式来描述知识创造的过程，这个过程被称为 SECI 过程。笔者认为，SECI 过程比较系统和全面地阐发了知识创生和再造的理论，但这个过程没有考虑到组织知识以及知识创造活动的动态特性。因此，在 SECI 过程的基础上，针对组织知识的特点以及知识创造的动态特征，我们用知识活动系统（Knowledge Activities System，KAS）下的 SECI 过程（以下称为 KAS – SECI 过程）来描述组织知识的创造机理。

1. 遵循 SECI 思想的组织知识创造过程

（1）社会化模式。我们说的社会化模式，它所描述的对象，是通过共享隐性知识（例如经验）来创造新的隐性知识的过程。前面我们已经谈到，隐性知识难于以固定的形式存在，并且与特定的时间、地点和事物联系在一起，一般又是不显现的。那么，通过共享的隐性知识是如何创造新的隐性知识的呢？让我们以实证加以分析。例如，同处于组织某一环境之中，如果上级有较好的亲和力，又有踏实勤恳的工作作风，他的下级就可以感知其领导好的风范和工作水平，并自觉向领导学习。这种感知和学习是潜移默化的，这样就以"润物细无声"的方式，起到传帮带的作用。在这个过程中，共享的隐性知识就创造了新的隐性知识。还需要说明的是，社会化也可以发生在组织之外，例如，在某些非正式会议、会谈以及其他活动中，人们对组织环境的认识、个人思维模式、相互信任等隐性知识就可以被共享或创造出来。需要强调的是，新的隐性知识创造不能靠制度、手册，也不能凭借教科书等显性知识，而是通过共享的隐性知识创造

① Ikujiro Nonaka, Ryoko Toyama, Noboru Konno, SECI, Ba and Leadership: A Unified Model of Dynamic Knowledge Creation [J]. *Long Range Planning*, 2000 (33): 5 – 34.

② Meyers, P. W., Non – Linear Learning in Technological Firms [J]. *Research Policy*, 1990 (19): 97 –115.

出来的，这是社会化模式的一个重要特点。

（2）外部化模式。外部化模式的特点，就是它所描述的是通过隐性的知识创造显性知识的过程。在这个过程中，通过组织活动，掌握隐性知识的团体或者个人凭借社会过程将隐性知识显性化，而那些被显性化的知识就很容易与其他人一起共享，这些显性化了的知识就成为新知识的基础。例如，某企业要开发新产品，技术人员依凭自己所掌握的隐性知识，经过反复琢磨和实践，从而创造出新产品、新工艺和新概念，这就是隐性知识通过外部化模式创造新的显性知识的典型事例。还有一个很明显的例子，一般企业都要制定质量控制手册，这一过程便是将人们在组织实践中摸索出来的质量控制方面的隐性知识（或经验）显性化，从而使参与生产制造流程的每一位员工都能够依据质量手册监控产品的质量。从以上事例我们可以探知，隐性知识成功转化为显性知识要依靠比喻、类推、模型等思维方式和机器设备等工作器具的广泛运用。

（3）组合模式。组合模式的突出特点就是，它所描述的过程是通过显性知识创造出更为复杂和系统的显性知识集合的过程。在组合模式中，显性知识是从组织外部收集的，并以某种方式组合、编辑、处理，一般是利用计算机通信、网络、大规模的数据分析整理库来完成组合的，在此基础上便形成了新的显性知识。计算机的广泛应用促进了组合模式的知识创造过程，而且还会加速显性知识在组织内的传播。例如，当组织的财务部门从其他各个部门收集会计信息，并在一定的环境下将其编制成一份会计报表时，就完成了组合模式创生新知识的过程。组织的财务部门从组织外部，即其他各个部门收集会计信息，经过综合、核对、组合处理，编制的会计报表，从合成不同方面的显性知识这一角度来说，该报表便是一个新的更系统、更权威的显性知识。还比如组织规章制度的制定，也是从各个部门收集显性的意见信息，经过分析整理，征求各方面的意见，然后形成一个更为完整的手册的形式，这个过程同样包含了通过组合模式创生新的显性知识的过程。还有一个层面我们不能忽视，组合模式同样包括概念的细分，例如，组织的战略愿景可以细分为许多可供操作的业务和产品概念，这样就创造出了系统性的显性知识。而这种显性知识比原来的显性知识更丰富、更清晰，更有可操作性。

（4）内部化模式。内部化模式所强调的是由显性知识创造隐性知识的过程，即以上所创造出的显性知识通过内部化，可以在组织内转化为隐性知识。内部化过程可以通过"学"与"用"的组合来完成，员工可以在运用所学知识的过程中获得新的隐性知识，也可以在生产实践中摸索出以前没有学到的隐性知识。如产品概念、制造流程等显性知识必须在组织实践中转变为个人的隐性知识；在组织的培训活动中，员工通过阅读有关组织或个人的手册、文件可以使显性知识转变为自己的隐性知识，或者说扩充了他们的隐性知识库。显性知识被内部化后，它以思维方法和技术的形式存在于员工的隐性知识库中，并且当员工个人的隐性知识通过社会化与其他人共享时，新一轮的知识创造螺旋便开始了。

2. 知识活动系统背景下的 SECI 知识创造过程的运行

通过上述分析，我们可以看出，知识创造的整个过程就是显性知识和隐性知识动态相互作用的过程。在这种过程中，四种知识创造模型并不是彼此孤立地存在的，它们之间没有严格的边界，彼此之间存在着相互渗透与交融，共同构成了知识创造螺旋[①]。除此之外，这种知识的转换过程也是一个不断变化的过程，而不是处于一个静态。这种动态过程的实现，依赖着它所存在的知识活动系统，在知识活动系统运行的推动下，使知识创造的螺旋不仅在自身所处的社会组织环境中不断上升，而且在不同的社会组织之中发生着作用和影响，所以组织的知识创造过程也是一个永不停息的不断自我发展和自我更新过程（见图 6.1）。

（二）大学中教师的知识创造过程

前面我们已经介绍和具体描述了社会活动系统下各种组织中知识创造的过程。现在我们将把视角定位于社会知识活动系统中的一个子系统——教育系统，探索教育系统中的大学中教师如何开展知识创造活动的。

从知识活动系统的特征来看，由于其具有的全息性，所以作为其子系统的高等学校其主要的活动（教学、科研和服务社会）中的特殊知识创造过程也带着知识活动系统中知识创造过程的一般特性（见图 6.2）。

---

① ［日］竹内弘高、野中郁次郎：《知识创造的螺旋：知识管理理论与案例研究》，李萌译，知识产权出版社 2006 年版，第 1 页。

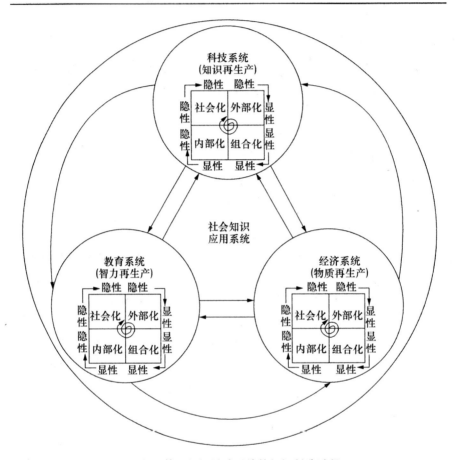

图 6.1　基于知识活动系统的知识创造过程

　　大学教师的知识创造过程主要围绕高等学校的教学、科研和服务社会 3 大职能[①]，通过大学教师个体所具备的知识创造素质、知识创造潜力、知识创造实力和知识创造影响力 4 个方面体现出来。这 4 个方面既全面体现在高等学校的知识活动系统之中，即教书育人活动（智力再生产过程）、科学研究活动（知识再生产过程）和以服务社会为主旨的社会实践活动（物质再生产）；又充分体现在每个过程中的 SECI 的知识环节之中。

————————

　　① 威廉·冯·洪堡：《论柏林高等学术机构的内部和外部构造》，陈洪捷译，《高等教育论坛》1987 年第 1 期。

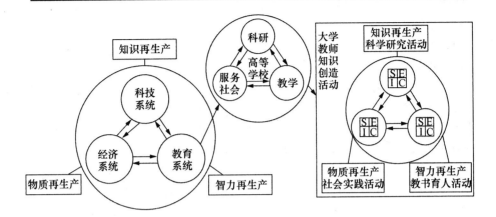

图 6.2 教育系统嵌入社会知识活动系统的全息关系

资料来源：刘则渊、韩震：《知识活动系统与大学知识管理》，《大连理工大学学报》（社会科学版）2003 年第 2 期。

二 大学教师知识创造能力的评价指标体系

（一）大学教师知识创造能力的评价指标体系的构成

从大学教师的知识创造过程我们可以看出，知识创造素质、知识创造潜力、知识创造实力和知识创造影响力是 4 个方面重要的影响因素，大学教师的知识创造能力便主要通过这 4 个方面体现出来，因此，对于大学教师知识创造能力的评价与考察也将主要围绕这 4 个方面来展开。基于这个观点及研究思路，本书将围绕这 4 个因素，结合知识活动系统和 SECI 知识创造模式的观点，设计大学教师的知识创造能力的评价指标体系。

（二）大学教师知识创造能力的评价指标体系构成的依据分析

首先，我们要明确的问题是为什么大学教师知识创造力是由知识创造素质，知识创造潜力，知识创造实力和知识创造影响力这 4 个部分组成的。对于这个问题我们可以从下述两个方面获得答案。

第一，来自逻辑方面的论证。因为在上述的 4 个部分中，知识创造素质是大学教师知识创造能力发挥的基础；知识创造潜力是大学教师知识创造能力发挥的潜在条件或前提条件；知识创造实力是大学教师知识创造能力发挥的具体表现形式，而知识创造影响力是大学教师知识创造实力所带来的影响或结果。可见，知识创造素质、知识创造潜力、知识创造实力和知识创造影响力这四种要素在大学教师知识创造力中各自处在一定的地位，发挥一定的作用，共同构成了大学教师知识创造能力的一个严密的逻辑结构体系。

第二，来自相关领域调查的事实论证。为确保大学知识创造能力的评价指标体系的科学性与合理性，本书开展了大学知识创造能力的评价指标体系科学性的调查研究工作，广泛征求了在相关领域中有一定经验和造诣的专家的意见。本次调查工作的调查对象主要包括5个方面：大学相关领导及教育管理领域的院系领导、知识管理研究专家、教育管理研究专家、创造力研究专家和管理学专家。本次调查选择了30家单位的80名个体样本，发放调查问卷80份，回收问卷72份，有效问卷69份，有效率为86%。

通过对问卷的统计，我们可以知道这些专家和学者对"大学教师知识创造能力"一级指标下的"创造素质"、"创造潜力"、"创造实力"、"创造活力"和"创造影响力"等二级指标表示基本认同。只是在"创造素质"方面有部分人认为概念表述不清和概念包容性过强，容易与其他几项混淆；在"创造潜力"上有1人认为其反映在"创造实力"中；在"创造活力"上有2人认为概念表述不清和反映在素质里；在"创造影响力"上有3人认为与活力两者之间有重复的地方（见图6.3）。因此，在充分吸收有关专家的建议基础上，我们删掉了"创造活力"指标项，将"创造活力"中的因素归到"创造实力"与"创造影响力"之中。这样，基本上就可以避免重复交叉的现象了。

（三）大学教师知识创造能力的评价指标体系的构成因素分析

如图6.4所示，根据创造力的测评和智力资源管理等有关理论，我们可以推知大学教师知识创造能力的评价指标体系主要由知识创造素质、知识创造潜力、知识创造实力和知识创造影响力4个方面的重要影响因素构成。为了更加客观、有效地对大学教师知识创造能力进行评价，我们有必要对这些构成因素的内涵进行深入而细致的分析。

1. 大学教师的知识创造素质

从人力资源管理角度来看，大学教师的知识创造素质主要包括创造性思维和创造性人格两个方面。创造性思维指的是在创造过程中所具备的特殊的分析问题、判断问题和思考问题的方式，它直接与最终的结果产生关

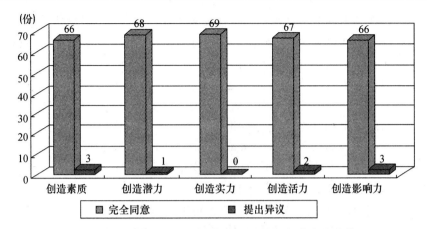

图 6.3 大学教师知识创造能力各二级指标的专家评价情况

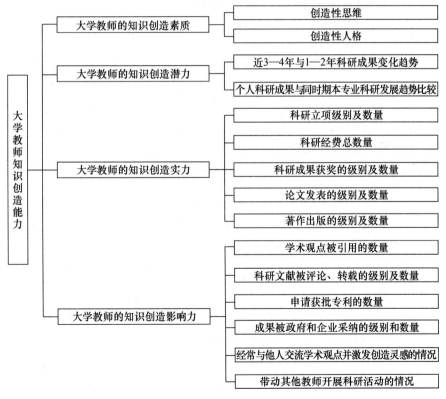

图 6.4 大学教师知识创造能力的评价指标体系构成

联。一般在知识创造的过程中，往往要求大学教师个体具有发散性思维、逆向思维、辩证思维等思维特点。创造性人格是指对大学教师的人格特点提出的要求。所谓人格是指人们所具有的个体独特地、稳定地对待现实的态度和习惯化了的行为方式，它是一个人区分于其他人的稳定的心理特征，是由先天、后天的交互作用而形成的。许多研究者在对人格特质进行因素分析时都得到 5 个维度，因此称为"大五"人格模型。这五个维度是外向性——内向性（Extroversion - introversion），是个体喜好参加社会交往的倾向性，个体是善于社交，在社交情境中表现得自在大方、善于言谈，还是不喜欢社交，表现得羞怯、腼腆、安静；责任心（Conscientiousness），是指个体的责任感、可靠性、勤勉、持之以恒、有秩序等特点；随和性（Agreeableness），是指个体随和、容易合作、热情等特点；情绪稳定性（Emotional stability），是指个体情绪稳定的程度，个体是倾向于有安全感、沉着冷静、愉快，还是倾向于焦虑、压抑、没有安全感；对经验的开放性（Openness to experience），是指个体是否具有创造性，有好奇心，愿意接纳新的经验，兴趣广泛等特征①。在"大五"人格特征中，外向性——内向性与对经验的开放性两个方面在知识创造中将发挥更大的作用。从逻辑分析角度来看，虽然人的素质由多种要素组成，与创造知识有关的素质可能也比较多，但我们这里选取创造性思维与创造性人格这两种要素，主要是因为在我们看来这两种素质在大学教师的知识创造中起着举足轻重的作用。创造性的人格是大学教师创造知识的基础，而创造性思维则是大学教师创造知识的关键。

2. 大学教师的知识创造潜力

大学教师知识创造潜力主要是指其尚未被开发出来的知识创造能力，可以从近 3—4 年与 1—2 年科研成果相比较的变化趋势以及个人科研成果与同时期本专业科研发展趋势比较中间接地得到考察。它更多地表明大学教师个体在知识创造方面表现出来的可持续的创造力，是对大学教师知识创造能力的未来走向的一种预测与判断。这种判断既包括对其自身发展过程的纵向判断与预测，如对其 3—4 年前的研究成果与其近 1—2 年的研究成果进行自身的纵向比较，借以考察该教师在相关研究领域是否在不断取得进

步，抑或是停滞不前。另外一个方面就是从与其他人员间的比较中对大学教师个体的知识创造能力进行横向判断与预测，即将大学教师的个人的科研成果与其同时期该专业领域的研究进展情况或发展趋势进行比较，进而考察其所处的位置和状况，从而得到其知识创造潜力的判断与预测结果。

从逻辑分析角度来看，人的创造潜力的高低固然可以通过各种相关因素来加以判断，然而通过大学教师个体自身近年来科学研究成果的变化趋势来进行判断，通过自己的科研成果与同期本专业科研发展的趋势的比较来加以判断则是较简单易行的方式与方法。因此，本书将以上两个因素作为知识创造潜力的两个因素。

3. 大学教师的知识创造实力

大学教师的知识创造实力表明大学教师个体在知识创造活动中所表现出来的强度和实际能力。其实力主要可以从大学教师科研立项级别及数量、科研经费总数量、科研成果获奖的级别及数量、论文发表的级别及数量和著作出版的级别及数量5个方面来加以考察。其中科研立项级别及数量方面更多强调大学教师所申请立项的国家级项目（自然科学基金、社会科学基金及国家有关部委下达的项目等）以及来自国际合作项目和企业合作项目在科研立项中所占比率的多少；科研经费总数量方面更强调经费资助的额度，如国家级项目的经费资助额度往往是与项目的级别高低呈正相关，如重点项目经费额度往往远远高于一般项目；科研成果获奖数量表明该成果被社会接受程度的高低，当然在这个过程中除应该考虑数量之外，还应该考虑科研成果的获奖级别。

应该说，最能体现一个人科研实力的是他的科研项目、论文、著作和获奖成果。根据我国现行的一般的评价标准，科研项目有级别的高低、数量的多寡及经费的多少之别，论文有发表刊物的级别高低及数量多少之分，著作也有出版社级别高低及出版数量多少的异同，而科研成果奖也有奖励级别高低和数量多少的差别。因此，我们在考察大学教师科研实力时，就应该把科研立项的级别与数量（科研经费总量）、论文发表的级别与数量、著作出版的级别与数量、科研成果获奖级别与数量作为其重要的组成要素来加以考察。

4. 大学教师的知识创造影响力

大学教师的知识创造影响力主要指作为知识创造活动主体的大学教师其

对他人和组织所起到的作用和所施加的作用。这种影响力主要表现在大学教师学术观点被引用的数量、科研文献被评论、转载的级别及数量、申请获批专利的数量、成果被政府和企业采纳的级别和数量、经常与他人交流学术观点并激发创造灵感的情况和带动其他教师开展科研活动的情况等几个方面。

一个人的科研影响力（创造知识的影响力）是可以通过他的学术观点被引用、科研文献被转载和评论、申请获批专利及被政府和企业是否采纳的状况来加以识别的。另外，也可以通过他对别人的科研所实际产生的影响来加以判断的。因此，大学教师创造知识的影响力就可以将学术观点被引用的数量、科研文献被评论、转载的级别和数量、申请获批专利的数量，经常与他人交流学术观点并激发创造灵感的情况，带动其他人开展科研的情况等因素作为其重要的组成要素。

三　大学教师知识创造能力分指标的测评

（一）测评方法选择的原则

大学教师的知识创造能力所涉及的影响因素比较多，而且各个影响因素之间在测量与评价过程中存在较大的差异，因此，我们在实际评价过程中就必须针对不同因素所对应的指标的具体情况，按照实际的需要及相关要求，选择适当的测量与评价方法。

（二）大学教师知识创造能力各因素的测评方法

1. 大学教师的知识创造素质的测评方法

由于大学教师的知识创造素质中所涉及的创造性思维和创造性人格各指标均属于心理学的范畴，因此其数据可以通过采用心理测验的方法加以获得和予以评价。

2. 大学教师的知识创造潜力的测评方法

大学教师的知识创造潜力的影响因素主要涉及近3—4年与1—2年科研成果相比较的变化趋势以及个人科研成果与同时期本专业科研发展趋势比较两个方面的指标，这两项指标的最大特点就在于其需要涉及较大量的数据，在对这些数据综合分析基础上得出相应的结论，因此，可以采用知识图谱和数据挖掘的方法，通过数据挖掘的方法找到相关的数据和信息，然后借助知识图谱的方法使其形象而直观地展现出来。

3. 大学教师的知识创造实力的测评方法

大学教师的知识创造实力主要涉及大学教师科研立项级别及数量、科研经费总数量、科研成果获奖的级别及数量、论文发表的级别及数量和著作出版的级别及数量5个方面的影响因素，这5个方面的影响因素包含大量的数据，因此在实际测评过程中主要考虑使用恰当的数据处理方法即可。

4. 大学教师的知识创造影响力的测评方法

大学教师的知识创造影响力主要表现在大学教师学术观点被引用的数量、科研文献被评论、转载的级别及数量、申请获批专利的数量、成果被政府和企业采纳的级别和数量、经常与他人交流学术观点并激发创造灵感的情况和带动其他教师开展科研活动的情况6个指标，其中前两个指标涉及他人（往往是来自于同行的）的评价，可采用社会调查研究方法，通过问卷调查和专家访谈等方法，而后一个指标涉及的是大量的数据，因此可考虑使用知识图谱等恰当的数据处理方法来加以直观的表达。

5. 综合评价

对于不同影响因素的数据的获得和采集，可以根据其具体情况采取不同的方法，但对大学教师的知识创造影响力指标的整体评价，考虑到其次级指标中既有可测量的因素，也包含诸如同行评价等主观因素，因此可以采用模糊综合评价方法取得整体评价结果。

第二节　大学教师传授知识创造能力的评价指标体系及其分析

古人云：授人以鱼，不如授之以渔。大学知识创造能力不仅表现在大学教师个体或群体之上，而且表现在大学教师所履行的大学重要职能之一的教学活动之中，即大学教师传授知识创造的能力。

一　大学教师传授知识创造的过程

（一）对于大学教师传授知识创造的认知

1. 基于创造力分层①的认知

目前，创造学中有关创造力分层的研究主要侧重于以下几个方面。

（1）侧重从创造性成果上去考察。这一层次的创造力认为衡量一个

① 张唐生：《创造力的层次及其评价》，《开放时代》1988年第3期。

人的创造力水平最直接的方法是看他的创造性成果，它们之间通常成正比关系。比如，电话的发明需要很强的创造能力；发明电话上的拨号系统，其创造力则次之；按键系统的发明又再次之。

（2）强调对主体活动性质的参照。这一层次的创造力认为衡量一个人的创造水平可根据创造主体企望创新突破时所能够提出的尝试性的方式来确定。一个具有常规思维的人从事的创造性突破可能是对现实自我的超越而言，也可能是对另一位具有常规性思维的人而言，马斯洛曾经说过："最好的烹调比次一等的绘画有创造意义。"

（3）强调将创造性成果与创造活动性质统一考察。正如泰勒认为，可以将创造力从低到高分为 5 个等级，即表达式的创造力、生产式的创造力、发明式的创造力、革新式的创造力和高深的创造力。表达式创造力是最基础的创造力，高深的创造力是由前四级创造力逐步发展而成的。从上述创造力分层角度来看，大学教师传授知识创造的能力更类似于第二层次创造力所描述的情况，即强调对创造主体活动性质的参照。

2. 基于创造力实质下的认知

如前所述，一般认为，创造力是一种创新能力，表现为在面临不同问题情景时的解决问题的能力，这种能力通过新颖而独特的产品表现出来。多数研究者赞同这样一个定义：创造力是根据一定的目的和任务，运用一切已知信息，开展能动思维活动，产生出某种新颖、独特、有社会或个人价值的产品的智力品质[①]。

上述定义是从创造结果的角度来衡量创造力，强调了创造力的心理品质，但却忽略了创造活动的实践根源。它用静态、孤立的眼光来审视创造力，用单一的创造产品来反推出一个人的创造力水平[②]。事实上，创造出某种新产品，只是某一个体在某一特定的时空交叉点上创造力的典型表现。除此之外，创造力还应有更丰富的内涵。

这种丰富的内涵之一就是表现在教育的过程中，在面对学生时，大学教师应该将学生视为教学改革实践的主体，充分相信学生，放下师道尊严的架子，平等对待学生，激发学生的创造热情，培养学生的创新能力。而

---

① 俞国良：《创造力心理学》，浙江人民出版社 1996 年版，第 14—15 页。

② 金盛华：《创造力的实质和测量》，《北京师范大学学报》（社会科学版）1992 年第 1 期。

对教师自身，也应该将自己视为一个需要改进和提高的学习者，在实践中学习提高。教师只有虚心学习各种创新理论和方法，积极完善认知结构，认真反思教学实践，形成独特的教学风格，才有利于培养学生的创新精神。从这个意义上看，大学教师传授知识创造过程包含着丰富的创造教育思想，也应该隶属于大学知识创造能力的一个重要部分。

（二）大学教师传授知识创造的能力的过程

大学教师传授知识创造能力所涉及的内容及发生的过程是在高校知识活动系统中的教书育人的活动之中，主要包括启发学生创造思维能力、科研成果在授课中的创造性应用能力和相关的教学改革情况。

在这个过程中，从单纯地强调作为知识创造活动主体——大学教师自身能力的重要性的基础上，更加强调大学教师如何在教学环节中发挥更好的主导作用的重要性上，即强调在教学中如何更好地提高知识和技能的传递的问题。这种知识创造能力更多地把焦点和注意力集中在大学知识创造能力的两大主体（教师和部分学生）之间，强调在教学的过程中如何体现大学知识创造的能力。

二　大学教师传授知识创造的能力的评价体系

（一）大学教师传授知识创造的能力的评价指标体系构成

从大学教师传授知识创造的过程我们可以看出，启发学生创造思维能力、科研成果在授课中的创造性应用能力和教学改革情况是其中的三个方面重要的影响因素。在这三个影响因素中，启发学生创造思维能力是根本目标和出发点，而科研成果在授课中的创造性应用能力和教学改革情况两个方面的影响因素，则是实现这一目标的重要途径和手段。大学教师传授知识创造能力便主要通过这三个方面体现出来，因此，对于大学教师传授知识创造能力的评价与考察也将主要围绕这三个方面来展开。基于上述想法及相应的研究思路，本书将围绕这三个方面的影响因素，结合知识活动系统和 SECI 知识创造模式的观点，探索大学教师传授知识创造能力的评价指标体系的构成，具体规划、分析和设计大学教师传授知识创造能力的评价指标体系。

（二）大学教师传授知识创造的能力的评价指标体系的构成因素分析

如图 6.5 所示，大学教师传授知识创造的能力的评价指标体系主要由启发学生创造思维能力、科研成果在授课中的创造性应用能力和教学改革情况三个方面的重要影响因素构成。为了更加客观、清楚和明确地实现对大学教师传授知识创造的能力的评价，我们有必要对该指标体系各构成因素的内涵进行深入而细致的分析。

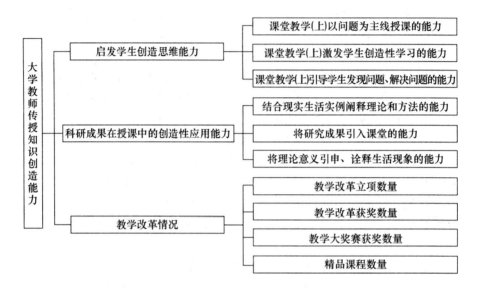

图6.5　大学教师传授知识创造的能力的评价指标体系构成

1. 启发学生创造思维能力

启发学生创造思维能力始终是大学课堂教学过程中需要解决的一个重点和难点的问题，当然在大学知识创造能力方面，它也是一项重要的构成部分和内容。从大学教师传授知识创造能力角度来看，该指标表明大学的课堂教学不再仅仅是知识的传递过程，更为重要的是如何将知识创造的能力向学生加以传授。因此，该指标主要侧重于从教育教学的方式方法的改进如通过课堂教学（上）以问题为主线授课的能力、课堂教学（上）激发学生创造性学习的能力以及课堂教学（上）引导学生发现问题、解决问题的能力等方面来体现出来。

2. 科研成果在授课中的创造性应用能力

在课堂教学过程中，考虑到知识具有一定的生命周期，随着时间的流逝，一部分知识将逐渐失去其原有的价值，因此，就需要教师在知识传授的过程中不断引入新知识。而这部分知识的一个重要来源就是教师的科学研究成果。作为一名合格的、优秀的教师，应该善于在课堂教学活动中把自身取得的代表该专业领域前沿知识的科研成果创造性地应用到其开展的课程教学活动之中，从而起到开拓学生视野，引领学生进入学科领域发展的前沿的目标，让学生所学的知识与实践更紧密地结合。

3. 教学改革情况

作为实现启发学生创造思维能力的又一重要途径和手段，不断地推进教学改革的深入开展，在大学教师传授知识创造能力方面也具有重要的作用和影响。具体的指标和措施主要包括教学改革立项数量、教学改革获奖数量、教学大奖赛获奖数量和精品课程数量等几个方面。

三　大学教师传授知识创造能力分指标的测评

（一）测评方法选择的原则

大学教师传授知识创造能力指标体系中，所涉及的各个影响因素之间在测量与评价过程中存在一定的差异，因此，我们在实际评价过程中就必须针对不同因素各自存在的具体情况，按照其实际的需要及相关要求，选择适当的测量与评价方法。

（二）大学教师传授知识创造能力各因素的测评方法

1. 启发学生创造思维能力和科研成果在授课中的创造性应用能力的测评方法

这两个评价指标之所以放在一起加以考虑，主要是因为上述两个指标都是在课堂教学实施过程中出现的内容，并且其数据的产生、获取和收集方式非常的接近，往往是通过学生评价和同行教师评价的方法得到，因此，在具体测评过程中，我们主要可以采取发放调查问卷和访谈的方法来对数据和信息加以收集。

2. 教学改革情况的测评方法

教学改革情况由于其涉及有关教学改革立项、教学改革获奖、教学大奖赛获奖、精品课程等方面的大量数据，因此，主要选择恰当的数据处理测评方法即可。

3. 综合测评方法

考虑到大学教师传授知识创造能力指标体系中，一些指标如启发学生创造思维能力和科研成果在授课中的创造性应用能力的数据获得方式是通过学生和同行教师的主观评价而取得的，具有相对的模糊性，因此，我们在实际测评的过程中可以考虑使用模糊综合评价的方法来对获取的数据进行综合处理，以期得到相对客观、合理的研究结果。

第三节　大学学生知识创造能力的评价指标体系及其分析

在大学中，知识创造能力不仅体现在大学教师以及大学的教学过程中教师传授知识的创造活动中，而且教学活动的主体——大学学生在大学知识创造能力方面，也作出了相应的贡献，并发挥着重要的作用。

一　大学学生知识创造能力的过程

（一）大学学生创造力的特点

人类的所有创造都有其共同特点。温元凯等（1988）在《创造学原理》一书中指出："创造主要有四大特点：一是创造的主体性，创造的活动的主体是现实中的人，而不是上帝、观念或别的什么东西；二是创造的可控性，任何一种创造都是主体有目的地控制、调节客体的活动，是主体为实现自身的目标，作用于自身客体、自然客体和社会客体而进行的信息、物质和能量变换的过程；三是创造的新颖性，任何一种创造活动必须能产生出一种前所未有的新成果，创造永远是面向未来的；四是创造的价值性，任何一种创造活动都是具有社会价值的，是能促进人类进步的。"①

高校的大学生经过 12 年的基础教育，进入大学接受各种专业教育，这时候，他们的身心已趋向成熟，具备了从事复杂、高度抽象的思维活动的生理和心理的基础，这就从根本上为大学生的创造力的萌发与发展奠定了前提条件。高等学校作为知识的生产和管理者，应该抓住有利时机，帮助他们强化自身的观察力、记忆力以及注意力，使他们的创造力达到基本成熟的程度和相对较高的水平。国内许多专家如林金辉等人，在认知过程和自我意识两个方面对大学生心理发展水平给予了积极的评价。他们认为大学生创造潜力的开发，已完全具备了内部心理条件。这种心理条件表现为，大学生们具备了较高层次的职业定向性，不管对自己的专业有无天生

---

① 温元凯等：《创造学原理》，重庆出版社 1988 年版，第 6 页。

的兴趣，他们已走进了一个与中学完全不同的专业领域，接触了相关专业的教师、资料，对该专业的发展动态也有了一定的了解，他们中的一部分人也想进一步登堂入室，成为本专业优秀的专门人才。因此，他们具有更大的主观能动性（包括更多的自由支配时间，对学习内容有较大的选择性），更愿意参与研究和探讨性质的学习，而学习的途径方法也更加丰富多彩。随着教育改革的深入，有些专家如林金辉等（1995）[1] 和黄希庭等（1999）[2] 对培养大学生的创造力有了更加细致的分析和更贴近规律性的认识。他们把大学生的创造性归结为 6 个方面的因素：如强烈的好奇心和求知欲、联想的独特性和新颖性、个人的独立性、知识的有效性、不怕犯错误以及正确的价值观。从更贴近实际的情况看，大学生处于学习时期，不一定产生非常显著的创造力。他们往往有了新奇而颇富创意的想法，含有创造性的因素，但他们创造的产物大多并非首创，或者独创的因素很少。只是就个人历史而言，具有首创的意义。因此，我们对大学生创造性的评价，可以更确切地说，它一方面具有人类创造性的一般特征，另一方面，由于所处的环境的特殊性，个体知识创造的稚嫩性，所以对大学生的创造性应该偏于引导和启发，培养创造激情和兴趣，为未来大显身手做准备。

（二）大学学生创造力的培养

从当前知识经济时代发展特点来看，组织管理的核心是人才素质的提高。面对这样的目标和任务，我们如何把当代大学生培养成为具有创新精神和实践能力，特别是具有创造能力的专门人才呢？这已经成为高等教育的基本目标和任务[3]。我们认为应该从以下几个方面入手。

1. 培养大学学生优秀的创造品格

我们说的品格是一种内在的东西，它最有价值的内核是正确的世界观、价值观和人生观，可以说，确立正确的世界观、价值观和人生观是培养大学学生创造力永不枯竭的力量源泉。前辈富有创造性的科学家都有着

---

①　林金辉等：《大学生创造性的发展与教育》，厦门大学出版社 1995 年版。

②　黄希庭等：《当代中国大学生心理特点与教育》，上海教育出版社 1999 年版，第 4 页。

③　甘昭良：《论知识经济时代大学生创造力的培养》，《桂林师范高等专科学校学报》2004年第 1 期。

为科学献身的理想和精神。爱因斯坦曾经说过："人只有献身于社会，才能找出实际上是短暂而有风险的生命意义。"所以培养大学生优秀的创造品格，首先就要有为科学献身的精神，树立远大理想，并不断为自己的理想勇攀高峰。人人皆知，创造的道路是不平坦的，前行的路上有激流险滩，亦有荆棘丛生的山间小路，这就需要我们有韧性，有百折不挠的勇气和孜孜不倦的实践精神。在具体问题上要敢于坚持真理，敢于标新立异，勇于承担风险，用一丝不苟、求真务实的扎实功力，去争取创造性的收获。创造力是一种很微妙的东西，它往往和好奇心、兴趣有着密切的联系。所以，要培养优秀的创造品格，就必须对身边的事物有敏感性和好奇心，善于观察事物细微的变化，许多创造往往是在不经意间和细微的小事中发现的。还应该说的是，创造不是一朝一夕的事，这就要求我们的青年保持一个平常心，为自己营造一个轻松、平和的心境，许多科学发现的事实都证明，新的思想火花往往是在一种轻松、愉快、自由与和谐的情景中产生的。有了优秀的创造品格，就会不断寻找目标并给自己施加压力，在孜孜不倦的追求和努力中，去实现自己的目标。

2. 培养大学学生的知识储备和更新的能力

尽管创造力的高低与知识储备量成线性的正相关，且两者也不是同步发展的，但是任何人创造力的形成都是要以一定知识的储备为基础的，也就是在一定程度上依赖于自己大脑的记忆及其应用能力。泰勒认为："具有丰富知识和经验的人，比只有一种知识和经验的人更容易产生新的联想和独到的见解。"那么我们的大学生如何培养知识储备和更新的能力呢？当今时代，我们的大学生要对知识经济时代知识储备与更新的形势有一个全新的认识。科学技术日新月异，地球变成了小小的地球村，全球信息化进程明显加快，人们的思维模式大大超出了已有知识和经验的范畴。而另一方面，知识经济强调的是知识积累、知识创新和人力资本在经济增长中的作用。占主导地位的资源和生产要素，既不是资本，也不是土地或一般劳动力，而是急遽膨胀的知识，知识成为经济增长不竭的动力，富有创造力高素质的人力资源自然是最宝贵的资本。在这种情况下，我们的大学生不可能按部就班、亦步亦趋的积累和储备知识，必须把一次学习一生受用的观念转变为终身学习、时时创新、与时俱进的观念。要生存就要学会学习，但僵化呆板的学习不会产生创造性，这就需要以往积累的经验和知识作支柱，学会创造性思维，除了具有专业基础知识以外，还有竭力打造自然科学与人文科学融合的素养，使自己的知识、能力、素质全面优化，在学习中创造一个全新的自我形象。

具体做法是培养三方面的能力，一是运用以往积累的经验和知识来分析探索当前知识经济时代所面临的新问题，促进解决复杂问题能力的全面提高；二是更加深入的接触实际，在理论与实践结合的关键点上寻找解决问题所需要的创造性设想；三是在进行创造性思维训练的过程中，反复进行分析、综合、评价、选择的能力的培养和引导，挖掘持续发展的创造力。

3. 培养当代大学学生健康而有活力的创造个性

在现代的高等学校中，大学生不仅是具有创造潜能的主体，而且是具有丰富个性的创造主体。心理学家斯腾伯格认为："创造性思维能力，可以激发，惟需要适当的教育。一个人的认知风格、思维风格的形成，主要还是靠后天环境的作用，尤其是教育的作用"。这就是说，一个人的认知风格、思维风格在很大程度上决定一个人的创造个性，而深入挖掘大学生健康而有活力的创造个性，对全面提高高校的教育水平具有特殊意义。为此，我们在高校实施创造性教育时，要充分尊重学生的个性，特别是注意挖掘其个性与创造性思维相关联的部分，促进学生主动性、独立性的较好发展。俗话说，个性对于人就像香味对于花一样。如果我们在创造性教育的训练中，充分考虑每个人的个性特点，并适时恰当地加以引导，我们的莘莘学子身上的各种闪光点就会显露出来，我们的大学就会成为芳香四溢的大花园，百花齐放，争芳斗艳，各显奇才，而开发创造力、培养创造型人才的高等教育自会结出丰硕的成果。与此同时，深化挖掘学生个性，开发其创造性潜能的教育实践，还应该在课程设计、成绩考量、教育活动安排等诸方面尽量保有更大的弹性，以使学生的主体性得到更好的发挥。总而言之，我们的大学教育中，只要拓宽创造性教育的渠道，更新教育观念，把培养大学生的创造力、促进大学生个性的健康发展放在教育过程的核心地位，那么国家创新体系的建立就不会是遥远的将来，而是不久的将来了。

二　大学学生知识创造能力的评价指标体系

（一）大学学生知识创造能力的评价指标体系的构成

从大学学生知识创造过程我们可以看出，与大学教师知识创造过程相似，创造素质、创造潜力、创造实力和创造影响力4个方面是其中重要的影响因素。大学学生的知识创造能力便主要通过这4个方面的指标体现出来，因此，对于大学学生知识创造能力的评价与考察也将主要围绕这4个方面来展开。基于这个观点及研究思路，本书将围绕这4个因素，结合知识活动系统和SECI知识创造模式的观点，设计大学教师的知识创造能力评价指标体系。在表述方式上看，大学学生知识创造能力与大学教师知识创造能力是一致的，但从对象和内涵上，两者之间还是存在较大差异的。首先从对象上看，大学教师是指在大学工作的全部教师群体成员，其知识创造能力是全体成员的共同贡献的结果；而我们这里所说的大学学生并不能简单地理解为大学中全部的学生，一般来说，主要是指大学三、四年级的本科生和硕士、博士研究生。另外，从内涵上两者之间也存在着较大的差异，由于大学学生在知识储备、经验阅历和综合能力上与大学教师都无法比拟，所以其各个指标的界定也必然存在不同，这些均需要我们在实际数据采集与能力测评过程中加以考虑。

（二）大学学生知识创造能力的评价指标体系构成因素分析

与大学教师的知识创造能力测评相似，根据创造力测评的有关理论，我们可以推知大学学生知识创造能力的评价指标体系主要由大学学生知识创造素质、知识创造潜力、知识创造实力和知识创造影响力4个方面的重要影响因素构成。为了更加客观、有效地对大学学生知识创造能力进行评价，我们有必要对这些构成因素的内涵进行深入而细致的分析。

1. 大学学生的知识创造素质

大学学生的知识创造素质主要包括创造性思维和创造性人格两个方面。创造性思维指的是在创造过程中所具备的特殊的分析问题、判断问题和思考问题的方式，它直接与最终的结果产生关联。一般在知识创造的过程中，往往要求大学学生个体具有发散性思维、逆向思维、辩证思维等思维特点。创造性人格是指对大学学生的人格特点提出的要求。所谓人格是指人们所具有的个体独特地、稳定地对待现实的态度和习惯化了的行为方式，它是一个人区分于其他人的稳定的心理特征，是由先天、后天的交互作用而形成的。根据我们前文提到的"大五"人格模型，即外向性——内向性；责任心；随和性；情绪稳定性；对经验的开放性5个维度①。大学学生应该以"大五"人格特征的 5 个方面为标准，结合自身的人格特点和优势，形成有利于知识创造的积极、健康和向上的创造性人格。

2. 大学学生的知识创造潜力

大学学生知识创造潜力主要是指其尚未被开发出来的知识创造能力，可以从与同年级和高年级同学发表论文数量的比较以及能否广泛地提出各种各样的创新性问题的能力方面得到考察。它更多地表明大学学生个体在知识创造方面表现出来的某种可以进一步开发及可持续发展的创造力，是对大学学生知识创造能力的未来走向的一种预测与判断。这种判断既包括对其自身发展过程的横向判断与预测，如对其与同年级和高年级同学发表论文数量的比较，借以考察该学生在学科专业领域是否在不断取得进步，抑或是停滞不前。另外一个方面就是从能否广泛地提出各种各样的创新性问题的能力进行纵向判断与预测。

3. 大学学生的知识创造实力

大学学生的知识创造实力表明大学学生个体在知识创造活动中所表现出来的强度和实际能力。其实力主要可以从科研立项级别及数量、科研经费总数量、科研成果获奖的级别及数量、论文发表的级别及数量和著作出版的级别及数量 5 个方面来加以考察。其中参与科研活动数量可以是参与教师的科研项目研究工作，也可以是作为团队成员参与其他同学的科研项目研究工作或其他形式的科研活动，如大学生"挑战杯"科研或学术活动等；对于大学生科研立项级别及数量方面原则上不做更多强调，当然级别越高越好、数量越多越好；科研经费总数量方面更强调经费资助的额度，当然需要区分一下本科生、硕士生和博士生的不同层次的差异，对其分别进行比较和考察。

4. 大学学生的知识创造影响力

大学学生的知识创造影响力主要指作为知识创造活动主体的大学学生其对他人和组织所起到的作用和所施加的影响。这种影响力主要表现在学术观点被引用的数量、科研文献被评论、转载的级别及数量、申请获批专利的数量、成果被政府和企业采纳的级别和数量、经常与他人交流学术观

---

① 张德、吴志明：《组织行为学》，东北财经大学出版社 2006 年版，第 55 页。

点并激发创造灵感的情况和带动其他学生开展科研活动的情况等方面。

三　大学学生知识创造能力分指标的测评

（一）测评方法选择的原则

同样，考虑到大学学生的知识创造能力所涉及的影响因素比较多，而且各个影响因素之间在测量与评价过程中存在较大的差异，因此，我们在实际评价过程中就必须针对不同因素所对应的指标的具体情况，按照实际的需要及相关要求，选择适当的测量与评价方法。

（二）大学学生知识创造能力各因素的测评方法

1. 大学学生的知识创造素质的测评方法

由于大学学生的知识创造素质中所涉及的创造性思维和创造性人格各指标均属于心理学的范畴，因此其数据可以通过采用心理测验的方法加以获得和予以评价。

2. 大学学生知识创造潜力的测评方法

大学学生知识创造潜力之影响因素主要涉及与同年级和高年级同学发表论文数量的比较以及能否广泛地提出各种各样的创新性问题的能力两个方面的指标，这两项指标存在较大差别，前者在于需要涉及较大量的数据，在对这些数据综合分析基础上得出相应的结论，因此，可以采用知识图谱和数据挖掘的方法，通过数据挖掘的方法找到相关的数据和信息，然后借助知识图谱的方法使其形象而直观地展现出来。而后者则相对模糊一些，需要通过调查与访谈等方法加以判断。

3. 大学学生的知识创造实力的测评方法

大学学生的知识创造实力主要涉及大学学生科研立项级别及数量、科研经费总数量、科研成果获奖的级别及数量、论文发表的级别及数量和著作出版的级别及数量五个方面的影响因素，这五个方面的影响因素包含大量的数据，因此在实际测评过程中主要考虑使用恰当的数据处理方法即可。

4. 大学学生的知识创造影响力的测评方法

大学学生的知识创造影响力主要表现在学术观点被引用的数量、科研文献被评论、转载的级别及数量、申请获批专利的数量、成果被政府和企业采纳的级别和数量、经常与他人交流学术观点并激发创造灵感的情况和带动其他学生开展科研活动的情况6个指标，其中前两个指标涉及他人

（往往是来自于教师与同学的）的评价，可采用社会调查研究方法，通过问卷调查和专家访谈等方法，而后一个指标涉及的是大量的数据，因此可考虑使用恰当的数据处理方法。

5. 综合评价

对于不同影响因素的数据的获得和采集，可以根据其具体情况采取不同的方法，但对大学学生的知识创造影响力指标的整体评价，考虑到其次级指标中既有可测量的因素，也包含诸如同行评价等主观因素，因此可以采用模糊综合评价方法取得整体评价结果。

第七章　大学知识创造能力的评价
方法和实证研究

第一节　大学知识创造能力评价方法的选择

根据对相关学校的考察评析，我们所说的大学知识创造能力的构成要素大体包括大学教师知识创造能力、大学教师传授知识创造的能力、大学学生知识创造能力和大学知识创造的环境支持能力4个方面。因此，对于大学知识创造能力的评价，我们也应该依循这4个层面进行评估。按照科学的评估方法，既要有质的评估，又要有量的测度的要求，目前可采用的方法主要有直接评估法、加权综合评估法、模糊综合评估法和知识审计方法的分析等几种主要的研究方法。

由于大学知识创造能力是一个较复杂的系统，要受到来自各方诸多因素的影响，其中一些关键影响因素往往具有不确定性或难以量化的特点，而且有些因素的内涵和外延也不十分明确，这就使得大学知识创造能力在一些指标上具有一定的模糊性。另外，模糊综合评价中的指标权重通常由该领域的专家根据个人经验给出，也难免带有主观判断的色彩。所以在对大学知识创造能力进行定量评价时，采用模糊综合评价方法进行总体性、概括性的认识更符合实际的需求。同时，也由于模糊综合评价方法能在模糊环境中，考虑多种因素的影响，实现复杂的非结构性综合决策，因此，本书采用模糊综合评价方法，构建大学知识创造能力评价模型。在对大学知识创造能力进行定量分析时，本书提出首先利用层次分析法（Analytic Hierarchy Process，AHP）综合专家的判断，建立权重集，然后利用模糊综合评价（Fuzzy Comprehensive Evaluation，FCE）的方法对大学知识创造能力进行全面评价，从而较好地将两种方法综合起来，使各自的优点与特色互补，共同发挥作用。

一　层次分析（AHP）法在评价中的应用

（一）层次分析法简介

1. 什么是层次分析法

层次分析法（The Analytic Hierarchy Process）简称 AHP，在 20 世纪 70 年代中期由美国运筹学家托马斯·萨提（T. L. Saaty）正式提出。它是一种定性和定量相结合的、系统化、层次化的分析方法。由于它在处理复杂的决策问题上的实用性和有效性，很快在世界范围得到重视。它的应用已遍及经济计划和管理、能源政策和分配、行为科学、军事指挥、运输、农业、教育、人才、医疗和环境等领域。

层次分析法的基本思路与人对一个复杂的决策问题的思维、判断过程大体上是一样的。不妨用假期旅游为例：假如有 3 个旅游胜地 A、B、C 供你选择，你会根据诸如景色、费用和居住、饮食、旅途条件等一些准则去反复比较这 3 个候选地点。首先，你会确定这些准则在你的心目中各占多大比重，如果你经济宽绰、醉心旅游，自然分别看重景色条件，而平素俭朴或手头拮据的人则会优先考虑费用，中老年旅游者还会对居住、饮食等条件寄予较大关注。其次，你会就每一个准则将 3 个地点进行对比，比如 A 景色最好，B 次之；B 费用最低，C 次之；C 居住等条件较好，等等。最后，你要将这两个层次的比较判断进行综合，在 A、B、C 中确定哪个作为最佳地点。

2. 层次分析法的基本步骤

（1）建立层次结构模型。在深入分析实际问题的基础上，将有关的各个因素按照不同属性自上而下地分解成若干层次，同一层的诸因素从属于上一层的因素或对上层因素有影响，同时又支配下一层的因素或受到下层因素的作用。最上层为目标层，通常只有一个因素，最下层通常为方案或对象层，中间可以有一个或几个层次，通常为准则或指标层。当准则过多时（比如多于 9 个）应进一步分解出子准则层。

（2）构造成对比较阵。从层次结构模型的第 2 层开始，对于从属于（或影响）上一层每个因素的同一层诸因素，用成对比较法和 1—9 比较尺度构造成对比较阵，直到最下层。

（3）计算权向量并做一致性检验。对于每一个成对比较阵计算最大特征根及对应特征向量，利用一致性指标、随机一致性指标和一致性比率做一致性检验。若检验通过，特征向量（归一化后）即为权向量；若不通过，需重新构造成对比较阵。

（4）计算组合权向量并做组合一致性检验。计算最下层对目标的组合权向量，并根据公式做组合一致性检验，若检验通过，则可按照组合权向量表示的结果进行决策，否则需要重新考虑模型或重新构造那些一致性比率较大的成对比较阵。

3. 层次分析法的优点

运用层次分析法有很多优点，其中最重要的一点就是简单明了。层次分析法不仅适用于存在不确定性和主观信息的情况，还允许以合乎逻辑的方式运用经验、洞察力和直觉。也许层次分析法最大的优点是提出了层次本身，它使得买方能够认真地考虑和衡量指标的相对重要性。

4. 层次结构模型的建立

将问题包含的因素分层：最高层（解决问题的目的）；中间层（实现总目标而采取的各种措施、必须考虑的准则等。也可称策略层、约束层、准则层等）；最低层（用于解决问题的各种措施、方案等）。把各种所要考虑的因素放在适当的层次内。用层次结构图清晰地表达这些因素的关系。

实例：顾客购物的层次分析模型

某一个顾客选购电视机时，对市场正在出售的 4 种电视机考虑了 8 项准则作为评估依据，建立层次分析模型如图 7.1 所示。

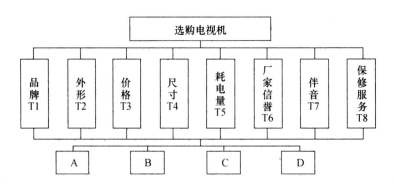

图 7.1　层次分析模型

5. 构造成对比较矩阵

比较第 i 个元素与第 j 个元素相对上一层某个因素的重要性时，使用数量化的相对权重 a_{ij} 来描述。设共有 n 个元素参与比较，则 $A = (a_{ij})_{n \times n}$ 称为成对比较矩阵。

成对比较矩阵中 a_{ij} 的取值可参考萨提的提议，按下述标度进行赋值。a_{ij} 在 1—9 及其倒数中间取值。

·$a_{ij} = 1$，元素 i 与元素 j 对上一层次因素的重要性相同；

·$a_{ij} = 3$，元素 i 比元素 j 略重要；

·$a_{ij} = 5$，元素 i 比元素 j 重要；

·$a_{ij} = 7$，元素 i 比元素 j 重要得多；

·$a_{ij} = 9$，元素 i 比元素 j 极其重要；

·$a_{ij} = 2n$，$n = 1$，2，3，4，元素 i 与 j 的重要性介于 $a_{ij} = 2n - 1$ 与 $a_{ij} = 2n + 1$ 之间；

·$a_{ij} = \dfrac{1}{n}$，$n = 1$，2，$\cdots$，9，当且仅当 $a_{ji} = n$。

成对比较矩阵的特点：$a_{ij} > 0$，$a_{ij} = 1$，$a_{ij} = \dfrac{1}{a_{ij}}$。（备注：当 $i = j$ 时候，$a_{ij} = 1$）

6. 做一致性检验

从理论上分析得到：如果 A 是完全一致的成对比较矩阵，应该有 $a_{ij} a_{jk} = a_{ik}$。

但实际上在构造成对比较矩阵时要求满足上述众多等式是不可能的。因此退而要求成对比较矩阵有一定的一致性，即可以允许成对比较矩阵存在一定程度的不一致性。

由分析可知，对完全一致的成对比较矩阵，其绝对值最大的特征值等于该矩阵的维数。对成对比较矩阵的一致性要求，转化为要求：矩阵 A 二 $(a_{ij})n \times n$ 的绝对值最大的特征值和该矩阵的维数相差不大。

检验成对比较矩阵 A 一致性的步骤如下：

·计算衡量一个成对比矩阵 A（$n > 1$ 阶方阵）不一致程度的指标 CI：

$$CI = \frac{\lambda_{\max}(A) - n}{n - 1}$$

其中 λ_{max} 是矩阵 A 的最大特征值。

·从有关资料查出检验成对比较矩阵 A 一致性的标准 RI：RI 称为平均随机一致性指标，它只与矩阵阶数有关。

·按下面公式计算成对比较矩阵 A 的随机一致性比率 CR：

$$CR = \frac{CI}{RI}$$

判断方法如下：当 $CR < 0.1$ 时，判定成对比较矩阵 A 具有满意的一致性，或其不一致程度是可以接受的；否则就调整成对比较矩阵 A，直到达到满意的一致性为止。

求 A 的特征值的方法，可以用 MATLAB 语句求 A 的特征值：〔Y，D〕= eig（A），Y 为成对比较阵的特征值，D 的列为相应特征向量。

7. 层次分析法应用的程序

运用 AHP 法进行决策时，需要经历以下 4 个步骤：

（1）建立系统的递阶层次结构；

（2）构造两两比较判断矩阵；（正互反矩阵）

（3）针对某一个标准，计算各备选元素的权重；

（4）计算当前一层元素关于总目标的排序权重；

（5）进行一致性检验。

8. 应用层次分析法的注意事项

如果所选的要素不合理，其含义混淆不清，或要素间的关系不正确，都会降低 AHP 法的结果质量，甚至导致 AHP 法决策失败。

为保证递阶层次结构的合理性，需把握以下原则：

（1）分解简化问题时把握主要因素，不要太多；

（2）注意相比较元素之间的强度关系，相差太悬殊的要素不能在同一层次比较。

（二）层次分析法对大学知识创造能力评价的贡献

由于萨提（1977）① 提出的层次分析法（AHP）是现今运用最广的方法之一，它能以系统的方式组织定性和定量的因素，以结构化但又相对简

---

① T. L. Saaty, A Scaling Method for Priorities in Hierarchical Structures 〔J〕. *Journal of Mathematical Psychilogy*, 1977, 15（3）.

单的思路来解决决策问题，因此本书采用层次分析法来确定权重。在本书中，AHP通过分析大学知识创造能力复杂系统所包含的因素及其相关关系，将该系统分解为不同的要素，并将这些要素划归不同层次，从而客观上形成多层次的分析结构模型。将每一层次的各要素进行两两比较判断，按照一定的标度理论，建立判断矩阵。通过计算得到各因素的相对重要度，从而建立权重向量。其主要步骤如下：

（1）根据标度理论（见表7.1），构造判断矩阵 $A = (a_{ij})_{n \times n}$。

（2）将矩阵按列归一化（即使列和为1）：$b_{ij} = \dfrac{a_{ij}}{\sum a_{ij}}(i,j = 1,2,\cdots,n)$。

表7.1　　　　　　　　　　　　　　标度法

相对重要度	定义	说明
1	重要程度没有差别	因素 i 和 j 同等程度重要
3	重要程度略高一些	因素 i 比 j 略微重要一些
5	重要程度比较适中	因素 i 比 j 重要程度适中
7	重要程度比较明显	因素 i 比 j 重要程度明显
9	重要程度非常突出	因素 i 比 j 非常重要
2、4、6、8介于两个相邻重要程度之间		

（3）归一化：$w_i = \dfrac{v_i}{\sum v_i}(i,j = 1,2,\cdots,n)$，即为特征向量的近似值。

（4）进行一致性检验。如果一致性检验通过，则即为所求的特征向量，即本层次各要素对上一层某要素的相对权重向量。

偏差一致性指标：$C.I. = \dfrac{\lambda_{max} - n}{n - 1}$，其中，$\lambda_{max} = \dfrac{1}{n}\sum_i\left[\dfrac{AW_i}{w_i}\right]$。

随机性一致性比值：$C.R. = \dfrac{C.I.}{R.I.}$，其中，$R.I.$ 为平均一致性指标（见表7.2）。

表7.2　　　　　　　　　　　　平均随机一致性指标

阶数 n	1	2	3	4	5	6	7	8	9	10
R.I.	0.00	0.00	0.58	0.90	1.12	1.24	1.32	1.41	1.45	1.49

当 C. R. <0.1 时，判断矩阵一致性是可以接受的。

二　模糊综合评价法在评价中的应用

（一）模糊综合评价法简介

1. 什么是模糊综合评价法

模糊综合评价法是一种基于模糊数学的综合评标方法。该综合评价法根据模糊数学的隶属度理论把定性评价转化为定量评价，即用模糊数学对受到多种因素制约的事物或对象做出一个总体的评价。它具有结果清晰，系统性强的特点，能较好地解决模糊的、难以量化的问题，适合各种非确定性问题的解决。

2. 模糊综合评价法的术语及其定义

为了便于描述，依据模糊数学的基本概念，对模糊综合评价法中的有关术语定义如下：

（1）评价因素（F）：系指对招标项目评议的具体内容（例如，价格、各种指标、参数、规范、性能、状况等）。

为便于权重分配和评议，可以按评价因素的属性将评价因素分成若干类（例如，商务、技术、价格、伴随服务等），把每一类都视为单一评价因素，并称之为第一级评价因素（F1）。第一级评价因素可以设置下属的第二级评价因素（例如，第一级评价因素"商务"可以有下属的第二级评价因素：交货期、付款条件和付款方式等）。第二级评价因素可以设置下属的第三级评价因素（F3）。依此类推。

（2）评价因素值（Fv）：系指评价因素的具体值。例如，某投标人的某技术参数为 120，那么，该投标人的该评价因素值为 120。

（3）评价值（E）：系指评价因素的优劣程度。评价因素最优的评价值为 1（采用百分制时为 100 分）；欠优的评价因素，依据欠优的程度，其评价值大于或等于零、小于或等于 1（采用百分制时为 100 分），即 $0 \leqslant E \leqslant 1$（采用百分制时 $0 \leqslant E \leqslant 100$）。

（4）平均评价值（Ep）：系指评标委员会成员对某评价因素评价的平均值。

平均评价值（Ep）＝全体评标委员会成员的评价值之和÷评委数

（5）权重（W）：系指评价因素的地位和重要程度。

第一级评价因素的权重之和为 1；每一个评价因素的下一级评价因素

的权重之和为 1。

（6）加权平均评价值（Epw）：系指加权后的平均评价值。

加权平均评价值（Epw）＝平均评价值（Ep）×权重（W）

（7）综合评价值（Ez）：系指同一级评价因素的加权平均评价值（Epw）之和。综合评价值也是对应的上一级评价因素的值。

3. 模糊综合评价法的特点

模糊综合评价法的最显著特点是：

（1）相互比较。以最优的评价因素值为基准，其评价值为 1；其余欠优的评价因素依据欠优的程度得到相应的评价值。

（2）可以依据各类评价因素的特征，确定评价值与评价因素值之间的函数关系（即：隶属度函数）。确定这种函数关系（隶属度函数）有很多种方法，例如，F 统计方法，各种类型的 F 分布等。当然，也可以请有经验的评标专家进行评价，直接给出评价值。

（3）在招标文件的编制中，应依据项目的具体情况，有重点地选择评价因素，科学地确定评价值与评价因素值之间的函数关系以及合理地确定评价因素的权重。

4. 模糊综合评价法的应用程序

（1）设定各级评价因素（F）。第一级评价因素可以设为：价格、商务、技术、伴随服务等（对于机电产品而言）。依据第一级评价因素的具体情况，如需要，设定下属的第二级评价因素。

第一级评价因素"价格"可以不设置下属的第二级评价因素（当然，也可以设置。例如，总价格的高低、价格组成的合理性、投标分项报价表的完整性、各项价格内容的清晰性等）。

第一级评价因素"商务"的下属第二级评价因素可以设置：交货期、付款条件和付款方式、质保期、业绩、信誉等。

第一级评价因素"技术"通常需要设置下属的第二级评价因素，其内容视项目具体情况而定。

第一级评价因素"伴随服务"的下属第二级评价因素可以设置：售后服务的响应时间、质保期后的售后服务收费标准、售后服务机构和人员、培训等。

依据第二级评价因素的具体情况，如需要，还可设定下属的第三级评价因素。

第一级评价因素价格、商务、伴随服务下属的第二级评价因素通常不需要再设置下属的第三级评价因素。

第一级评价因素技术下属的第二级评价因素还有可能需要设置下属的第三级评价因素。

（2）确定评价细则。确定评价细则——确定评价值与评价因素值之间的对应关系（函数关系）。下列评价细则可供参考：

其一，投标价格。投标报价将按照招标文件的规定修正算术错误（如果有）；如果有缺漏的供货内容，投标报价将按照招标文件的规定进行调整；如果有不同的价格条件，也将调整至统一的价格条件；境外产品：如果有进口环节税，将把进口环节税加到投标报价中（免税的除外）；经上述修正和调整后的投标报价将作为综合评议的投标价格；评价值与其投标价格之间的对应关系为：评价值（E）＝最低的投标价格/投标价格

其二，交货期。偏离招标文件要求最小的交货期的评价值为1。在此基础上，每延迟交货一周，将按照招标文件的规定降低其评价值。如果延迟交货超出了招标文件中规定的可以接受的时间，将视为非实质性响应投标。提前交货的评价值为1。但招标人依然可以要求投标人按照招标文件规定的交货期交货。

其三，付款条件和方式。偏离招标文件要求最小的付款条件和方式的评价值为1。在此基础上，将按照招标文件中规定的利率计算提前支付所付的利息（及招标人可能增加的风险），并按照招标文件的规定，依据利息值多少降低评价值。如果招标文件中规定了最大的偏离范围或规定不允许有偏离，超出最大偏离范围的或有偏离的将被视为非实质性响应投标。

其四，技术参数/性能、功能。

对有具体数值的技术参数的评价。

·单个技术参数：数值越大越好的技术参数：评价值与评价因素值（技术参数值）的对应关系成正比：评价值＝技术参数值/最优的技术参数值。

·单个技术参数：数值越小越好的技术参数：评价值与评价因素值（技术参数值）的对应关系成反比：评价值＝最优的技术参数值/技术参数值。

·如果能确定，某个技术参数的评价值与评价因素值（技术参数值）的其他对应关系优于正比关系或反比关系，可采用其他对应关系。

·如果能确定，按正比关系或反比关系确定评价值欠科学、欠合理，且也不能确定其他对应关系，可由评标委员会成员直接评议：技术参数最优的评价值为 1；欠优的，依据欠优的程度，其评价值 $0 \leqslant E \leqslant 1$。

·对若干个技术参数进行综合评价时，由评标委员会成员直接评议：最优的评价值为 1；欠优的，依据欠优的程度，其评价值 $0 \leqslant E \leqslant 1$。

对没有具体参数的性能或功能的评价。

·由评标委员会成员直接评议：性能或功能最优的评价值为 1；性能或功能欠优的，依据欠优的程度，其评价值 $0 \leqslant E \leqslant 1$。

·无此项性能或功能的评价值为 0。

关键技术参数值不满足要求时，将视为非实质性响应投标。

其五，伴随服务。售后服务的响应时间；质保期后的售后服务收费标准；售后服务机构和人员；培训。

对于上述评价因素，应在招标文件中规定具体的评价细则。

其六，评价细则确定原则。

有具体数值的评价因素。

·原则上，有具体数值的评价因素的评价值为：正比：评价值 = 评价因素值/最优评价因素值；反比：评价值 = 最优评价因素值/评价因素值。

·如果能确定，评价值与平价因素值的其他对应关系优于正比关系或反比关系，可采用其他对应关系。

·不能确定对应关系的评价因素，由评标委员会成员直接评议：最优的评价值为 1；欠优的，依据欠优的程度，给出评价值，其评价值 $0 \leqslant E \leqslant 1$。

没有具体数值的评价因素或对有具体参数的若干个评价因素进行综合评价。

·按招标文件中载明的评价值与评价因素之间的对应关系进行评价。

·由评标委员会成员直接评议：最优的评价值为 1；欠优的，依据欠优的程度，其评价值 $0 \leqslant E \leqslant 1$。

（3）设定各级评价因素的权重（W）分配。

其一，第一级评价因素的权重之和为 1。

其二，各级各个评价因素下属的下一级评价因素的权重之和为 1。

其三，当没有说明评价因素的权重分配时，实际上是具有相同的权重。

其四，权重公布的时间应视项目的具体情况而定：

·在投标截止后、唱标前公布。

·在招标文件中公布。

其五，设置权重时可供参考的几点建议。

·如果可以知道，（潜在投标人的）价格以外的评价因素值都差不多时，可以适当提高价格的权重；反之，则适当降低。

·在技术性能上只要够用就可以的，可以适当提高价格的权重，反之，则适当降低。

·对于要求高技术、高水平的机电产品，可以适当提高技术的权重。

·一般情况下，只要设置第一级评价因素的权重就可以了；第二级和第三级评价因素可以不另设权重，即权重相同。

（4）评标。

关于评议步骤。评标委员会按照招标文件中确定的评价因素、评价细则及权重进行综合评议。综合评议步骤如：

其一，对第一级评价因素所属最下一级评价因素进行评议。

评标委员会成员将按照招标文件的规定，对第一级评价因素所属最下一级评价因素进行评议，评议（计算）出各投标人评价因素的评价值（E）。评价因素最优者的评价值为 1（$E = 1$，采用百分制时为 100 分）。再依据欠优的程度给出欠优者的评价值（$0 \leqslant E \leqslant 1$，采用百分制时 $0 \leqslant E \leqslant 100$）。

计算平均评价值（Ep）：平均评价值（Ep）＝各评委的评价值之和除以评委数。

计算加权平均评价值（Epw）：加权平均评价值（Epw）＝平均评价值（Ep）× 权重（W）。

计算综合评价值（Ez）：综合评价值（Ez）＝加权平均评价值（Epw）之和。该综合评价值也是对应的上一级评价因素的值。

其二，计算未经评议的各级评价因素的评价值。

逐级计算上一级评价因素的评价值。计算至第一级评价因素。

计算第一级评价因素的加权评价值：第一级评价因素的评价值 ×权重。

计算第一级评价因素的综合评价值：第一级评价因素的加权评价值之和。

其三，确定建议中标人。

第一级综合评价值最高的投标人即为建议中标人。

关于评议方式。

其一，评价值与评价因素值之间有确定的对应（函数）关系。在评标会主持人的主持下，集体进行计算。计算出的评价值即为平均评价值。

其二，评价值与评价因素值之间没有确定的对应（函数）关系。按照招标文件的规定，由评委单独给出评价值并据此计算出平均评价值。也可采用集体讨论的方式，给出评价值。给出的评价值即为平均评价值。

5. 模糊综合评价法的一个应用案例

财政部文件《财政部关于加强政府采购货物和服务项目价格评审管理的通知》（财库〔2007〕2 号）中规定："综合评分法中的价格分统一采用低价优先法计算，即满足招标文件要求且投标价格最低的投标报价为评标基准价，其价格分为满分。"其他投标人的价格分统一按照下列公式计算：

投标报价得分 =（评标基准价 ÷ 投标报价）× 价格权值 ×100

我们可以看到，上述规定有如下特征：

第一，相互比较。将投标价格最优的设置为评标基准价，其评价值为1（采用百分制时，为 100 分）；其他投标报价均与该评标基准价比较，得出相应的评价值（分值）。

评价值（投标报价得分）=评标基准价 ÷ 投标报价（如果采用百分制 ×100）。注意，这里得出的是加权前的评价值（分值）

第二，评价值与评价因素值之间的关系是函数关系（在这里用的是反比例函数关系，如果有更科学更合理的函数关系，也可用其他函数关系）。

说明：在这里，价格是评价（标）因素；投标人的具体投标报价称为评价因素值；对投标人的投标报价计算得分称为评价值。

实际上，财政部的上述规定在有意无意中应用了模糊数学的基本概念，是模糊综合评价法的应用。世界银行咨询服务评标也应用该方法。

既然评价因素"价格"可以采用这种评价方法，其他的评价因素也可以采用这种评价方法。

（二）模糊综合评价法对大学知识创造能力评价的贡献

1. 模糊综合评价方法应用的理论依据

模糊综合评估就是应用模糊变量原理和最大隶属度原理原则。应用模糊变量原则是因为大学知识创造能力各级指标中存在大量的可变模糊数据，应用最大隶属度是因为知识管理能力的第二层数据在隶属于第一层时是不十分确定的，很多都存在交叉，隶属关系很复杂。因此，考虑与被评估事物相关的各个因素，对其所做的综合评估，在评估事物时，可将评估结果分成一定的等级。

2. 模糊综合评价主要步骤

（1）建立大学知识创造能力指标集 $U = \{u_1, u_2, \cdots, u_n\}$，即评价指标体系。

（2）建立大学知识创造能力评价集 $V = \{v_1, v_2, \cdots, v_m\}$，即参与评价的方案集。

（3）确定各指标权重集 $A = \{a_1, a_2, \cdots, a_n\}$，即不同指标的相对重要性。

（4）建立大学知识创造能力模糊隶属度矩阵，即对大学知识创造能力各因素评价的隶属度向量的组合。

$$R = \begin{Bmatrix} r_{11} & r_{12} & \cdots & r_{1j} & \cdots & r_{1m} \\ r_{21} & r_{22} & \cdots & r_{2j} & \cdots & r_{2m} \\ \cdots & \cdots & \cdots & \cdots & \cdots & \cdots \\ r_{i1} & r_{i2} & \cdots & r_{ij} & \cdots & r_{im} \\ \cdots & \cdots & \cdots & \cdots & \cdots & \cdots \\ r_{n1} & r_{n2} & \cdots & r_{nj} & \cdots & r_{nm} \end{Bmatrix}$$

（5）模糊综合评价，采用 $M(\cdot, +)$ 模型进行大学知识创造能力合成运算。

三　基于 AHP 的大学知识创造能力模糊综合评价

（一）建立大学知识创造能力评价指标体系

根据层次分析法理论，建立大学知识创造能力的指标体系，$U =$

$\{u_1,\ u_2,\ u_3,\ u_4\}$ = ｛大学教师知识创造能力，大学教师传授知识创造的能力，大学学生知识创造能力，大学知识创造的环境支持能力｝。

（二）建立大学知识创造能力评价集

本书将大学知识创造能力的等级划分为优秀、良好、好、一般、差5个级别，以达到评价的目的。即：$V = \{v_1,\ v_2,\ v_3,\ v_4,\ v_5\}$ = ｛优秀，良好，好，一般，差｝。

（三）确定大学知识创造能力评价体系各级指标权重（求和法）

经有关专家讨论，得到各级的判断矩阵，计算得相对权重，如表7.3所示。

表7.3　　　　　　　　知识管理能力的二级指标的判断矩阵

U	u_{11}	U_{12}	$v_i = \sum\limits_{j}^{i} b_{ij}(i,j=1,2,\cdots,n)$	$w_i = \dfrac{v_i}{\sum v_i}(i,j=1,2,\cdots,n)$
U_{11}				
U_{12}				
$\sum$				

同理，得到大学知识创造能力的一级指标的相对权重，根据一致性判断，可知 C. R. <0.1 符合要求。

（四）评估方法数学公式

$$S = 100 \times \sum_{i=1}^{4} q_i \times w_i \tag{7.1}$$

式中：S 表示大学知识创造能力评价值；q_i 表示第一级综合指标评判值；w_i 表示相应等级的权分数。

这些等级构成大学知识创造能力评语集合，设为 $V = (v_1,\ v_2,\ \cdots,\ v_n)$，另外，设目标集合为 $U = \{u_1,\ u_2,\ \cdots,\ u_m\}$。

首先，对 U 中元素 u_i（$i=1,\ 2,\ \cdots,\ m$）做单因素评估，从 u_i 着眼确定该事物对等级 v_j（$j=1,\ 2,\ \cdots,\ n$）的隶属度（可能性程度）r_{ij}，这样可得 u_i 的单因素评估集 $r_i = \{r_{i1},\ r_{i2},\ \cdots,\ r_{in}\}$，它是 V 上的模糊子集

（$i = 1，2，\cdots，m$）。U 中 m 个元素的评估集就构造出一个总的评估矩阵 R，R 是 U 到 V 上的一个模糊关系。

$$R = \begin{pmatrix} r_{11} & r_{12} & \cdots & r_{1n} \\ r_{21} & r_{22} & \cdots & r_{2n} \\ \vdots & \vdots & \cdots & \vdots \\ r_{m1} & r_{m2} & \cdots & r_{mn} \end{pmatrix} \qquad (7.2)$$

　　U 上各元素在评估过程中的影响程度大小的界定实际上是一个模糊择优问题，评估的着眼点可看成是 U 上的模糊子集，记为：$A = (a_1，a_2，\cdots，a_m)$，其中 a_i（$i = 1，2，\cdots，m$）为 u_i 关于模糊子集 A 的隶属度。a_i 根据实际问题可以是一种调整系数或限制系数，也可以是普通权系数，A 称为 U 的因素重要程度模糊子集，a_i 称为因素 u_i 的重要程度系数，简称为权系数。这样，可通过对 A 和 R 做模糊变换来进行模糊综合评估。

　　（五）大学知识创造能力评价步骤

$$B = AR = (b_1，b_2，\cdots，b_n) \qquad (7.3)$$

式中，

$$b_j = \sum_{i=1}^{m} a_i r_{ij} \qquad j = 1,2,\cdots n \qquad (7.4)$$

　　对大学知识创造能力进行评价时，很难简单的以达到哪一级评语来判断，而是在这两者之间存在一种中介状态，具有模糊的关系。

　　1. 确立评价因素集

　　根据大学知识创造能力指标体系的内容，建立评估因素表。其中，

　　一级评判因素集为：

$$U_i = (u_1,u_2,u_3,u_4) \qquad (7.5)$$

　　二级评判因素集为：

$$U_{ij} = \{u_{11},u_{12},\cdots,u_{ij}\} \quad (i,j = 1,2,\cdots,n) \qquad (7.6)$$

　　2. 确定评语集

　　大学知识创造能力评语采用国际惯例：AAA（优秀）、AA（良好）、A（好）、B（一般）、C（差）5 个等级，即评语集：$V = \{AAA，AA，A，B，C\}$，如表 7.4 所示。

　　AAA：能力最高，知识创造能力水平最高，配套管理非常规范。

　　AA：能力较高，知识创造能力水平较高，配套管理较规范。

　　A：能力高，知识创造能力水平高，配套管理相对规范。

　　B：知识管理项目实施的成功率及管理水平均一般。

　　C：能力差，知识管理项目实施的成功率低且管理水平差。

表7.4　　　　　　　　　　　　评估结果与评语等级对应表

等级评语	AAA	AA	A	B	C
综合评价值	[90，100]	[80，90]	[70，80]	[60，70]	[0，60]

第二节　　沈阳部分大学知识创造能力的实证分析

一　调查方案的设计与实施

　　关于大学知识创造能力的调查主要采用问卷调查方法收集辽宁省内大学知识创造能力现状的资料。本次调查在辽宁省沈阳市选择了具有一定代表性的4所大学（以大学英文单词 University 加阿拉伯数字代表，即 University 1 代表大学1，依次为 University 2、University 3 和 University 4）作为调查对象，这4所大学主要包括理工类大学两所（University 1、University 2），综合类大学两所（University 3、University 4），并从中选取调查样本（位于不同层面的大学教师和学生，学生主要是大学三、四年级学生以及硕士和博士研究生），其中教师400人，学生800人。本次调查共发放两种问卷，其中发放教师问卷400份，回收400份，有效问卷374份，有效率93.50%；发放学生问卷800份，回收800份，有效问卷720份，有效率90%。开展调查研究和访谈，获取相关数据和资料，并借助层次分析法和模糊综合评价方法构建评价模型，对上述目标大学的知识创造能力进行定量评价。

　　在每个调查样本单位中，调查对象（教师和学生）是分别按不同类型加以分布的。其中，教师是按重点学科、创新团队和特色专业3个范围进行分布的；学生则是按本科生、硕士生和博士生3个层次进行分布的，具体分布情况详见表7.5。

表7.5　　　　　　　　　　　　　　调查样本分布表　　　　　　　　单位：人

学校名称	教师				学生			
	重点学科	创新团队	特色专业	合计	本科生	硕士生	博士生	合计
University 1	40	14	16	70	80	70	30	180
University 2	89	19	15	123	80	70	30	180
University 3	50	9	21	80	80	70	30	180
University 4	70	11	20	101	80	100	0	180

二　评价的总体思路和具体过程

（一）评价对象的分层

考虑到大学知识创造能力的主体是大学中的教师和学生，因此，我们在开展评价的过程中主要把评价对象分为3个层面，分别从个体层面、群体层面和组织层面对上述研究对象加以评价。

在个体层面上，对于教师个体，我们主要选择具有相同或相近专业的重点学科、创新团队和特色专业中的个体作为样本进行教师个体知识创造能力评价；对于学生个体，主要从本科生、硕士生和博士生中各选取10个作为样本进行学生个体知识创造能力评价。对于评价结果从个体的层面分别在不同学校的学科、团队、专业和学生的学历层次间进行比较。

在群体层面上，对于教师群体，我们主要以各个学校的重点学科、创新团队和特色专业作为群体样本开展教师群体知识创造能力评价；对于学生群体，则主要以各个学校的本科生、硕士生和博士生整体作为群体开展学生群体知识创造能力评价。

在组织层面上，我们主要以各个学校为单位，把所调查的全体教师和全体学生作为研究对象，从教师知识创造能力、教师传授知识创造的能力、学生知识创造能力和知识创造的环境支持能力4个方面，全方位地对四所学校的整体知识创造能力开展评价，并就所得到的结果进行比较分析。

（二）评价指标体系中各级指标权重的确定

在对相关专家调查的基础上，结合大学知识创造能力形成的具体情况作为评价背景，采用德尔菲法和层次分析法确定评价指标与标准，根据表7.3所示的方法，确定大学知识创造能力评价指标体系中各级指标的权重值，如图7.2、图7.3、图7.4和图7.5所示。

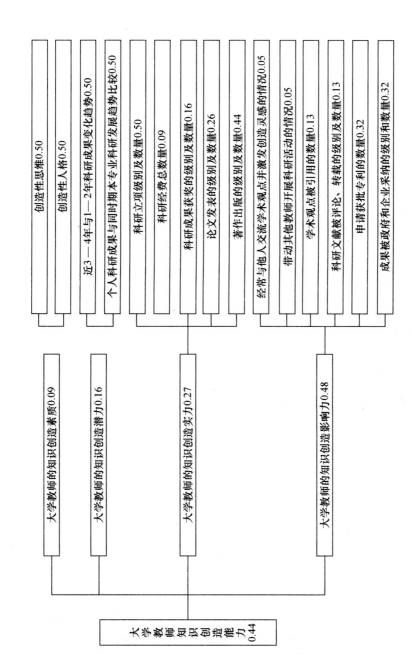

图 7.2　大学教师知识创造能力评价指标体系构成

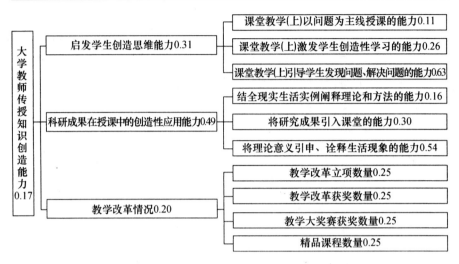

图 7.3　大学教师传授知识创造的能力评价指标体系构成

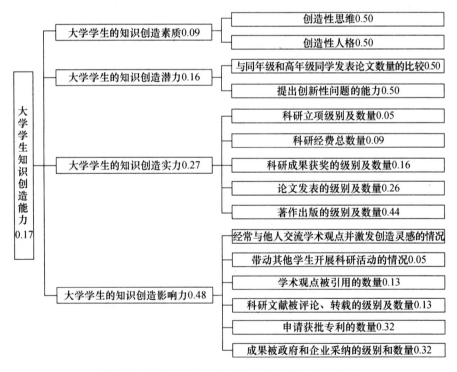

图 7.4　大学学生知识创造能力评价指标体系构成

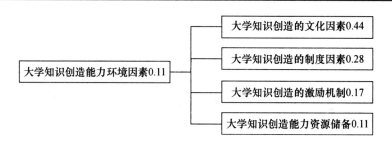

图 7.5　大学知识创造能力环境因素

根据表 7.6 中的一致性判断，可知所有指标的权重经检验，均符合一致性要求。

表 7.6　　　　　　　　　　　一致性检验

知识创造素质（教师、学生，三级）	——（二阶）
知识创造潜力（教师、学生，三级）	——（二阶）
知识创造实力（教师、学生，三级）	C. I. = 0.0792，C. R. = 0.0707
知识创造影响力（教师、学生，三级）	C. I. = 0.0154，C. R. = 0.0124
启发学生创造思维能力（三级）	C. I. = 0.0193，C. R. = 0.0332
科研成果在授课中的创造性应用能力（三级）	C. I. = 0.0046，C. R. = 0.0008
教学改革情况（三级）	C. I. = 0.0000，C. R. = 0.0000
大学教师知识创造能力（二级）	C. I. = 0.0048，C. R. = 0.0054
大学教师传授知识创造能力（二级）	C. I. = 0.0318，C. R. = 0.0284
大学学生知识创造能力（二级）	C. I. = 0.0048，C. R. = 0.0054
知识创造能力环境因素（二级）	C. I. = 0.0237，C. R. = 0.0263
大学知识创造能力（一级）	C. I. = 0.0237，C. R. = 0.0263

C. R. < 0.1，一致性检验通过

（三）大学知识创造能力的模糊综合评价

在这里，我们仅以 University 4 的重点学科（公共管理）教师群体知识创造能力评价为例，来表达大学知识创造能力评价的过程。具体结果如表 7.7 所示：

表 7.7　　　　　　　　　　大学教师知识创造能力的评价

目标	一级指标	二级指标	评价等级 A	B	C	D	E
大学教师知识创造能力	大学教师的知识创造素质 0.09	创造性人格 0.50　0.6293					
		创造性思维 0.50　0.6293					
	大学教师的知识创造潜力 0.16	近3—4年与1—2年科研成果变化趋势 0.50	0.1818	0.4545	0.1818	0.1818	0
		个人科研成果与同时期本专业科研发展趋势比较 0.50	0.0909	0.4545	0.2727	0.1818	0
	大学教师的知识创造实力 0.27	科研立项级别及数量 0.05	0.2727	0.1818	0.3636	0.2273	0.1364
		科研经费总数量 0.09	0.5454	0.2727	0	0	0.1818
		科研成果获奖的级别及数量 0.16	0.4545	0.1818	0	0.1818	0.1818
		论文发表的级别及数量 0.26	0.2727	0.1818	0.2727	0.1818	0.0909
		著作出版的级别及数量 0.44	0.8182	0	0.0909	0	0.0909
	大学教师的知识创造影响力 0.48	经常与他人交流学术观点并激发创造灵感的情况 0.05	0.2727	0.0909	0.1818	0.3636	0.0909
		带动其他教师开展科研活动的情况 0.05	0.2727	0.0909	0.1818	0.3636	0.0909
		学术观点被引用的数量 0.13	0.1818	0.1818	0.2727	0.0909	0.2727
		科研文献被评论、转载的级别及数量 0.13	0.1818	0.2727	0.1818	0.3182	0.0455
		申请获批专利的数量 0.32	1.0000	0	0	0	0
		成果被政府和企业采纳的级别和数量 0.32	0.4091	0.2273	0.1818	0.3636	0.0909

$$U_2 = (0.5000\ 0.5000)\begin{pmatrix}0.1818\ 0.4545\ 0.1818\ 0.1818\ 0.0000\\0.0909\ 0.4545\ 0.2727\ 0.1818\ 0.0000\end{pmatrix}$$

$$= (0.1364\ 0.4545\ 0.2273\ 0.1818\ 0.0000)$$

$$U_3 = (0.0500\ 0.0900\ 0.1600\ 0.2600\ 0.4400) \begin{pmatrix} 0.2727\ 0.1818\ 0.3636\ 0.2273\ 0.1364 \\ 0.5454\ 0.2727\ 0.0000\ 0.0000\ 0.1818 \\ 0.4545\ 0.1818\ 0.0000\ 0.1818\ 0.1818 \\ 0.2727\ 0.1818\ 0.2727\ 0.1818\ 0.1818 \\ 0.8182\ 0.0000\ 0.0909\ 0.0000\ 0.0909 \end{pmatrix}$$

$$= (0.5664\ 0.1099\ 0.1291\ 0.0877\ 0.1395)$$

$$U_4 = (0.0500\ 0.0500\ 0.1300\ 0.1300\ 0.3200\ 0.3200) \begin{pmatrix} 0.2727\ 0.0909\ 0.1818\ 0.3636\ 0.0909 \\ 0.2727\ 0.0909\ 0.1818\ 0.3636\ 0.0909 \\ 0.1818\ 0.1818\ 0.2727\ 0.0909\ 0.2727 \\ 0.1818\ 0.2727\ 0.1818\ 0.3182\ 0.0455 \\ 1.0000\ 0.0000\ 0.0000\ 0.0000\ 0.0000 \\ 0.4091\ 0.2273\ 0.1818\ 0.3636\ 0.0909 \end{pmatrix}$$

$$= (0.5255\ 0.1409\ 0.1354\ 0.2059\ 0.0795)$$

根据最大隶属度原则，University4 重点学科（公共管理）教师群体知识创造能力结果为：

$$S = 100 \times \sum_{i=1}^{4} q_i \times w_i = 53.45$$

根据与表 7.4 评语集中的数值进行对比，可知该学科群体的知识创造能力水平低，配套管理不足。

依上述同样方法，我们可以分别得到辽宁省沈阳市的 4 所大学不同层次，不同个体、群体和组织整体的知识创造能力的结果。

1. 个体层面

表 7.8 至表 7.15 显示，在个体层面，教师个体我们选择的是各个学校重点学科中具有共性和相近程度比较高的管理学科作为样本的出处，其他则是创新团队以及特色专业中的全部教师个体。学生个体主要来自于本科、硕士和博士 3 个群体，从中随机各选择 10 人做个体知识创造能力评价。

2. 群体层面

在群体层面，每所大学均选取了 5 个重点学科、1 个创新团队、1 个特色专业作为教师群体开展知识创造能力评价。学生群体则来自于每所学校的参与调查的全部本科生、硕士生和博士生群体，所获得的对上述群体的整体知识创造能力的评价，详见表 7.16 和表 7.17。

表 7.8　　　　University 1 大学教师个体知识创造能力一览表

	序号	职称	学历	教师个体知识创造能力水平	
				分值	等级
重点学科	a1	教授	博士	83.74	AA
	a2	副教授	博士	81.51	AA
	a3	教授	博士	81.45	AA
	a4	副教授	博士	77.46	A
	a5	副教授	博士	75.33	A
	a6	讲师	博士	63.06	B
	a7	讲师	博士	50.05	C
	a8	讲师	博士	48.62	C
	a9	助教	本科	37.65	C
	a10	助教	硕士	29.35	C
	a11	助教	硕士	28.72	C
创新团队	b1	副教授	博士	79.47	A
	b2	教授	本科	77.61	A
	b3	教授	博士	66.27	B
	b4	副教授	博士	64.59	B
	b5	副教授	博士	60.53	B
	b6	副教授	博士	53.38	C
	b7	副教授	硕士	52.92	C
	b8	讲师	博士	42.62	C
	b9	讲师	博士	32.49	C
	b10	讲师	硕士	31.47	C
	b11	讲师	博士	26.78	C
	b12	讲师	博士	21.15	C
	b13	助教	硕士	20.76	C
	b14	助教	硕士	20.52	C
特色专业	c1	教授	博士	76.01	A
	c2	副教授	博士	70.90	A
	c3	副教授	硕士	63.11	B
	c4	副教授	硕士	62.29	B
	c5	副教授	硕士	61.60	B
	c6	副教授	博士	53.51	C
	c7	讲师	博士	42.37	C
	c8	讲师	硕士	41.79	C
	c9	讲师	硕士	40.04	C
	c10	讲师	博士	38.35	C
	c11	讲师	硕士	35.71	C
	c12	讲师	博士	36.25	C
	c13	讲师	博士	28.33	C
	c14	助教	硕士	26.52	C
	c15	助教	硕士	24.89	C
	c16	助教	硕士	12.88	C

表 7.9　　　　　　　University 1 大学学生个体知识创造能力一览表

	序号	学生个体知识创造能力水平	
		分值	等级
本科生	d1	64.61	B
	d2	61.66	B
	d3	51.66	C
	d4	41.18	C
	d5	21.18	C
	d6	10.70	C
	d7	10.70	C
	d8	10.70	C
	d9	10.70	C
	d10	9.10	C
硕士生	e1	67.77	B
	e2	66.69	B
	e3	62.45	B
	e4	61.03	B
	e5	58.78	C
	e6	37.26	C
	e7	15.75	C
	e8	14.54	C
	e9	14.26	C
	e10	13.76	C
博士生	f1	81.00	AA
	f2	75.37	A
	f3	72.73	A
	f4	65.58	B
	f5	43.18	C
	f6	31.89	C
	f7	19.13	C
	f8	16.60	C
	f9	16.32	C
	f10	14.70	C

表 7.10   University 2 大学教师个体知识创造能力一览表

	序号	职称	学历	教师个体知识创造能力水平	
				分值	等级
重点学科	a1	教授	博士	80.18	AA
	a2	教授	博士	79.52	A
	a3	教授	博士	77.16	A
	a4	教授	博士	75.27	A
	a5	教授	博士	64.49	B
	a6	副教授	博士	51.00	C
	a7	教授	硕士	50.40	C
	a8	教授	博士	47.78	C
	a9	教授	博士	47.28	C
	a10	副教授	硕士	46.48	C
	a11	副教授	博士	44.89	C
	a12	教授	博士	43.48	C
	a13	教授	博士	40.81	C
	a14	副教授	博士	40.14	C
	a15	副教授	博士	39.17	C
	a16	副教授	博士	37.73	C
	a17	教授	硕士	33.52	C
	a18	教授	硕士	33.72	C
	a19	教授	博士	12.96	C
创新团队	b1	教授	博士	71.79	A
	b2	副教授	博士	62.58	B
	b3	教授	博士	58.89	C
	b4	副教授	博士	48.60	C
	b5	副教授	博士	46.45	C
	b6	副教授	博士	34.04	C
	b7	副教授	硕士	29.71	C
	b8	讲师	博士	26.93	C
	b9	讲师	博士	26.90	C
	b10	讲师	硕士	22.30	C
特色专业	c1	教授	博士	71.01	A
	c2	教授	博士	68.90	B
	c3	教授	博士	63.11	B
	c4	副教授	硕士	56.29	C
	c5	副教授	硕士	45.60	C
	c6	教授	博士	43.51	C
	c7	副教授	硕士	42.37	C
	c8	教授	博士	41.79	C
	c9	教授	博士	40.04	C
	c10	副教授	博士	38.35	C
	c11	副教授	博士	35.71	C
	c12	教授	博士	36.25	C
	c13	副教授	博士	28.33	C
	c14	副教授	博士	26.52	C
	c15	教授	博士	24.89	C
	c16	讲师	博士	12.88	C

表 7.11　　　　　**University 2 大学学生个体知识创造能力一览表**

	序号	学生个体知识创造能力水平	
		分值	等级
本科生	d1	63.56	B
	d2	45.30	C
	d3	34.98	C
	d4	33.77	C
	d5	21.66	C
	d6	21.18	C
	d7	11.18	C
	d8	10.70	C
	d9	9.58	C
	d10	9.58	C
硕士生	e1	67.50	B
	e2	62.21	B
	e3	56.30	C
	e4	41.70	C
	e5	41.18	C
	e6	30.70	C
	e7	30.70	C
	e8	10.70	C
	e9	9.10	C
	e10	9.10	C
博士生	f1	75.99	A
	f2	66.00	B
	f3	61.13	B
	f4	58.09	C
	f5	34.91	C
	f6	22.93	C
	f7	17.46	C
	f8	16.98	C
	f9	15.06	C
	f10	11.66	C

表 7.12　　　　　　University 3 大学教师个体知识创造能力一览表

	序号	职称	学历	教师个体知识创造能力水平	
				分值	等级
重点学科	a1	副教授	博士	84.77	AA
	a2	教授	博士	73.05	A
	a3	副教授	硕士	70.93	A
	a4	副教授	硕士	65.44	B
	a5	副教授	本科	54.86	C
	a6	副教授	硕士	31.41	C
	a7	副教授	硕士	28.53	C
	a8	副教授	学士	23.90	C
	a9	副教授	博士	16.16	C
	a10	副教授	硕士	12.96	C
	a11	讲师	博士	12.96	C
创新团队	b1	教授	博士	73.66	A
	b2	教授	博士	68.06	B
	b3	教授	博士	60.04	B
	b4	教授	博士	52.48	C
	b5	教授	本科	49.95	C
	b6	教授	博士	49.20	C
	b7	教授	博士	36.46	C
	b8	教授	硕士	35.27	C
	b9	副教授	硕士	32.78	C
特色专业	c1	教授	博士	63.72	B
	c2	副教授	博士	62.72	B
	c3	副教授	博士	61.27	B
	c4	教授	博士	50.54	C
	c5	教授	博士	49.96	C
	c6	教授	博士	48.94	C
	c7	教授	博士	47.54	C
	c8	副教授	博士	47.45	C
	c9	讲师	硕士	41.92	C
	c10	副教授	博士	39.48	C
	c11	教授	博士	38.49	C
	c12	教授	博士	37.22	C
	c13	讲师	博士	36.84	C
	c14	讲师	硕士	36.04	C
	c15	讲师	博士	32.53	C
	c16	讲师	博士	29.85	C
	c17	讲师	博士	23.17	C
	c18	讲师	硕士	22.37	C
	c19	助教	硕士	22.12	C
	c20	助教	博士	21.25	C
	c21	助教	硕士	19.21	C

表 7. 13　　　　University 3 大学学生个体知识创造能力一览表

	序号	学生个体知识创造能力水平	
		分值	等级
本科生	d1	41. 22	C
	d2	37. 57	C
	d3	35. 51	C
	d4	24. 70	C
	d5	14. 22	C
	d6	12. 78	C
	d7	12. 72	C
	d8	11. 66	C
	d9	11. 18	C
	d10	10. 06	C
硕士生	e1	61. 13	B
	e2	60. 30	B
	e3	52. 14	C
	e4	41. 66	C
	e5	40. 70	C
	e6	30. 70	C
	e7	30. 70	C
	e8	20. 10	C
	e9	9. 10	C
	e10	9. 10	C
博士生	f1	74. 27	A
	f2	65. 11	B
	f3	60. 00	B
	f4	53. 32	C
	f5	45. 05	C
	f6	21. 83	C
	f7	20. 83	C
	f8	17. 96	C
	f9	16. 72	C
	f10	15. 53	C

表 7.14　　　　　University 4 大学教师个体知识创造能力一览表

	序号	职称	学历	教师个体知识创造能力水平	
				分值	等级
重点学科	a1	副教授	博士	69.55	B
	a2	教授	本科	62.77	B
	a3	教授	博士	60.17	B
	a4	副教授	博士	56.54	C
	a5	教授	本科	55.07	C
	a6	教授	博士	51.92	C
	a7	副教授	博士	48.20	C
	a8	副教授	硕士	36.10	C
	a9	副教授	博士	36.72	C
	a10	助教	硕士	15.44	C
	a11	助教	硕士	12.34	C
创新团队	b1	教授	博士	66.60	B
	b2	副教授	博士	65.28	B
	b3	教授	博士	51.98	C
	b4	教授	博士	51.68	C
	b5	教授	博士	45.32	C
	b6	教授	博士	42.42	C
	b7	教授	博士	42.70	C
	b8	副教授	博士	42.17	C
	b9	教授	博士	40.46	C
	b10	教授	博士	38.11	C
	b11	讲师	硕士	33.14	C
特色专业	c1	副教授	博士	65.87	B
	c2	副教授	博士	61.09	B
	c3	副教授	博士	52.74	C
	c4	副教授	博士	47.61	C
	c5	副教授	博士	47.31	C
	c6	副教授	博士	45.76	C
	c7	讲师	硕士	43.23	C
	c8	副教授	硕士	41.76	C
	c9	教授	博士	40.02	C
	c10	教授	本科	39.22	C
	c11	副教授	硕士	38.56	C
	c12	讲师	博士	38.53	C
	c13	讲师	硕士	37.01	C
	c14	讲师	硕士	36.85	C
	c15	讲师	硕士	35.32	C
	c16	副教授	本科	35.01	C
	c17	副教授	本科	34.65	C
	c18	副教授	博士	33.29	C
	c19	讲师	硕士	31.28	C
	c20	副教授	本科	22.98	C
	c21	助教	硕士	12.94	C

表 7.15　　　University 4 大学学生个体知识创造能力一览表

	序号	学生个体知识创造能力水平	
		分值	等级
本科生	d1	21.01	C
	d2	18.82	C
	d3	18.23	C
	d4	15.09	C
	d5	14.22	C
	d6	12.76	C
	d7	12.10	C
	d8	11.66	C
	d9	11.18	C
	d10	10.97	C
硕士生	e1	67.48	B
	e2	60.45	B
	e3	41.55	C
	e4	32.5	C
	e5	22.55	C
	e6	17.42	C
	e7	11.66	C
	e8	11.18	C
	e9	10.70	C
	e10	9.10	C
博士生	f1	—	—
	f2	—	—
	f3	—	—
	f4	—	—
	f5	—	—
	f6	—	—
	f7	—	—
	f8	—	—
	f9	—	—
	f10	—	—

表 7.16　　　　　　　**4 所大学重点学科知识创造能力的比较**

学校	重点学科名称	知识创造能力水平	
		分值	等级
University 1	计算机科学与技术	81.45	AA
	管理科学与工程	80.33	AA
	公共管理	77.65	A
	应用经济学	75.06	A
	马克思主义理论	69.46	B
University 2	电气工程	80.16	AA
	测试计量技术及仪器	79.52	A
	机械工程	77.27	A
	材料科学与工程	74.05	A
	管理科学与工程	67.49	B
University 3	应用经济学	79.08	A
	理论经济学	77.05	A
	工商管理	75.44	A
	思想政治教育	70.05	A
	国际法学	65.44	B
University 4	社会学	60.17	B
	中国现当代文学	59.22	C
	动物学	57.85	C
	马克思主义理论	55.07	C
	公共管理	53.45	C

　　3. 组织层面

　　在组织层面，所反映的知识创造能力水平主要针对 4 所学校整体情况而言的，即包括全体教师的知识创造能力、学生的知识创造能力以及知识创造能力的环境影响因素等，详见表 7.18。

表7.17　　　　　　　　　　四所大学相近学科知识创造能力的比较

学校	重点学科名称	知识创造能力水平	
		分值	等级
University 1	公共管理	77.65	A
University 2	管理科学与工程	67.49	B
University 3	工商管理	75.44	A
University 4	公共管理	53.45	C

表7.18　　　　　　　　　　4所大学整体知识创造能力的比较

学校	群体类别						知识创造的环境因素	学校整体知识创造能力水平	
	教师			学生					
	重点学科	创新团队	特色专业	本科生	硕士生	博士生		分值	等级
University 1	76.79	71.80	67.99	57.83	60.49	69.23	81.28	72.35	A
University 2	75.70	58.12	59.39	47.43	50.40	60.55	78.97	62.64	B
University 3	73.41	53.07	50.25	41.94	50.20	60.89	77.69	55.16	C
University 4	57.15	48.24	47.29	18.92	45.71	—	72.45	52.35	C

（四）辽宁省沈阳市部分大学知识创造能力定量评价结果分析

1. 教师个体层面的分析

在调查过程中，笔者主要从这四所大学中的重点学科、创新团队和特色专业等知识创造能力相对集中且知识创造水平较高的群体中选择调查对象。

University 1 的教师个体中（见表7.8），就重点学科而言，知识创造能力水平在 B 级以上的占样本总数的 54.55%，全部为高级职称，且学历均为博士；就创新团队而言，知识创造能力水平在 B 级以上的占样本总数的 35.71%，全部为高级职称，硕士以上学历人员占 4/5；就特色专业而言，知识创造能力水平在 B 级以上的占样本总数的 31.25%，全部为高级职称，均为硕士以上学历的人员，其个体平均水平为 44.66。

University 2 的教师个体中（见表7.10），就重点学科而言，知识创造能力水平在 B 级以上的占样本总数的 26.32%，全部为高级职称，且学历均为博士；就创新团队而言，知识创造能力水平在 B 级以上的占样本总数的 20%，全部为高级职称，且学历均为博士；就特色专业而言，知识创造能力水平在 B 级以上的占样本总数的 18.75%，全部为高级职称，且学历均为博士，其个体平均水平为 42.22。

　　University 3 的教师个体中（见表 7.12），就重点学科而言，知识创造能力水平在 B 级以上的占样本总数的 36.36%，全部为高级职称，且均为硕士以上学历的人员；就创新团队而言，知识创造能力水平在 B 级以上的占样本总数的 33.33%，全部为高级职称，且学历均为博士；就特色专业而言，知识创造能力水平在 B 级以上的占样本总数的 14.29%，全部为高级职称，且学历均为博士，其个体平均水平为 39.69。

　　University 4 的教师个体中（见表 7.14），就重点学科而言，知识创造能力水平在 B 级以上的占样本总数的 27.27%，全部为高级职称，且博士学历占 2/3；就创新团队而言，知识创造能力水平在 B 级以上的占样本总数的 18.18%，全部为高级职称，且学历均为博士；就特色专业而言，知识创造能力水平在 B 级以上的占样本总数的 9.52%，全部为高级职称，且学历均为博士，其个体平均水平为 40.04。

　　应该说，从评价结果的表现来看，主要呈现出以下几个方面的特点：

　　（1）处于高知识创造能力水平的教师个体主要是高级职称和高学历的教师，也就是说具有高级职称和高学历的教师是知识创造的主体。

　　（2）个体的知识创造能力间存在着差异，表明个体在知识创造的心理（即创造人格和创造素质）和知识结构方面存在差异，高级职称教师个体在这方面有一定的知识和经验的积累。

　　（3）就重点学科和创新团队而言，高级职称教师表现更为突出些，而就特色专业而言，一些职称低的教师也表现得较为出色，这在一定程度上表明高级职称的教师，特别是教授其主要精力往往更愿意放在科学研究工作上，却忽视了本科和研究生的教学工作。

　　（4）从特色专业中教师个体知识创造能力平均水平来看，尽管 University 4 仅是 1 所省属普通高校，但和其他 3 所高校（包含"985"和"211"高校）相比，并没有太大差距，甚至超过了个别高校，这表明从整体科学研的能力和水平角度来看，University 4 并不占据优势，但从教师传授知识创造能力方面来理解，University 4 对本科和研究生教学工作还是比较重视的，并且教师在这些方面做得还是较为突出的。

（5）University 1 和 University 2 两所理工科高校的教师个体创造能力略强一些，而 University 3 和 University 4 两所综合类高校的教师个体创造能力略弱一些，表明这两类高校的知识创造能力的政策导向和环境因素存在着差异。

2. 学生个体层面的分析

在调查过程中，本书主要针对这 4 所大学中的本科、硕士和博士 3 个层面的学生各从中选择 10 人作为调查对象，开展知识创造能力的评价工作。

University 1 的学生个体中（见表 7.9），就本科生而言，知识创造能力水平在 B 级以上的占样本总数的 20%，该群体的个体知识创造能力的平均水平为 29.22；就硕士生而言，知识创造能力水平在 B 级以上的占样本总数的 40%，该群体的个体知识创造能力的平均水平为 41.23；就博士生而言，知识创造能力水平在 B 级以上的占样本总数的 40%，该群体的个体知识创造能力的平均水平为 43.65。

University 2 的学生个体中（见表 7.11），就本科生而言，知识创造能力水平在 B 级以上的占样本总数的 10%，该群体的个体知识创造能力的平均水平为 21.99；就硕士生而言，知识创造能力水平在 B 级以上的占样本总数的 20%，该群体的个体知识创造能力的平均水平为 35.92；就博士生而言，知识创造能力水平在 B 级以上的占样本总数的 30%，该群体的个体知识创造能力的平均水平为 51.36。

University 3 的学生个体中（见表 7.13），就本科生而言，知识创造能力水平在 B 级以上的占样本总数的 0%，该群体的个体知识创造能力的平均水平为 21.16；就硕士生而言，知识创造能力水平在 B 级以上的占样本总数的 20%，该群体的个体知识创造能力的平均水平为 35.56；就博士生而言，知识创造能力水平在 B 级以上的占样本总数的 30%，该群体的个体知识创造能力的平均水平为 39.06。

University 4 的学生个体中（见表 7.15），就本科生而言，知识创造能力水平在 B 级以上的人数为 0；就硕士生而言，知识创造能力水平在 B 级以上的占样本总数的 20%，该群体的个体知识创造能力的平均水平为 25.20；该学校没有博士生，所以不做统计。

从评价的结果来看，学生个体知识创造能力水平普遍较低，由低到高的顺序依次为本科生、硕士生和博士生。这个结果一方面表明当前我们国家在本科教育方面更习惯于传统的教学方式，注重基本知识和基本理论等内容的传授与掌握，而忽视了知识创造思维的培养与知识创造力的充分训练，从而导致了本科学生的知识创造能力水平的总体状况低下，只是到了研究生阶段，特别是博士研究生教育阶段，才开始注重学生利用知识和技能开展各种科学研究工作，形成研究生以上层次的学生的知识创造水平表现得高一些；另一方面也暗示当前我国各个大学对大学学生的能力，特别是对知识创造能力的深度培养与开发方面存在一些不足，诸如人、财和物方面投入不足，缺乏相应的文化与政策导向以及相应的激励与促进机制。

3. 教师和学生个体知识创造能力分数分布情况

从所得到的结果来看，各高校达到 A 水平以上的人数不多，主体主要分布在 C 水平上。这一方面表明大学教师和学生作为知识创造主体的地位并未得到充分的确认，这种确认表现在主体自身的观念上，可以理解为没有充分认识到形成这种能力的重要性，表现在客体因素上即所在单位或学校忽视对教师和学生这方面能力发展的有效引导和促进；另一方面也表明，目前我国相当数量的大学教师在知识创造能力形成与发展方面确实不足，或者表现在创造素质方面、或者表现在知识结构上、或者表现在外部的环境因素上。同时，也在一定程度上表明，在知识创造过程中，团队成员间缺乏合作意识与合作行为，往往习惯于自身的不断发展和能力的改善与提高，而忽视了或者不愿意"传、帮、带"进而共同进步，这有个体的原因，也有组织层面知识创造环境建设的诟病。

4. 教师群体层面的分析

在调查过程中，本书将教师群体按重点学科、创新团队和特色专业进行划分，并分别测算出来它们的知识创造能力水平值，进行横向比较。另外，考虑到学科间的差异可能会影响到比较的结果，为此，本书也注意选择了不同学校间的相近的管理类学科作为群体层面的研究进行知识创造能力水平比较。

在比较中，我们发现 University 1、University 2、University 3 和 University 4 的各重点学科的知识创造能力平均水平分别为 76.79、75.70、73.41 和 57.15，理工科类院校和综合类院校（"211"院校）的知识创造能力水平略高一些，这主要表明这些大学对科学研究有较强烈的关注度，另外在政策导向和激励机制方面向这些领域有所倾斜。

对于相近学科比较的结果，我们可以看出，这4所学校的管理类学科的群体知识创造能力的差距并不是特别的大，表明其中的理工科院校对于交叉学科的管理学科重视程度低于其他理工科的学科。

5. 学生群体层面的分析

笔者在调查过程中，将学生群体按本科生、硕士生和博士生三个类别进行划分，并分别测算出他们的知识创造能力水平值，进行横向比较。从比较结果来看，上述4所高校的本科学生间的知识创造能力水平差异较大，而硕士生和博士生间的差异不太明显，这在一定程度上表明具有知识创造能力相对优势的大学在教学环节上不仅注意传递知识，而且注意传递知识创造的能力；同时，也从某些侧面表明上述大学在知识创造环境方面具有比较优势。

6. 学校整体层面的分析

从上述4所学校的整体层面知识创造能力评价结果来看，University 1和 University 2 的整体知识创造能力水平要优于 University 3 和 University 4，这个情况和来自于个体和群体的评价结论是具有一致性的。

从知识创造的环境因素来看，这4所大学的总体评价结果都比较好，但不容乐观的是由于不同学校个体间是存在差异的，某些环境因素对于 University 1 是不令人满意的，但放在 University 4 却可能是可以接受的或是比较令人满意的。另外，知识创造环境的评价尺度具有模糊性，如所涉及的文化、制度因素和激励机制等的评价标准并不容易把握，不同的教师和学生个体也会有不同的体验，因此，在大学知识创造能力总体评价时其只能作为辅助变量来发挥作用。从不同学校间的知识环境横向比较来看，差距小也侧面地表明了各个高校逐渐认识到知识创造能力的环境因素的作用不容忽视，无论是建设得比较完善，还是正在建设与规划中，至少在观念上对其所具有的重要性已经达成了某种共识。

总之，从整体上看，上述4所大学在知识创造能力方面都有自身的优势，同时也存在许多不足，集中表现在知识创造能力各方面发展的不均衡，如团队内部成员间发展的不均衡，团队间的不均衡以及教师群体和学生群体间的不均衡，等等，这些都在一定程度上制约了上述学校知识创造能力的充分发挥。

三　影响大学知识创造能力的问题分析

根据前文针对辽宁省沈阳市四所高校做的知识创造能力状况的调查与评价结果，可以发现，目前我国大学知识创造能力的形成与发展过程并没有预料中的理想和顺畅，其中往往或多或少存在着各种各样的不均衡和不尽如人意之处，并在一定程度上产生了不容忽视的负面影响，这些问题和薄弱环节集中表现在以下几个方面：

（一）忽视大学中知识创造主体的知识创造素质的培育与开发

在调查过程中，通过对大学知识创造主体（教师和学生）的知识创造素质的测量结果进行分析时我们可以发现，无论是在创造人格还是在创造思维方面，许多大学教师和学生存在着问题或不足，这些不足或者表现在创造思维和创造智力运作能力水平较低，或者表现在敢于、迷于、乐于创新的情感、心态和精神等创造情感缺乏，或者表现在坚强的、迎难而上的、百折不挠的创新意志和毅力的脆弱与缺失。如果深究一层，从教师角度来看便不难找到问题的症结所在，一方面在于部分大学教师的创造性思维处于原发状态，尚未受到科学的引导和系统的训练，主动的和自觉的创造性思维缺乏足够的爆发力和应有的持久力，创造过程的盲目性是显而易见的；另一方面，教师自身虽然有较高的知识创造能力和素养，但这种知识和技能在教学和科研活动中不知道如何有效的发挥和传递，即缺乏表达性的创造力，或缺乏对这种能力的关注及能力提升的思考。从学生的角度来看，一方面和教师类似，由于对其潜能进行创造性地系统训练和有效开发不足，造成知识创造能力水平低下；另一方面，学生的创造思维能力没有形成，从而使创造过程和创造活动缺乏持续发展的基础和保证。

上述问题表现在个体创造素质评价的结果上就是数值较低的存在导致了大学的知识创造主体（教师和学生）创新意识和创造能力的缺乏。这与时代对大学教育的要求相距甚远，也说明开发大学知识创造能力，则是推动当下我国高等教育持续发展的重要课题。

21世纪要求人才必须具有创新的品质，即具有勇于进取、开拓创新的精神，而达到这一目标就要求他们必须具备敏锐的创新意识和较高的创造能力。因此，努力提升大学教师的知识创造的综合素养，培养具有创新意识、创造能力素质的大学生，是大学应该履行的神圣职责和竭力追求的崇高目标。

　　毋庸讳言，世界一流大学在人才培养过程中往往更关注于如何采取措施启迪思维，发展智能，开发创造力，致力于拓宽知识覆盖的领域，为他们将来走向社会工作岗位，探索未知世界的各种难题提供有效帮助。国外的知名高校在这些方面已经做了可贵的探索，如美国麻省理工学院（Massachusetts Institute of Technology，缩写为 MIT）在培养学生知识创造能力方面就别具匠心。其大展风采的是创新能力教学贯穿在本科教育的全过程，包括课程教学和课外教学在内的全方位的教学活动中，强调课内和课外两方面学习生活的同等重要性，并且特别注意把两者融合起来，打造出一个整体优美的塑人育才环境。其中，MIT 有两项重要的教育改革：一是本科生研究工作机会计划（Undergraduate Research Opportunity Program，简称 UROP）。该计划创造了一种不同于课堂教学的教学模式。在这个计划中，学生们可以学到什么是真正的研究，以及关于挫折或发现的直接体验。二是独立活动计划（Independent Activities Period，简称 IAP）。在此期间，学生不必再为考试和学分操心，可以完全自由地决定他们的活动目标以及争取实现这些目标的方法①。

　　两相比较，对照上述 4 所大学知识创造能力的调查结果，我们说，绝大多数学校对于培养学生的创新意识和创新能力方面在认识上存在一定不足和盲区。尽管在教学过程中，我们已经开始注意到并逐渐重视培养学生发现问题、分析问题和解决问题的能力，但这些对于培养学生知识创造思维、创造意识和知识创造能力这项系统工程却绠短汲深、远远没有到位，有的学校在这个方面才刚刚起步或处于初始阶段，有的虽略有起色亦做得不够充分、不够全面，仅仅停留在知识传播和应用的范畴，实践效果更不能尽如人意。由于传统习惯和传统教学模式的影响，反映在教育教学思想上，这些学校以师为尊、以师为圣的思维惯性仍然不同程度的在起作用，教学方法与模式单一化倾向仍没有得到根本扭转，以教师为主体的灌输的方式，迫使学生更多地采取被动的接受，造成教师乐于按常规传道解惑，学生则习惯等待"填鸭子"式的不良局面。从教学内容上来看，这些大

---

　　① 万腾腾：《我国研究型大学创造性人才培养的问题与思路》，《江苏高教》2001 年第 1 期。

学在学生的知识结构设计上，缺乏长远的和发展的眼光，不能紧跟时代的科学技术发展的趋势和步伐，乃至连教师的优秀教学和科研成果都不能及时推广和应用到教学活动中去，造成所培养的人才专业门径过窄，理论修养过于泛泛，缺乏从事现代科技工作必备的实践技能和应宜生变的能力，因而初始成才率不高。实现高等教育与社会需要零对接还有很多工作尚待完成。

（二）知识创造过程缺乏有效的政策导向

在调查中我们可以发现，上述四所高校的个体和群体知识创造能力之间是存在差异的，评价结果好的学校对知识创造能力和知识创造性活动往往也会采取积极主动的关注态度，并且知识创造活动的评价机制等政策引导方面的环境因素建设得也较完善；反之，则在这些方面存在着问题，而这些问题具体表现为：

（1）在评价机制上存在重视教师和学生的知识创造成果数量而忽视质量的情况，在激励机制上存在重视知识创造活动中的个人发展而忽视团队整体知识创造能力建设的情况，在评价重心上存在更重视教师个体自身知识创造能力的发展而忽视向学生传授知识创造能力的情况。

（2）在知识创造过程中存在忽视知识创造成果产生的客观规律。这些问题主要表现在以下两个方面：一是存在对知识创造成果的短视行为，即在知识创造活动中存在浮躁和急功近利的倾向，忽视了知识创造活动是一个长周期的活动，需要不断地积累；二是对知识创造成果的风险性缺乏深刻认识，往往只愿看到成果的成功获得，而不能容忍任何失败情况的出现。上述这两种情况都是违背知识创造活动的客观规律的。

（3）对大学知识创造能力的内在属性认识不够，影响了对正确制定评价体系依据的认定，以及合理确立政策导向的精准把握。我们深知，大学是培养高端人才的摇篮，是运用各种渠道和手段来实施教育的复杂的塑人育才工程。而作为大学知识创造主体的教师和学生，表现在他们身上的知识创造能力的内涵有着独自的组合成分。这就是在教学、科研、社会服务中所展现的操作性创造能力、表达性创造能力和情感性创造能力、意志性创造能力。它们同源于特殊的心理结构，在外化的行为表现上，却有着明显的差异性。毋庸讳言，这是阻隔当今心理学家揭示创造之谜的难题。并不意味着完全消解了大学自身建立保障和促进知识创造体制与机制的可能性。事实上，它倒提醒我们，必须在认真关注、深入思索大学知识创造能力内在属性的前提下，充分考虑和评估这种多元组合的张力，进而动态地寻绎和把握知识创造过程的政策导向，才会避免偏执和误导，蹩脚地套用和效仿社会上其他行业的有关政策，植皮贴肉、照猫画虎。正如恩格斯所指出的："类此错误的思维，一旦贯彻到底，就要走至与他们出发点恰恰相反的地方。"

平心而论，在调查中我们已经注意到了，掌控促进大学知识创造政策导向的关键成员，其中的大多数还没有认识到全面解读大学知识创造本质属性的意义所在。由此推知，大学要制定出科学合理的知识创造评价体系，至今还有相当远的路要走。

（三）大学知识创造环境相对薄弱

近年来，随着高等教育的迅速发展，许多大学的办学规模不断扩大，这将不可避免地在建设知识创造活动的环境方面产生许多薄弱环节。本书的调查结果在一定程度上反映了这种情况，例如对于调查问卷的开放性问题"您所在学校的组织文化对知识创造活动和引导群体创造性会产生什么样的作用和影响？""在各种制度和规范中是否包含了激励知识创造等活动的内容？"以及"教育教学活动空间、图书资料和仪器设备能否满足知识创造活动的要求？"等的回答上，有20%左右的被调查者回答"不会产生太大的作用和影响"、"不包含激励知识创造等活动的内容"以及"不能充分满足知识创造活动的要求"。这进一步表明，这些薄弱环节在大学知识创造的文化因素、制度因素和各种能力资源的储备等诸方面一定程度的存在。

首先，许多大学表现为缺乏鼓励创造性和知识导向性的文化，特别是缺乏引导群体创造性活动的文化。需要指出的是，这样的大学文化可以为受教育者提供深度的心灵教养和精神价值，换句话说，它是现代大学教育中人格塑造、精神提升的深刻而超越的资源。尤其在市场经济日趋发展的当下，大学校园文化在开拓人生境界、丰富人生内涵、培养终极关怀，引导师生切身体验领悟其内在价值与可能、领悟生命的意义在于创造之真谛，起到了不可取代的作用。从这个意义上讲，在创造活动和创造过程中，必须强化师生的知识创造价值观，必须强化激励创造性的文化氛围。

其次，与大学创造活动相适应的各种制度建设不够完备。具体表现为缺失系统性的相关激励机制和相关政策保障。其结果是知识创造活动很难形成规范性、稳定性、制度化的品格，很容易受到个体，特别是管理者的主观意识的影响，表现出很强的随意性。同时，由于创造活动本身具有一定的风险性，如果没有行之有效的体制和机制的得力支持，必将会在一定程度上影响大学教师和学生在知识创造活动中的积极性和主动性，进而降低知识创造的能力水平和成效。

　　另外，我们还应该强调，知识创造活动过程既是大学中复杂而系统的教育、教学环节，又是师生应用知识、施展才能的社会实践环节。因此，一些学校由于对创造活动各个环节可能存在的问题估计不足，对排除干扰准备得又不充分，一旦在某个环节上出现了问题，就可能因责任划分不清，而互相推诿，以致影响整个创造活动的成功。

　　当然，大学中存在的对知识创造活动产生消极影响的因素，不限于上述几点。例如，教学研讨不足、科学实验场所的短缺、文献资料和图书的匮乏，办公及研究设备的简陋，等等，这些作为知识创造不可或缺的物质依托，还应给予必要的投入，以改善知识创造活动的条件。

第八章　大学知识创造能力的管理策略

在大学知识创造能力评价的这个框架中，大学知识创造能力主要是通过来自于大学教师知识创造能力、大学教师传授知识创造能力、大学学生知识创造能力和大学知识创造活动的环境因素四个方面加以评价的。因此，对于大学知识创造能力的管理也应该从这四个方面着手，提出相应的管理策略。

前文的理论探讨和实践分析，使我们更清醒地认识到，要提升和改善大学知识创造能力的总体水平，就要充分挖掘教师和学生在知识获取、传播与应用过程中所表现出来的新颖性、独特性和创造性。而根据我们大量的调查研究和综合评析表明，当前大学知识创造能力在这方面却严重不足，这与当前构建国家创新体系，应对知识经济的各种挑战是极不适应的。而这种不适应不仅仅与教师、学生及教学过程、教学环节密切相关，同时与知识创造活动中所依赖的环境因素具有不可分割的联系。这就为大学的管理者提出了一个严峻的问题，如何更客观、科学、全面地改善与提升大学知识创造能力？笔者根据多年的理论研究和实践摸索，拟从大学人才知识素质、政策导向和知识创造环境等诸方面提出如下设想和建设性意见。

第一节　知识创造能力培育与发展的政策导向

一　按知识创造能力分配的方式

从智力资源管理角度来看，其分配方式有别于传统的形式，主要遵从于按知识创造能力分配的方式。按知识创造能力分配的方式进行考核与激励就是按知分配。所谓按知分配就是人们凭借自己的知识和能力，按所创造的业绩和知识成果而获得相应收入。按知分配又称按知识（智力）分配，它是建立在以现代知识分工基础之上，以知识（智力）资源的占有、配置、开发和使用为最重要因素，并以此衡量其所创造价值大小的一种新型的分配方式①。大学知识创造活动往往与知识和智力存在密切的关联，单纯地依靠传统的考核与激励机制不能解决问题，甚至有失公平。因此，采取按知分配的方式可以解决这个方面的问题。具体的方法与措施就是在坚持以按劳分配在分配中的主体地位基础上确立按知分配的考核办法和激励机制；进一步强化对知识财富和知识权力的认识，鼓励大学中的知识拥有者通过创造性劳动获得应得的利益分配；科学地评价大学中各种知识要素的价值，建立和健全统一的知识要素市场，使知识要素在流动、使用和交易中，实现本身的价值，从而依此取得收入分配流量；建立大学中的知识产权保护制度，使按知分配规范化、法制化，使知识所有者的收入尽可能的货币化、工资化，确保大学中知识分子的合法权益不受侵害。

二　知识创造能力的有效评价与奖惩制度

针对四所高校知识创造能力的评价和奖励机制方面存在的不足和问题，大学应该在知识创造过程的评价与奖惩制度领域从知识创造能力的评价制度和知识创造能力的奖惩制度两个方面做好工作并提供帮助。

知识创造能力的评价制度是以对大学中知识创造人员的知识成果稽查与考核制度和知识成果价值评价制度为基础，对他们上报的知识成果进行审核与评定，确定其实有的业绩和效果，从而确保其知识成果的真实有效，以及为进一步的知识成果的奖励和知识成果的贡献提供判定和参考的依据。在考核过程中注意知识创造成果产生的周期性，建议将常规的年度考核只作为中间的检查及督促环节，更关注的是 3—5 年的周期性考核。同时成果评判的标准不应仅仅是数量，更要关注成果的质量和社会、经济影响力。

知识奖惩制度就是从奖励制度与惩罚制度两个角度入手，把大学知识创造人员的知识工作及知识成果具体化为他们愿意接受的不同形式的收益，并对超额完成目标的人员实行奖励，对达不到目标要求的人员实行惩罚。通过奖惩制度不仅要达到知识成果价值在他们个人身上的具体体现，

---

①　马芳：《试论按知分配》，《湖南师范大学社会科学学报》2008 年第 3 期。

而且要让他们感受到大学对他们个体的知识工作情况的关注与认知状况。

三　大学知识创造能力培育的文化氛围

从调查反馈的信息来看，大学知识创造活动的有效实施和能力的有效提升，首要解决的问题往往来自于观念的变革，而观念变革的先决条件就是建立一套行之有效的支持知识创造活动的组织文化体系，进而营造有利于知识创造活动的氛围。大学知识创造活动的配套组织文化主要是学习型组织①的文化。特别是一种有助于知识共享、尊重他人和促进互相学习的文化，一种宽松、自由的文化，一种个人和组织之间实现知识权威和利益"双赢"的文化。在这种文化建设的过程中应主要注意三种支撑的亚文化的建设。

一是注重"以人为本"的知识创造主体性文化建设。知识是由人来具体创造、表达和应用的，人就是它的中心。大学应该始终坚持这种"以人为本"的信念，构建一种"以人为本"的知识创造文化，强调大学中人（教师和学生）的主体地位并关注人的创造能力的形成和发展。

二是注重"知识导向型"的知识创造过程性的文化建设。大学中的"知识导向型"文化的关键要素就在于为大学教师和学生营造一个持续学习、共享和鼓励尝试的知识创造环境、一个围绕知识创造展开的诚信和开放的相互学习的氛围。在这种文化氛围下，大学教师和学生将对知识产生积极的追求倾向和强烈的好奇心，这些可驱使他们自由地探索和创造知识。

三是注意"宽容型"的知识创造制度性的文化建设。知识创造活动具有成本和风险性，大学中的知识创造活动尽管不像企业中的高成本和高风险，但大学知识创造活动往往有一定的周期，并且其风险和成本也是存在并不容忽视的，而且随着时间的流逝，知识会逐渐贬值甚至失去其原有价值，这些都限制了大学教师和学生知识创新的积极性。因此，在构建大学知识创造环境过程中，所营造的组织文化应该包含"宽容型"的文化。这种宽容性主要表现在它可以在一定的限度内允许教师和学生知识创造中的失败，允许其成果的取得过程中一定的周期和阶段性，确保在较为宽松的环境中把个人的潜能都发挥出来。

---

① ［美］杰夫：《组织的学习》，中国人民大学出版社 2000 年，第 126 页。

第二节　个体知识创造能力的提升

一　创造性素质的完善

针对调查中存在的大学教师和学生在创造素质方面存在的自发性，应该采取积极有效的措施加以引导，使之由自发到自觉，从被动到主动。具体的措施如下：

第一，强化创造意识与创造教育，转变思想观念。在知识经济时代，大学的职能发生了根本性的变化，它由过去的为社会发展培养后备人才而走到了前台，除了继续完成知识的保存、储备、选择、传递和普及的功能以外，同时承担起了创新文化、生产新知识，并把其中的一部分知识转化为生产力，进而在社会变革中充当重要角色。因此，我们必须转变思想观念，把大学打造成全面提高知识创造能力的群体。使之成为教师、学生乃至社会成员终身学习、全面发展的航空母舰。

第二，推进教学改革和终身学习，改进人才培养和自身成长模式，在人才培养模式上，要坚持知识传播和能力培养并举，不断改善和加强教师与学生知识创造的综合素质的培养。传统的教学模式用的是加法，教师在原有知识的基础上，通过"加油"或"充电"获得新的知识，然后以"灌输"的方式传导给学生。学生则大多是被动的接受，其创造性思维得不到很好的锻炼。而要实施创造性教育，提升大学人才知识创造素质，就需要我们的教师找准智慧火花的链接点，以期达到"引爆"教育对象自身潜能，使其创造素质得到全面提升。

第三，学用结合，挖掘和借助一切有助于智力成长的资源，搭建各种平台，开展形式多样的文化交流活动，营造一个适合创造性思维形成、发展的长效机制。在大学中，教师和学生是知识创造的主体，他们能否释放最大的创造能量，从个体层面来说，就是学会做人、学会学习，注意培养自己优秀的品质和积极的人生态度，在学习方式上要学会学用结合，理论联系实际。从大学组织层面考虑，就必须搭建新的平台，用多种多样、切实可行、有针对性的形式，塑造一个激情勃发、色彩绚烂的创造局面。例如，创建科技文化沙龙、组建师生合作的攻关小组、利用网络等传播工具开通"科技信箱"、"交流热线"等都是很好的形式。科技的发展告诉我们，没有个人与个人、个人与团队、团队与团队的精诚合作，通力攻关，就没有闪光的科技成果。大学组织，应该积极营造一种合作的气氛、讨论的气氛，促进多种智慧火花的摩擦与碰撞，在碰撞中催发新成果、新思维、新的创造因子的生长。

二　创造性知识结构的培养

大学教师和学生知识结构的改善与提升，对于丰富和完善其创造素质、强化其可持续发展的创造能力，具有不可低估的重要作用。笔者认为，改善与提升大学教师和学生的知识结构，主要应该着手做好以下几个方面的工作：

第一，拥有渊博的本体性知识，这是形成知识创造能力的基础。这里提及的本体性知识，主要包括大学创造型人才所应该掌握的一般的科学文化基础知识、所属学科领域的专业知识及其相关学科领域的知识。在拥有这种知识的过程中，要注意做到系统性学习与目的性积累相结合。应该说，大学人才所掌握的这种本体性知识越丰富、覆盖面越广，其知识运用的有效性和知识创造性的能动性就越强。

第二，掌握精深的条件性知识，这是形成知识创造能力的前提。条件性知识是指大学创造型人才在教育教学过程中能够保证工作获得成功的教育科学和心理科学知识。这些知识既包括教育科学基础知识，也包括国内外教育教学改革信息和动态的知识，还包括教育科学研究知识和心理学知识。掌握这些知识将有助于大学人才在知识创造活动中有规律可以遵循。

第三，积累丰富的实践性知识，这是知识创造能力形成的根本。实践性知识是指大学创造型人才在教育教学、科学研究等实际工作情境中形成的各种有关经验、技能的整合。这种全面、丰富的实践性知识，能够保证他们在所属领域的工作和学习过程中得心应手、游刃有余。

第四，精通灵活的策略性知识，这是知识创造能力形成的关键。所谓策略性知识，是指大学创造型人才在教育教学、科学研究等过程中，学习、记忆、思考和解决实际问题的科学方法方面的知识。换言之，它是教师如何运用本体性知识、条件性知识和实践性知识，创造性地去处理和解决好教育教学特定情境中具体问题的能力与知识，其主要包括教育教学内容的组织和方法的选用，对学生创造行为的指导和创造思维的训练，还包括现代化教学技术手段的使用等知识。

综上所述，大学创造型人才知识素质与知识结构的改善与提升是形成和维系大学知识创造能力的一个重要前提条件和基础。否则大学的知识创造能力将成为"无源之水、无本之木"，日趋走向衰退，并最终走向枯竭。

第三节　群体知识创造能力的提升

一　群体知识创造能力的结构优化

从上述对大学知识创造能力的各种影响因素作用的分析，我们可以发现，它们在大学知识创造能力形成与可持续发展中，在不同的层面和角度发挥着不同的作用。这些作用之间不是孤立存在的，它们彼此间保持着密切的内在关联和相互影响，只有把它们整合在一起，这些因素才能发挥更大的作用。为此，我们这里尝试将人员（Human）、制度（System）、文化（Culture）和环境（Environment）4 个因素整合在一起，构建一个 HSCE 的大学知识创造能力的大系统。

在这个大系统中，人员为核心，制度与文化为保障，环境为基础，4 个因素相互支撑，在知识创造能力形成与发展过程中共同发挥作用（见图8.1）

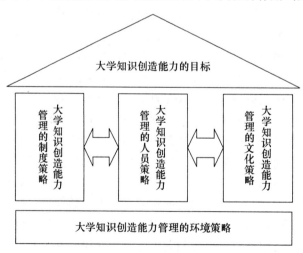

图8.1　基于 HSCE 的大学知识创造能力的大系统

大学知识创造活动往往与隐性知识的存在密切相关，而充分利用好隐性知识，发挥它们在知识创造活动中的作用，就离不开相关环境因素的支持。

从知识创造能力的调查与评价的结果中，我们可以发现上述 4 所高校虽然在知识创造环境建设方面付出了一系列的努力，取得了一定成绩和效果，但是距离实际的需求与要求还存在较大的距离。

（一）创设大学知识创造的空间和场所——"场"

对于大学知识创造环境因素的分析可以从野中郁次郎等关于知识创造的"场"的概念中获得参考与借鉴。野中郁次郎推出的知识创造模型，可以解析为三要素。简言之，一为凭借社会化、外在化、组合化和内在化完成的知识创造过程（SECI）；二为知识创造平台，亦谓之"场"；三为知识资产。应当强调，野中郁次郎的这个"模型"，突出了"场"的重要性，原因在于知识资产必须存在于"场"中，离开了"场"，知识资产便不复存在。另一方面，创造知识的质量和速度的提高，是"场"通过促进知识创造的 SECI 螺旋过程的结果。"场"作为知识创造的平台，对于创造、共享和运用知识则是自身的固有之意。进而言之，这个平台具备自有其意图或使命的自然组织场所，它是一个特殊的空间，或为实际空间，或为虚拟空间、精神空间，或为这些空间的某种组合。在这个场里，人们虽然拥有不同的观点和思维方式，但却凭借所具备的知识，通过互动产生共感[1]。场的存在意义十分明显，既可增进组织内部员工的价值共识，营造相互信任、关爱的氛围，又能推动员工之间的沟通和互动，催发员工的知识共享意愿，以加速知识创造[2]。依此推知，欲想卓有成效地提高大学的知识创造能力，同样需要为大学知识创造活动铸就一个适宜的"场"。

通过以上关于场的简析，我们不难理解，场是有着多维属性的系统结构[3]。主要包括结构维、关系维和认知维 3 个维度。在大学知识创造活动中，结构维成为大学知识创造"场"的基本构成要素，为大学知识创造

---

① Ikujiro Nonaka, Ryoko Toyama, Noboru Konno, SECI, Ba and Leadership：A Unified Model of Dynamic Knowledge Creation ［J］. *Long Range Planning*, 2000 (33)：5 - 34.

② 吴春玉、苏新宁：《各种"场"及其在知识创造过程中的作用》，《情报学报》2004 年第 2 期。

③ Toyama, R., Nonaka, I., Good Ba and Innovative Leadership：Consideration on Organizational Knowledge Creation ［J］. *In Hitotaubeshi Business Review*, 2000.

能力的形成确立发展的目标和意图，提供包括知识创造的场所、界限和规则等结构框架，大学中的教师和学生作为行为人是场的主体，大学知识创造活动的相关信息是流动的介质，它们作为物质和能量嵌入场的结构框架中。大学知识创造活动中，场的关系维是营造场内互动情境的要素，尤其能够营造投身于创造活动的各个主体间的关爱、信任的和谐氛围，以推动结构维内人与环境、人与人和不同信息间的互动，为新知识的产生提速。大学知识创造活动中的场的认知维，能够确实保障在关系维的作用下，行为人之间形成共感，这就是行为人凭着相互作用而创造的类如共享的价值观、语言、标准、行为模式等新的知识。

（二）完善大学知识创造活动的各种资源的供给

大学知识创造活动的相关资源储备主要包括大学的知识创造活动的基础设施、大学的图书馆及馆藏文献资料、大学组织体系中蕴藏的隐性知识等。对于这部分的管理主要是为大学知识创造活动和能力的形成提供和创造各种有利的物质基础和完善的条件。在这个过程中，大学主要应该做好以下几个方面的工作：一是对大学知识创造能力的资源储备状况进行调查，了解其供给与需求的比例关系；二是对大学知识创造活动的相关资源进行分类；三是针对不同的类别，采取不同的管理策略。

二　群体知识创造能力的传播与共享

（一）构建大学中群体知识创造力的支持系统

群体创造力支持系统是一种基于计算机的系统，它的目标是支持和激发团队知识创造潜能以期获得知识创造性产出。目前越来越多的网络和信息技术已经成为群体知识创造力支持系统的一部分，但对群体知识创造力的激励水平不仅依靠这些技术因素，而且还需要来自知识创造力的理论和知识创造过程的各种影响因素提供有效支撑。

在此我们可以借鉴我国著名科学家钱学森提出的大成智慧工程理论的观点。在大成智慧工程中有一个概念是"综合集成研讨厅"，它是一个人机结合的信息处理系统、知识生产系统和智慧集成系统，期望有效地利用人的经验为依据的直感思维与启发知识，由经验加学习获得新的知识[1]。

---

[1]　戴汝为：《系统科学与思维科学交叉发展的硕果——大成智慧工程》，《系统工程理论与实践》2002年第5期。

集智慧之大成的综合集成研讨厅本质上是一个知识创造场，研究并实现综合集成研讨厅的工作也可视为研究如何支持有效的知识创造场的动态生成与运行的工作①。为此，我们考虑按自底向上的次序设计该系统，在大学整体的大成智慧工程体系下，以各院系的各个学科专业为单位，广泛建立综合集成研讨厅，以此为依托鼓励专家研讨、交流思想和知识，进而实现大学中的群体知识创造力的传播与共享。

（二）构建复杂自适应系统的（CAS）的机制与知识链组织间的知识创造机理

借助复杂自适应系统的（CAS）的机制与知识链组织间的知识创造机理实现群体知识创造力的传播与共享。

1. 标识与知识链组织间知识创造

在知识创造活动中的标识（tagging）就是为了促使知识聚集和知识边界生成而存在的一个机制②。标识能够促进群体中的知识有选择的发生相互作用，同时它允许知识创造的主体在一些不易分辨的主体或目标中去做出选择。因此，确立好的和基于标识的相互作用，就可以为知识的筛选、转化和合作提供了合理的基础。它使有利于知识创造能力有效传播和共享的组织结构得以显现出来，即使存在其中的某些部分处于不断变化的情况，它们也能够得以维持固有的状态，这缘于复杂自适应系统（CAS）普遍存在的机制。总而言之，知识创造活动中的标识是隐含在复杂自适应系统（CAS）中具有某种共性的具有一定层次的组织机构背后的运行机制。

知识创造活动中的标识就像纽带一样，它确保知识创造活动中所产生的知识链的各个群体中的成员通过标识来选择交互的对象而聚集并最终形成知识链。个体、群体和组织所具有的知识特色、知识创造能力以及知识创造活动过程中所表现出来的具有良好合作意识的声誉等内容都构成了一个群体或组织的知识创造活动的标识。许多组织诸如大学等往往会选择某些与自己存在某种相同目标和利益，在所拥有或可支配的知识资源和知识

---

① 于景元、周晓纪：《从定性到定量综合集成方法的实现和应用》，《系统工程理论与实践》2002 年第 10 期。

② ［美］约翰·H. 霍兰：《隐秩序——适应性造就复杂性》，周晓牧译，上海科技教育出版社 2000 年版，第 11—56 页。

创造能力等方面具有某些相似性、异质性和互补性，并在知识创造活动中具有良好的合作声誉的其他组织或群体作为潜在合作伙伴，组建有利于知识创造活动开展和恰当实施的知识链。在形成知识创造活动传播与共享的知识链组织间开展群体或组织知识创造活动的过程中，这些知识链的主体往往会根据知识创造活动的主体所具有的某些标识（如群体的知识结构、知识创造能力结构以及群体或群体中的某些个体所表现出来的个性结构等），以某种特定方式结合起来，形成规模更大的、层次更高的知识聚集体（如知识创造活动所必需的群体或者团队等）。

　　这些在知识创造活动中具有良好标识的组织或群体，往往会对有利于知识创造能力的传播与共享，产生促进作用的知识链，使组织间的知识创造活动具有某种积极的作用和影响。一是这些具有良好标识的群体或组织之间往往更容易建立相互信任关系。这种相互信任能提高知识创造能力流动中的透明度并保持相互沟通中的信息和知识资源的开放性，从而确保具有隐性知识特征的知识创造能力的有效传播和共享；同时，彼此相互的信任还会进一步促进形成知识链的各个群体或组织的成员增加合作中的某些专用性知识资源的投资。二是这些促进知识创造能力传播和共享的知识链及其群体或组织成员所具有的良好的标识，将在更大程度上导致那些存在于外部组织中的优秀的成员或知识资源被吸引并加入知识链中，从而使知识链始终充满生机与活力。三是知识链组织间的合作性质的知识创造活动往往是一个信息不对称的或者是不充分的动态博弈过程，具有相当规模和数量上的交易成本和合作风险，因此，如果合作各方面均具有良好标识就将使有效降低合作过程中的交易成本成为可能。这种可能性主要表现在以下三个方面：①组织之间在签署合作协议时，双方不必再花费更多不必要的时间，也无需再纠缠于相互间的讨价还价；②在合作过程中合作各方无需花费过多时间和资源去监督对方是否会逃避责任；③合作各方不会面临事后的机会主义和再谈判问题。四是，具有良好标识的组织或群体在知识创造活动中所展现出来的创新精神和所实施的体现知识创造能力的创新项目往往会调动和激发起其他成员的参与知识创新的欲望。

　　2. 内部模型、模块与知识链组织间知识创造

　　在群体或组织中的内部模型（internal model）通常是指知识创造活动中的主体用以认识和预知周围事物和相关联环境因素的模型，它在一定程

度上反映出认知主体对环境所形成的刺激的响应能力或者相应作出的反应机制。诸如大学等复杂的知识创造系统往往是由一系列简单——复杂的若干层次所构成的，其中的每个代表不同的知识创造群体的层次均可以视为一个内部模型，同时，它们也会在知识创造的活动中不断地与模型外部的环境影响因素发生着交互的作用和影响。

关于模块（building blocks）主要是根据霍兰的复杂自适应系统（CAS）理论来加以描述的。在知识创造活动中，组织中以各个群体为单位的内部模型必须立足于一个不断变化的环境中的有限样本上。这些有限的样本就是霍兰所谓的"模块"。模块的理念充分体现了复杂自适应系统（CAS）的建模思想，即对于知识创造活动的复杂系统而言，它常常是由许多相对简单的一些组件通过改变其相互组合方式而获得和形成的。因此，对于知识创造活动的群体来说，其自身的复杂性往往并不在于其所拥有的模块的多少和大小，而在于其所组成的模块如何去以某种结构或形式所形成的重新组合。在很多情况下，知识创造活动的群体旧的内部模型常常扮演着模块的角色，通过重新组合而生成新的内部模型。知识链各层次的知识创造活动的主体、知识与信息资源、创造性的思维方式、创造活动的管理体制以及运行机制都是知识链的模块，这些模块的不同组合将形成不同的内部模型，并产生不同的知识创造活动的行为结果。

组织所产生的新知识是知识链主体在知识创造活动中不断利用原有内部模型或调整内部模型对外部信息、外部知识和自身原有知识进行不断重新组合与搭配的结果。结合野中郁次郎的 SECI 知识创造螺旋[①]，群体在开展知识创造活动时，其内部的知识链主体进行模块构建（即知识创造）主要可以包括以下几个阶段：

（1）个体构建知识创造活动的初级模块。当个体在知识创造活动中认知和处理其所面对的各种问题时，他们往往会从自身所拥有和可支配的知识库中努力寻找那些相对比较熟悉或者是曾经使用、已被检验过能够再次使用的相关或者相似信息情况，以从中抽取与本次活动相关的某些行为规则（即内部模型），运用这些行为规则对知识元（知识元即他们构建新

---

① ［日］野中郁次郎、竹内弘高：《创造知识的企业：日美企业持续创新的动力》，知识产权出版社 2006 年版，第 4 页。

模块——新知识——所需的相关信息与知识资源，包括个体原来所拥有的和可支配的知识以及从知识链其他成员或从知识链外部获取的新信息和新知识）进行分析与综合、演绎与推理，在这些知识元之间建立初步联系，并在此基础上加工出自己的积木（即假说、观点或想法）。当个体运用原有内部模型和常规思维方法无法在知识元之间建立合理联系或提出相对合理的假设和观念等时，他们会做出相应的反思，并运用直觉、灵感、联想和移植等创造性思维方法等对原有内部模型进行调整或建立起新的内部模型，从而在该知识元下重新建立某种新的关联，并通过不断的尝试，经历过多次对错误的纠正，直到最终获得认为具有相对合理性的模块。

（2）知识共享与模块的深度加工。知识共享包括显性知识和隐性知识的共享。共享的对象不仅包括个体创造出的模块和内部模型，还包括在重建模块和构造内部模型过程所积累的经验和技能。隐性知识的共享主要通过社会化（socialization）和外在化（externalization）的方式完成。所谓的社会化是指不同个体通过在相同的环境中工作，通过观察、模仿和实践等经历与体验等方式来实现其隐性知识的共享。外在化是将隐性知识表述为显性概念的过程。在这个过程中，隐性知识常常通过隐喻、类比、概念和模型等方式转化为显性知识。而显性知识的共享主要通过内在化（internalization）方式进行，即通过模拟、实验、反思等方式将他人的显性知识内化为自己的隐性知识。通过知识共享，个体通过吸收他人的隐性知识、内化他人的显性知识，大大丰富了构建模块的知识元以及构建内部模型和建造模块的经验；个体转移知识、接受知识和建造模块的能力得以提高。

（3）高层次模块组装。这个阶段与野中郁次郎的联结化（combination）具有相通之处。组织知识创造活动群体中的高层次主体将按一定规则和模式将较小规模的模块组合成较大模块。在对较低层次的模块进行组合时，可能需要进一步对模块进行修正或精加工，以使它们能够完美搭配。较高层次模块搭配好后，需要进行按知识链相关标准进行评估，如果不符合要求，就会再重复前面几步，直到符合要求为止。

（4）转移知识。知识链将创造出来的新模块（新知识）以及建构内部模型和模块的经验（即知识创造能力）通过社会化和内在化方式转移给团队内部其他成员以及知识链内部其他团队、部门的个体或相关组织的个体和群体成员等。这进一步丰富了群体知识创造活动中的知识链整体的知识存量，极大地提高了知识链构建新模块的能力。接受知识的个体将所得到的知识与原有知识相结合，构建出新的模块，从而开启新一轮知识创造①。

---

① 彭双、顾新、吴绍波：《基于 CAS 理论的知识链组织间知识创造机理研究》，《情报科学》2009 年第 8 期。

第九章 大学知识创造能力评价的现实与未来

第一节 大学知识创造能力的现实状况评价

基于对国内外大学知识创造能力的相关研究和以上的研究成果分析，我们可以得到以下几个方面的研究结论。

一 大学知识创造能力是衡量大学综合能力的一个重要指标

正如我们所知，大学具有 3 种基本职能：教学职能、科学研究职能和服务社会职能。而这三种职能的实现都与知识活动，特别是知识创造活动密切相关。这 3 种职能实现与否或者说这三种职能实现的程度高低，与大学的知识创造能力的高低存在着高度的内在相关性。为此我们提出一个新的观点，即为大学综合能力的衡量提供了一个新的尺度——大学知识创造能力。这个尺度的提出，将使大学综合能力的衡量与评价进入了一个更深入的层次，从传统的外部指标的分析与评价，深入到大学能力产生的根源之中，就使大学能力的评价与比较不仅是了解自身地位的过程，同时是发现问题、分析问题和解决问题的过程。因此，我们有理由说，大学知识创造能力是衡量大学综合能力的一个重要指标。

二 大学知识创造能力的评价指标体系是一个兼具系统性的、定性和定量相结合的工具

本书主要从大学教师知识创造能力、大学教师传授知识创造的能力、大学学生知识创造能力和大学知识创造的环境因素 4 个方面着手构建大学知识创造能力的评价指标体系。该指标体系的各构成要素间存在着密切的关联，从系统科学的角度来看，我们可以把大学知识创造活动作为一个系统来看待，其中既包括大学教师知识创造能力、大学教师传授知识创造的能力和大学学生知识创造能力 3 个内部的要素，又包括了大学知识创造的环境因素，而且内部要素和环境因素间存在着明确的互动和影响作用；从指标体系的各要素的具体构成来看，其中既包括可以定量分析的内容，如科研项目数量和经费数量等，也包括一些如激发他人创造灵感等定性的内容，这就使整个指标体系在评价过程中更加具体而全面。

三　大学知识创造能力的评价是知识管理理论与方法在大学管理中的一种探索性应用

知识创造活动是知识管理中的一项重要内容。本书尝试把知识创造的理念与方法同大学管理与能力的评价相结合，就为传统的企业知识管理理论与方法在其他组织，特别是大学这样的特殊的知识密集型组织中的应用，探索了一个新的发展路径。本书的研究工作不仅限于理论的简单的照搬和转移，同时注意理论的创新与发展。这些集中体现在把大学知识创造能力的评价指标体系的设计之上，该指标体系除了广泛应用了知识创新理论、知识系统工程理论和智力资本理论外，还充分借鉴了人力资源管理、高等教育管理、系统科学、层次分析法和结构方程模型等各学科的理论与方法。这些理论与方法的综合运用，不仅有助于知识管理理论与方法在大学知识创造能力研究中的充分应用，而且可以确保研究工作所取得的成果更加体现理论与实践密切结合的特点。

第二节　大学知识创造能力的未来展望

当前，关于大学能力评价与管理的研究正处在从理论的构建与完善逐渐转向实践的应用与实施过程之中。在这个过程中，现有的评价理论和评价方法颇多争议，究其原因，一是所设计的指标体系没有取得众多大学的认可与共识；二是所设计的指标没有深入探究制约大学能力形成与发展的根本原因。而本书设计的大学知识创造能力的评价指标体系，借助知识管理等多学科的理论和方法，试图揭示大学能力形成和发展的本质内容，这一研究成果的主体思想不仅具有一定程度上的理论先进性，而且有实践应用上的可操作性，必将对未来的大学综合能力的评价与管理产生重要的指导作用。本书的研究工作正是基于上述思想而提出并不断展开。

　　当然本书研究过程中所取得的阶段性研究成果和得到的一些主要结论，更多的是从理论探索的角度提出了一些有价值的观点，其中难免存在主观判断的内容，书中的案例也限于数量而缺乏更广泛的比较，这些都在一定程度上削弱和降低了该理论的可靠性和应用价值。为此，等此将在未来的研究工作中不断汲取来自各方的评价、意见与建议，努力实现大学知识创造能力的理论与实践的密切结合。

附录1：大学知识创造能力评价体系 科学性评估的相关调查表

尊敬的各位专家：

知识创新工程是国家发展重要战略。高校是知识创新的重要场所，肩负着知识创新的使命。高校知识创新水平影响着国家的知识创新与社会进步。探索高校知识创造能力评价体系是高校开展知识创新工程的重要依据。"大学知识创造能力评价体系"的探索与研究，旨在建构科学的大学知识创造能力评价体系。这一体系是否科学、维度设计是否恰当，特征求您的意见。望您在百忙之中抽出时间，对本问卷中的问题提出中肯的建议。非常感谢您的支持与合作。

问卷1：大学知识创造能力评价体系、评价内容、评价方法及权重的确定

一级指标	二级指标	三级指标		评价方法
大学知识创造能力	大学教师知识创造能力	创造素质	创造性思维测验	心理测验
			创造性人格测验	心理测验
		创造潜力	前3—4年与近1—2年科研成果变化趋势	知识图谱、数据挖掘
			与上级、同级教师科研成果创新程度的比较	知识图谱、数据挖掘
		创造实力	科研立项级别及数量	数据处理
			经费总数	数据处理
			科研获奖数	数据处理
		创造活力	论文被引用数（知识图谱）	数据处理
			论文被转载数	数据处理
			专利数	数据处理
			代表作的原创性评价	同行评价
		创造影响力	带动其他教师开展科研活动的情况	教师评价
			经常与他人交流学术观点并激发创造灵感的情况	教师评价
			成果被采纳数（企业、政府）	数据处理

		课堂上以问题为主线授课的能力	学生评价
大学知识创造能力	大学教师传授知识创造能力	启发学生创造思维能力	课堂上激发学生创造性的能力	学生评价
		课堂上引导学生发现问题、解决问题的能力	学生评价
		课堂上通过事例或恰当比喻启迪学生悟性的能力	学生评价
		科研成果在授课中的创造性应用能力	结合现实生活实例阐释理论和方法的能力	学生评价
		将研究成果引入课堂的能力	学生评价
		将理论意义引申、诠释生活现象的能力	学生评价
		教学改革情况	教学改革立项数	数据处理
		教学改革获奖数	数据处理
		教学大奖赛获奖数	数据处理
		精品课程数	数据处理
	大学生知识创造能力	创造素质	创造性思维测验	心理测验
		创造性人格测验	心理测验
		创造潜力	与同年级和高年级同学发表论文数量的比较	数据处理
		创造实力	参与科研活动数量	数据处理
		大学生科研立项数量	数据处理
		科研经费数量	数据处理
		创造活力	论文被引用数（知识图谱）	数据处理
		论文被转载数	数据处理
		专利数	数据处理
		代表作的原创性评价	专家评价
		创造影响力	科研获奖情况	数据处理
		经常与他人交流学术观点并激发创造灵感的情况	同学评价

注：结合因素分析负荷和专家主观评定法确定各维度的权重系数。

问卷 2：大学知识创新能力评价指标体系科学性调查

姓名：＿＿＿＿＿性别：＿＿＿＿＿年龄：＿＿＿＿＿职称/职务：＿＿＿＿＿学历：＿＿＿＿＿所在学校：
＿＿＿＿＿从事专业领域：＿＿＿＿＿

请在表格中填写是或否，如有建议请另加附页说明。

指标名称	包含维度	下一级指标是否能够说明上一级指标	如果选择否，或认为上述指标不足以含概上一级指标的内涵，请提出修改建议	请根据每个维度对上一级维度的重要性程度给出每个维度的权重系数
大学知识创新能力	大学教师自身知识创造能力			
	大学教师传授知识创造的能力			
	大学生知识创造能力			
大学教师知识创造能力	创造素质			
	创造潜力			
	创造实力			
	创造活力			
	创造影响力			
创造素质	创造性思维测验			
	创造性人格测验			
创造潜力	前4年与近2年创新成果的自身比较			
	与上级、同级学者创新成果的比较			
创造实力	科研立项级别及数量			
	经费总数			
	科研获奖数			
创造活力	论文被引用数			
	论文被转载数			
	专利数			
	代表作的原创性评价			
创造影响力	能带动青年教师搞科研项目			
	经常与人分享自己的想法并碰撞出新的思想火花			
	成果被采纳数			

指标名称	包含维度	下一级指标是否能够说明上一级指标	如果选择否，或认为上述指标不足以含概上一级指标的内涵，请提出修改建议	请根据每个维度对上一级维度的重要性程度给出每个维度的权重系数
大学教师传授知识创造的能力	启发学生创造性思维的能力			
	在授课中创造性应用科研成果的能力			
	教学改革情况			
启发学生创造性思维能力	课堂上以问题为主线授课的能力			
	课堂上善于点拨、启发学生思维的能力			
	课堂上诱导学生发现问题、解决问题的能力			
	课堂上善于通过事例或恰当的比喻启迪学生领悟理论观点的能力			
在授课中创造性应用科研成果的能力	结合现实问题阐释发挥理论			
	将研究成果引入课堂启发创造性			
	将科研成果引申探讨新的课题			
教学改革情况	教改立项数			
	教改获奖数			
	教学大奖赛获奖数			
	精品课程数			
大学生知识创造能力	创造素质			
	创造潜力			
	创造实力			
	创造活力			
	创造影响力			

续表

指标名称	包含维度	下一级指标是否能够说明上一级指标	如果选择否，或认为上述指标不足以含概上一级指标的内涵，请提出修改建议	请根据每个维度对上一级维度的重要性程度给出每个维度的权重系数
创造素质	创造性思维测验			
	创造性人格测验			
创造潜力	发表论文数量的同学间比较			
创造实力	参与科研活动数量			
	大学生科研立项数量			
	科研经费数量			
创造活力	论文被引用数			
	论文被转载数			
	专利数			
	代表作的原创性评价			
创造影响力	科研获奖情况			
	经常与人分享自己的想法并碰撞出新的思想火花			

附录2：大学知识创造能力各要素间的
关联性判断问卷

尊敬的各位参与调查者：

你们好！知识创新工程是国家发展重要战略。大学是知识创新的重要场所，肩负着知识创新的使命。大学知识创新水平影响着国家的知识创新与社会进步。探索大学知识创造能力评价体系是高校开展知识创新工程的重要依据。"大学知识创造能力评价体系"系本书的重要构成部分，为确保该评价体系指标之间的必要关联性（详细说明附问卷后），特此征求您的意见。

大学知识创造能力各要素间的关联性问题	相关性评价尺度						
	非常高	比较高	高	一般	低	比较低	非常低
大学教师的知识创造素质与大学知识创造能力之间的关联性							
大学教师的知识创造潜力与大学知识创造能力之间的关联性							
大学教师的知识创造实力与大学知识创造能力之间的关联性							
大学教师的知识创造活力与大学知识创造能力之间的关联性							
大学教师的知识创造影响力与大学知识创造能力之间的关联性							
启发学生创造思维能力与大学知识创造能力之间的关联性							
科研成果在授课中的创造性应用能力与大学知识创造能力之间的关联性							
教学改革情况与大学知识创造能力之间的关联性							

续表

大学知识创造能力各要素间的关联性问题	相关性评价尺度						
	非常高	比较高	高	一般	低	比较低	非常低
大学学生的知识创造素质与大学知识创造能力之间的关联性							
大学学生的知识创造潜力与大学知识创造能力之间的关联性							
大学学生的知识创造实力与大学知识创造能力之间的关联性							
大学学生的知识创造活力与大学知识创造能力之间的关联性							
大学学生的知识创造影响力与大学知识创造能力之间的关联性							
大学知识创造的文化因素与大学知识创造能力之间的关联性							
大学知识创造的制度因素与大学知识创造能力之间的关联性							
大学知识创造的激励机制与大学知识创造能力之间的关联性							
大学知识创造能力资源储备与大学知识创造能力之间的关联性							

　　注意：对于每个问题的相关性评价尺度作出判断时，被调查者只需在问题对应的 7 个选项中选择一项画"√"。既不要多填，也不要漏项。

　　说明：本书在研究过程中，经过专家调查与访谈的方式，初步确定了大学知识创造能力 4 个方面的二级指标及其下属的各三级指标构成。本书研究的目标就是实现上述各能力要素的有效集成，达成对大学知识创造效能的全面客观地评价与有效提升。在实现这个目标的过程中，也存在由于上述指标中包含诸如创造素质、创造潜力等一系列潜变量（即不能准确、直接地测量的变量）难以测定和辨别它们彼此间的相互关系的困难。为此，本书设计了上面的大学知识创造能力各要素间关联性评价的调查问卷，期望通过该调查问卷，获得各指标与大学知识创造能力间的相关性评价程度，同时借助结构方程模型（SEM）的方法，通过调查采集相关数据，对这些指标所标明的因子之间的关系进行验证性因子分析，获取预期的结果。

附录3：大学知识创造能力的状况调查问卷

关于教师及管理者的问卷

_____：

您好！本人正承担"大学知识创造能力"研究课题，希望通过问卷调查了解辽宁省大学知识创造能力的现状，尤其希望能获得您在知识创造方面的真实信息。您提供的信息将对如何提升大学知识创造能力起到非常重要的作用，对我们这项研究更有不可替代的价值。这份问卷是采用匿名形式，仅供分析问题和学术研究之用，未经允许绝不对外公开，不必担心您回答的正确和错误与否。因此，为了保证调查结果的真实性，谨请您一定根据自己的实际情况，实事求是地填写每一问题，每道题只需在相应答案的方括号中用画"√"方式作答完成，并于2010年4月20日前回复至信箱：xiamin1958@ sina. com。

衷心地感谢您对本研究工作的支持与帮助！

个人基本资料
●您的性别：
[   ] 男
[   ] 女
●您的年龄：_____岁
●您的身份：
[   ] 大学校级领导
[   ] 大学职能部门（或院、系）负责人
[   ] 大学教师
●您的职称：
[   ] 教授
[   ] 副教授
[   ] 讲师

〔　〕助教

●您的受教育程度：

〔　〕研究生（博士、硕士）

〔　〕大学本科

〔　〕大学专科

〔　〕中专及以下

●您的专业：＿＿＿＿＿＿＿＿＿＿

●您是否为学科负责人或带头人：

〔　〕是

〔　〕否

●您所在学校的名称：＿＿＿＿＿＿＿＿＿＿

●您所在学校的类别：

〔　〕理工类大学

〔　〕农学类大学

〔　〕医学类大学

〔　〕综合类大学

〔　〕师范类大学

●您所在学校的学科建设情况（可以多选）：

〔　〕拥有博士点

〔　〕拥有硕士点

〔　〕国家级重点学科

〔　〕省级重点学科

一　大学教师的知识创造能力

（一）大学教师的知识创造素质

1. 下面是关于个体知识创造素质的测试，请根据问题在后面的五个选项中画"√"：

请根据第一感觉选择答案	完全符合我的情况	部分符合我的情况	不符合我的情况
例：我常能举一反三	√		
在学校里，我喜欢试着对事情或问题作猜测，即使不一定都猜对也无所谓			
我喜欢仔细观察我没有看过的东西，以了解详细的情形			
我喜欢听变化多端和富有想象力的故事			
画图时我喜欢临摹别人的作品			
我喜欢利用旧报纸、旧日历以及旧罐头等废物来做成各种好玩的东西			
我喜欢幻想一些我想知道或想做的事			
如果事情不能一次完成，我会继续完成尝试，直到成功为止			
做功课时我喜欢参考各种不同的资料，以便得到多方面的了解			
我喜欢用相同的方法做事情，不喜欢去找其他的新的方法			
我喜欢探究事情的真假			
我不喜欢做许多新鲜的事			
我不喜欢交新朋友			
我喜欢一些不会在我身上发生的事情			
我喜欢想象有一天能成为艺术家、音乐家或诗人			
我会因为一些令人兴奋的念头而忘记了其他的事			
我宁愿生活在太空站，也不喜欢在地球上			
我认为所有的问题都有固定的答案			
我喜欢与众不同的事情			
我常想知道别人正做什么			
我喜欢故事或电视节目所描写的事			
我喜欢和朋友一起，和他们分享我的想法			
如果一本故事书最后一页被撕掉，我就自己编造一个故事把结局补上去			
我长大后，想做一些别人长大从来没想过的事情			
尝试新的游戏和活动，是一件有趣的事			

续表

请根据第一感觉选择答案	完全符合 我的情况	部分符合 我的情况	不符合 我的情况
我不喜欢太多的规则限制			
我喜欢解决问题，即使没有正确的答案也没关系			
有许多事情我都很想亲自去尝试			
我喜欢没有人知道的新歌			
我喜欢在班上同学面前发表意见			
当我读小说或看电视时，我喜欢把自己想象成故事里的人物			
我喜欢幻想200年前人类生活的情形			
我常想自己编一首新歌			
我喜欢翻箱倒柜，看看有些什么东西在里面			
画图时，我很喜欢改变各种东西的颜色和形状			
我不敢确定我对事情的看法都是对的			
对于一件事情先猜猜看，然后再看是不是猜对了，这种方法很有趣			
玩猜谜之类的游戏很有趣，因为我想要知道结果如何			
我对机器有兴趣，也很想知道它里面是什么样子，以及它是怎样转动的			
我喜欢可以拆开的玩具			
我喜欢想一些点子，即使用不着也无所谓			
一篇好的文章应该包含许多不同的意见和观点			
为将来可能发生的问题找答案，是一件令人兴奋的事			
我喜欢尝试新的事情，目的只是为了想知道会有什么结果			
玩游戏时，通常是有兴趣参加，而不在乎输赢			
我喜欢想一些别人常常谈过的事情			
当我看到一张陌生人的照片时，我喜欢去猜测他是怎样一个人			
我喜欢翻阅书籍及杂志，但只是想知道它的内容是什么			
我不喜欢探询事情发生的各种原因			
我喜欢问一些别人没有想到的问题			
无论在家里或在学校，我总是喜欢做许多有趣的事			

（二）大学教师的知识创造潜力

2. 从您近 3—4 年（2006—2007 年间）的研究成果与近 1—2 年（2008—2009 年间）的研究成果进行比较，您的学术成果主要有（在表中填写具体数量）：

年份	科研成果（数量）															专利
	项目			论文			著作			教材			获奖			
	国家	省级	其他	国家	省级	其他	国家	省级	其他	国家	省级	其他	国家	省级	其他	
2006—2007																
2008—2009																

注：对于论文项，"国家级"期刊是指由党中央、国务院及所属各部门，或中国科学院、中国社会科学院、各民主党派和全国性人民团体主办的期刊及国家一级专业学会主办的会刊。另外，刊物上明确标有"全国性期刊"、"核心期刊"字样的刊物也可视为国家级刊物；"省级"期刊，即由各省、自治区、直辖市及其所属部、委办、厅、局主办的期刊以及由各本、专科院校主办的学报（刊）。对于著作和教材项，国家级出版社可参考《国家级出版社目录》中的内容加以确定。

（三）大学教师的知识创造实力

3. 您近 4 年来（2006—2009 年，以下同）科研立项的情况是：
[　] 校级科研立项
[　] 其他委托及横向科研立项
[　] 省级科研立项
[　] 国家级一般项目立项
[　] 国家级重点项目立项

4. 您近 4 年来科研立项的数量情况：
[　] 1 项及 1 项以下
[　] 2 项
[　] 3 项
[　] 4 项
[　] 5 项及 5 项以上

5. 您近 4 年来科研经费总额：

[　] 文科科研经费在 3 万元以下，或者理工科在 5 万元以下

[　] 文科科研经费在 3 万—5 万元，或者理工科在 5 万—10 万元

[　] 文科科研经费在 5 万—10 万元，或者理工科在 10 万—15 万元

[　] 文科科研经费在 10 万—15 万元，或者理工科在 15 万—20 万元

[　] 文科科研经费在 15 万元以上，或者理工科在 20 万元以上

6. 您近 4 年来科研成果获奖的情况（不超过 5 项）：

序号	获奖名称及等级	时间	本人排位
	例：某某奖，一等奖	2007	独立或第二完成人

7. 您近 4 年来论文发表的级别情况（不超过 5 篇）：

序号	论文题目	发表刊物	发表年、期
	例：关于某某的研究	企业管理	2007 年第 3 期

8. 您近 3 年来著作与教材出版的情况（各 5 部，总数不超过 10 部）：

序号	著作题目	出版社	出版时间	承担的工作（专著或参与）
	例：知识系统工程	科学出版社	2002	专著

（四）大学教师的知识创造影响力

9. 您在近 3 年来学术观点被引用的情况：

[　] 没有学术观点被引用

[　] 有 3（含）个以下学术观点被引用

[　] 有 3—5（含）个学术观点被引用

[　] 有 5—7（含）个学术观点被引用

[　] 有 7 个以上学术观点被引用

10. 您在近 3 年来科研文献被评论、转载的情况：

[　] 没有科研文献被评论、转载

[　] 有科研文献被校内同行或校内期刊评论、转载

[　] 有科研文献被省内同行或省级期刊评论、转载

[　] 有科研文献被国内同行或国家级期刊评论、转载

[　] 有科研文献被国外同行或国际期刊评论、转载

11. 您在近 3 年来科研文献被评论、转载的数量：

[　] 没有科研文献被评论、转载

[　] 有 3 个以下科研文献被评论、转载

[　] 有 3—5 个科研文献被评论、转载

[　] 有 5—7 个科研文献被评论、转载

[　] 有 7 个以上科研文献被评论、转载

12. 您在近 3 年来申请获批专利的数量：

[　] 没有申请获批的专利

[　] 有 2 个以下申请获批的专利

[　] 有 2—3 个申请获批的专利

[　] 有 4—5 个申请获批的专利

[　] 有 5 个以上申请获批的专利

13. 您在近 3 年来成果被各级组织机构采纳的情况：

[　] 只有被行业协会采纳的成果

[　] 有被县（区）政府组织或中小型企业采纳的成果

[　] 有被市级政府组织或大中型企业采纳的成果

[　] 有被省级政府组织或大型企业采纳的成果

[　] 有被中央政府组织或跨国企业采纳的成果

14. 您在近 3 年来成果被各级组织机构采纳的数量：

[　] 没有被采纳的成果

[　] 有 2 个以下被采纳的成果

[　] 有 2—5 个被采纳的成果

[　] 有 5—7 个被采纳的成果

[　] 有 7 个以上被采纳的成果

15. 您与他人交流学术观点并激发创造灵感以及合作开展科学研究的情况：

[　] 没有

[　] 偶尔有

[　] 一般

[　] 经常

[　] 非常频繁

二　大学教师传授知识创造的能力

（一）启发学生创造思维能力

例：我常能举一反三

16. 您课堂教学中以问题为主线开展启发式教学的情况

[　] 从不会

[　] 偶尔

[　] 时常

[　] 熟练

[　] 非常擅长

17. 您课堂教学中激发学生创造性思考和学习的情况

[　] 从不会

[　] 偶尔

[　] 时常

[　] 熟练

[　] 非常擅长

18. 您课堂教学中引导学生发现问题和解决问题的情况

[　] 从不会

[　] 偶尔

[　] 时常

[　] 熟练

[　] 非常擅长

（二）科研成果在授课中的创造性应用能力

19. 您在教学活动中是否注意结合现实生活实例阐释理论和方法

[　] 从不会

[　] 偶尔

[　] 时常

[　] 熟练

[　] 非常擅长

20. 您在教学活动中是否能够将研究成果引入课堂

[　] 从不会

[　] 偶尔

[　] 时常

[　] 熟练

[　] 非常擅长

21. 您在教学活动中是否有将理论意义引申、诠释生活的现象

[　] 从不会

[　] 偶尔

[　] 时常

[　] 熟练

[　] 非常擅长

（三）教学改革情况

22. 您近 3 年来（2007—2009 年，以下同）教学改革立项数量：

[　] 仅有校级教学改革立项

[　] 有省级教学改革立项 1 项

[　] 有省级教学改革立项 2 项

[　] 有省级教学改革立项 3 项及 3 项以上

[　] 有国家级教学改革立项 1 项及 1 项以上

23. 您近 3 年来教学改革获奖数量：

[　] 仅有校级教学改革获奖成果

[　] 有省级教学改革获奖成果 1 项

[　] 有省级教学改革获奖成果 2 项

[　] 有省级教学改革获奖成果 3 项及 3 项以上

[　] 有国家级教学改革获奖成果 1 项及 1 项以上

24. 您近 3 年来教学大奖赛获奖数量：

[　] 仅有校级教学大奖赛获奖成果

[　] 有省级教学大奖赛获奖成果 1 项

[　] 有省级教学大奖赛获奖成果 2 项

[　] 有省级教学大奖赛获奖成果 3 项及 3 项以上

[　] 有国家级教学大奖赛获奖成果 1 项及 1 项以上

25. 您近 3 年来精品课程数量：

[　] 仅有校级精品课程

[　] 有省级精品课程 1 项

[　] 有省级精品课程 2 项

[　] 有省级精品课程 3 项及 3 项以上

[　] 有国家级精品课程 1 项及 1 项以上

三　大学知识创造能力环境因素

26. 您所在的单位是否存在有助于知识共享、尊重他人和促进互相学习的文化，一种宽松、自由的文化，一种个人和组织之间实现知识权威和利益"双赢"的文化？

[　] 存在这种文化，而且形成了深厚的文化氛围

[　] 存在这种文化，但影响力尚待加深

[　] 现有的组织文化与之存在较大的相似性

[　] 这种文化尚待建设之中

[　] 目前不清楚是否存在这种文化

27. 您所在的单位是否存在与促进知识的创新、共享与应用相关的制度因素？

[　] 存在这种制度，而且形成了完善的体系并发挥着积极的作用

[　] 存在这种制度，但有待于进一步完善且影响力尚待加深

[　] 现有的制度在某些方面与之存在较大的相似性

[　] 这种制度尚待建设之中

[　] 目前不清楚是否存在这种制度

28. 您所在的单位是否存在确保大学知识创造活动有效开展的激励机制？

[　] 存在这种激励机制，而且形成了完善的体系并发挥着积极的作用

[　] 存在这种激励机制，但有待于进一步完善且影响力尚待加深

[　] 现有的激励机制在某些方面与之存在较大的相似性

[　] 这种激励机制尚待建设之中

[　] 目前不清楚是否存在这种激励机制

29. 您所在的单位是否存在能够有力保障大学知识创造活动的资源储备（如与科研和教学活动密切相关的各种房间、设备等；知识创造活动中不可或缺的图书馆及馆藏文献资料；来源于大学自身的组织体系下所蕴藏的隐性知识等）？

[　] 存在这种资源储备，而且形成了完善的体系并发挥着积极的作用

[　] 存在这种资源储备，但有待于进一步建设且影响力尚待加深

[　] 现有的资源储备在某些功效方面与之存在较大的相似性

[　] 这种资源储备尚待建设之中

[　] 目前不清楚是否存在这种资源储备

四　当前大学知识创造能力现状

30. 您及所在的学校对知识创造能力和知识创造性活动采取什么样的态度？您所在的教学和科研团队在教学和科研活动中是否富于创造力和创新精神？是否存在重知识传授而轻能力培养的倾向？

31. 您所在学校的学生知识结构设计如何？是否能紧跟时代步伐和科技发展的方向？教学方法与模式是什么样的？教师在教学过程中处于什么样的地位？培养的人才是趋于理论化，还是专门化？

32. 您所在学校的各学科之间在建设过程中保持着什么样的关系？对基础学科的发展给予怎样的重视程度和投入力度？与国内外相关的先进学科间交流与合作情况是怎样的？

33. 您所在学校的组织文化对知识创造活动和引导群体创造性会产生什么样的作用和影响？在各种制度和规范中是否包含了激励知识创造等活动的内容？教育教学活动空间、图书资料和仪器设备能否满足知识创造活动的要求？

关于学生的问卷

————————：

您好！本人正承担"大学知识创造能力"研究课题，希望通过问卷调查了解辽宁省大学知识创造能力的现状，尤其希望能获得您在知识创造方面的真实信息。您提供的信息将对如何提升大学知识创造能力起到非常重要的作用，对我们这项研究更有不可替代的价值。这份问卷是采用匿名形式，仅供分析问题和学术研究之用，未经允许绝不对外公开，不必担心您回答的正确和错误与否。因此，为了保证调查结果的真实性，谨请您一定根据自己的实际情况，实事求是地填写每一问题，每道题只需在相应答案的方括号中用画"√"方式作答完成，并于 2010 年 4 月 20 日前回复至信箱：xiamin1958@ sina. com。

衷心地感谢您对本研究工作的支持与帮助！

个人基本资料

●您的性别：

[　　] 男

[　　] 女

●您的年龄：_____岁

●您的身份：

[　　] 本科生

[　　] 硕士生

[　　] 博士生

●您的专业：

●您所在学校的名称：

●您所在学校的类别：

[　　] 理工类大学

[　　] 农学类大学

[　　] 医学类大学

[　　] 综合类大学

[　　] 师范类大学

一　大学学生知识创造能力

（一）大学学生的知识创造素质

1. 下面各选项是关于大学生知识创造素质的测试，请根据问题在后面的 3 个选项中画 "√"：

请根据第一感觉选择答案	完全符合我的情况	部分符合我的情况	不符合我的情况
例：我常能举一反三			
我喜欢想一些新点子，即使用不着也无所谓			
我会不断努力，以解决那些困扰我的事情			
我常能从不同的角度尝试去解决所遇到的问题			
我常有与众不同的想法			
我常常发现一些别人没有注意到的问题			
我喜欢对一些发生的事情提问题			

续表

请根据第一感觉选择答案	完全符合我的情况	部分符合我的情况	不符合我的情况
对许多问题的解决，我都是靠直觉来引导的			
学习虽苦，但我真的能够乐在其中			
我常常在睡梦中得到解决问题的启示			
与其发展新的方法，我宁愿采用自己熟悉的方法			
如果事情不能一次完成，我会继续努力，直到成功			
在学习和生活中我常常想出解决问题的多种方法或途径			
我常常有一些与老师不同的想法			
我常能捕捉到一些别人没有注意到的细节			
我觉得钻研问题是一件愉快的事情			
我习惯于凭直觉来理解问题			
我喜欢深入思考问题，以便找出答案			
我常常能够突发奇想			
我不愿意改变已经形成的学习习惯			
一旦接受了任务，即使困难重重，我也要坚决完成			
我喜欢用相同的方法做事情，不愿意费神去找其他方法			
我经常做一些在别人看来是离经叛道的事情			
我常能敏锐地找到解决问题的方法			
我喜欢寻求事物发生的原因			
我能凭直觉对事情做出正确的判断			
我愿意花很多时间去思考一个有价值的问题			
我常常凭灵感来解决问题			
我习惯于按照常规的办法处理事情			
对于自己感兴趣的问题，我愿意花很多的时间去思考它			
我对许多事物都具有好奇心			
我喜欢按照自己的方式做事，而不在乎别人的看法			
我常常很快就能发现那些复杂问题的关键			
我喜欢探索事物发展的各种可能性			
我常常不需要仔细思考，就能凭感觉找到解决问题的正确方向			

续表

请根据第一感觉选择答案	完全符合我的情况	部分符合我的情况	不符合我的情况
我常常因为学习而忘记其他的事情			
我常能发现一些被别人忽略的问题			
我宁愿做那些有把握的事情，而不愿意冒风险			
挫折与反对，都不能迫使我放弃自己热爱的事情			
我喜欢寻找更简便的方法，即使问题已经得到了解决			
我常常有一些与众不同的举动			
我常能轻易地找到别人意见中的破绽			
我喜欢研究某些媒体报道的真实性			
我常常凭直觉判断一个人是否容易相处			
我常常能想到某些新颖独特的点子			
思考那些复杂的问题时，我常常有豁然开朗的感觉			
解决问题时我不会因为困难而感到气馁			
同一个问题，我总能找出几种不同的解决方法			
我常常很快就发现那些复杂问题的关键			

（二）大学学生的知识创造潜力

2. 您在学习过程中（本科或研究生学习阶段，以下同）取得的科学研究成果主要有（在表中填写具体数量）：

成果类别	项目			论文			著作			教材			获奖			专利
	国家	省级	其他	国家	省级	其他	国家	省级	其他	国家	省级	其他	国家	省级	其他	
成果数量																

注：对于论文项，"国家级"期刊是指由党中央、国务院及所属各部门，或中国科学院、中国社会科学院、各民主党派和全国性人民团体主办的期刊及国家一级专业学会主办的会刊。另外，刊物上明确标有"全国性期刊"、"核心期刊"字样的刊物也可视为国家级刊物；"省级"期刊，即由各省、自治区、直辖市及其所属部、委办、厅、局主办的期刊以及由各本、专科院校主办的学报（刊）。对于著作和教材项，国家级出版社可参考《国家级出版社目录》中的内容加以确定。

3. 您在学习过程中提出新奇的创意或具有创新性问题的情况：

[　] 不能提出

[　] 偶尔能提出

[　] 能提出一些

[　] 能提出许多

[　] 经常不断提出大量

（三）大学学生的知识创造实力

4. 您在学习过程中主持或参与的科研课题级别情况：

[　] 主持或参与校级课题或没有

[　] 主持或参与横向课题

[　] 主持或参与省级课题

[　] 主持或参与国家一般课题

[　] 主持或参与国家重点课题

5. 您在学习过程中主持或参与的科研课题数量情况：

[　] 没有参与

[　] 1 项

[　] 2 项

[　] 3 项

[　] 4 项及以上

6. 您在学习过程中的科研经费数量（包括子课题经费）：

[　] 文科专业经费在 0.3 万元以下，或理工科专业在 0.5 万元以下

[　] 文科专业经费在 0.3 万—0.5 万元，或理工科专业在 0.5 万—0.8 万元

[　] 文科专业经费在 0.5 万—0.8 万元，或理工科专业在 0.8 万—1.0 万元

[　] 文科专业经费在 1.0 万—1.5 万元，或理工科专业在 1.5 万—2.0 万元

[　] 文科专业经费在 1.5 万元以上，或理工科专业在 2.0 万元以上

7. 您在学习过程中科研成果获奖的情况（不超过 5 项）：

序号	获奖名称及等级	时间	本人排位
	例：某某奖、一等奖	2007 年	独立或第二完成人

8. 您在学习过程中论文发表的情况（不超过 5 篇）：

序号	论文题目	发表刊物	发表年、期
	例：关于某某的研究	企业管理	2007 年第 3 期

9. 您在学习过程中著作出版的级别情况（不超过 5 篇）：

序号	著作题目	出版社	出版时间	承担的工作（专著或参与）
	例：知识系统工程	科学出版社	2002	专著

（四）大学学生的知识创造影响力

10. 您在学习过程中学术观点被引用的数量：
[　]没有
[　]有 1 个
[　]有 2 个
[　]有 3 个
[　]有 4 个及以上

11. 您在学习过程中科研文献被评论、转载的级别：
[　]没有被评论、转载
[　]被校内同行或校内期刊评论、转载
[　]被省内同行或省级期刊评论、转载
[　]被国内同行或核心期刊评论、转载
[　]被国内专家或国际专业期刊评论、转载

12. 您在学习过程中科研文献被评论、转载的数量：
[　]没有被评论、转载
[　]有 2 个以下被评论、转载
[　]有 3 个被评论、转载
[　]有 4 个被评论、转载
[　]有 5 个及以上被评论、转载

13. 您在学习过程中申请获批专利的数量：
[　]没有申请获批的专利
[　]有 1 个以下申请获批的专利
[　]有 2 个申请获批的专利
[　]有 3 个申请获批的专利
[　]有 4 个及以上申请获批的专利

14. 您在学习过程中成果被各级组织采纳的级别：
[　]被其他社会组织采纳
[　]被县（区）级政府下属部门和中小型企业下属机构采纳
[　]被县（区）级政府和中小型企业采纳
[　]有被市级政府下属部门和大中型企业下属机构采纳
[　]被省（市）级政府和大中型企业采纳

15. 您在学习过程中成果被政府和企业采纳的数量：

[　] 没有被采纳的成果

[　] 有 1 个

[　] 有 2 个

[　] 有 3 个

[　] 有 4 个及以上

16. 您在学习过程中经常与他人交流学术观点并激发创造灵感的情况：

[　] 没有

[　] 偶尔

[　] 一般

[　] 较多

[　] 非常频繁

17. 您在学习过程中带动其他同学开展科研活动的情况：

[　] 没有

[　] 偶尔

[　] 一般

[　] 较多

[　] 非常频繁

二　大学知识创造能力环境因素

18. 您所在的学校是否存在有助于知识共享、尊重他人和促进互相学习的文化，一种宽松、自由的文化，一种个人和组织之间实现知识权威和利益"双赢"的文化？

[　] 存在这种文化，而且形成了深厚的文化氛围

[　] 存在这种文化，但影响力尚待加深

[　] 现有的组织文化与之存在较大的相似性

[　] 这种文化尚待建设之中

[　] 目前不清楚是否存在这种文化

19. 您所在的学校是否存在与促进知识的创新、共享与应用相关的制度因素？

[　] 存在这种制度，而且形成了完善的体系并发挥着积极的作用

［　］存在这种制度，但有待于进一步完善且影响力尚待加深

［　］现有的制度在某些方面与之存在较大的相似性

［　］这种制度尚待建设之中

［　］目前不清楚是否存在这种制度

20. 您所在的单位是否存在确保大学知识创造活动有效开展的激励机制？

　　［　］存在这种激励机制，而且形成了完善的体系并发挥着积极的作用

　　［　］存在这种激励机制，但有待于进一步完善且影响力尚待加深

　　［　］现有的激励机制在某些方面与之存在较大的相似性

　　［　］这种激励机制尚待建设之中

　　［　］目前不清楚是否存在这种激励机制

21. 您所在的单位是否存在能够有力保障大学知识创造活动的资源储备（如与科研和教学活动密切相关的各种房间、设备等；知识创造活动中不可或缺的图书馆及馆藏文献资料；来源于大学自身的组织体系下所蕴藏的隐性知识等）？

　　［　］存在这种资源储备，而且形成了完善的体系并发挥着积极的作用

　　［　］存在这种资源储备，但有待于进一步建设且影响力尚待加深

　　［　］现有的资源储备在某些功效方面与之存在较大的相似性

　　［　］这种资源储备尚待建设之中

　　［　］目前不清楚是否存在这种资源储备

三　当前大学知识创造能力现状

22. 您及所在的学校对知识创造能力和知识创造性活动采取什么样的态度？您所在的教学和科研团队在教学和科研活动中是否富于创造力和创新精神？是否存在重知识传授而轻能力培养的倾向？

23. 您所在学校的学生知识结构设计如何？是否能紧跟时代步伐和科技发展的方向？教学方法与模式是什么样的？教师在教学过程中处于什么样的地位？培养的人才是趋于理论化，还是专门化？

24. 您所在学校的各学科之间在建设过程中保持着什么样的关系？对基础学科的发展给予怎样的重视程度和投入力度？与国内外相关的先进学

科间交流与合作情况是怎样的？

　　25. 您所在学校的组织文化对知识创造活动和引导群体创造性会产生什么样的作用和影响？在各种制度和规范中是否包含了激励知识创造等活动的内容？教育教学活动空间、图书资料和仪器设备能否满足知识创造活动的要求？

参 考 文 献

1. 〔美〕亨利·埃兹科维茨、〔荷〕劳埃特·雷德斯多夫：《大学与全球知识经济》，江西教育出版社 1999 年版。

2. 美国信息研究所编：《知识经济：21 世纪的信息本质》，王亦楠译，江西教育出版社 1999 年版。

3. 何传启、张凤：《知识创新——竞争新焦点》，经济管理出版社 2001 年版。

4. 侯贵松：《知识管理与创新》，中国纺织出版社 2002 年版。

5. 刘嘉林、孙钱章主编：《知识经济读本》，中国书籍出版社 1999 年版。

6. 王众托：《知识系统工程》，科学出版社 2004 年版。

7. 戴跃侬：《大学评价体系及其排行榜透视》，《扬州大学学报》（高教版）2003 年第 1 期。

8. 蒋国华主编：《科研评价与指标》，红旗出版社 2000 年版。

9. 章仁彪、樊秀娣：《对开展大学排行榜活动的三点认识》，《中国高等教育》2001 年第 17 期。

10. 王战军、蒋国华主编：《科研评价与大学评价》，红旗出版社 2002 年版。

11. 武书连：《中国大学排名综述》，《科学学与科学技术管理》2001 年第 8 期。

12. 张远增：《高等教育评价方法研究》，复旦大学出版社 2002 年版。

13. 黄光杨：《教育测量与评价》华东师范大学出版社 2002 年版。

14. 陈玉现：《教育评价学》人民教育出版社 1999 年版。

15. 周大平、张鹰：《中国有没有权威的高校排行榜》，《瞭望新闻周刊》1999 年第 12 期。

16. 李越、叶赋桂：《透视大学评价》，《教育发展研究》2002 年第 2 期。

17. 思贝：《我国大学评价的现状及主要问题》，《评价与管理》2003 年第 1 期。

18. ［美］布卢姆等编：《教育评价》，邱渊等译，华东师范大学出版社 1987 年版。

19. 吴建国、沈世德：《创造力开发简明教程》，东南大学出版社 2009 年版。

20. ［英］约翰·阿代尔：《创造性思维艺术——激发个人创造力》，吴爱明、陈晓明译，中国人民大学出版社 2009 年版。

21. 王众托：《系统工程引论》，电子工业出版社 1991 年版。

22. 刘则渊：《现代科学技术与发展导论》，大连理工大学出版社 2003 年版。

23. 索柏民：《知识管理：实现模式与能力评价》，中国社会科学出版社 2009 年版。

24. 刘道玉：《创造教育概论》第 3 版，武汉大学出版社 2009 年版。

25. ［英］安妮·布鲁金：《第三资源：智力资本及其管理》，赵洁平译，东北财经大学出版社 1998 年版。

26. ［美］托马斯·H. 达文波特、［美］劳伦斯·普鲁萨克：《营运知识》，江西教育出版社 1999 年版。

27. 夏敏、王前：《大学知识创造能力评价指标体系研究》，《科学学与科学技术管理》2010 年第 5 期。

28. 陈发众：《创造教育新论》，湖北教育出版社 1990 年版。

29. ［日］竹内弘高、野中郁次郎：《知识创造的螺旋：知识管理理论与案例研究》，李萌译，知识产权出版社 2006 年版。

30. 金盛华：《创造力的实质和测量》，《北京师范大学学报》（社会科学版）1992 年第 1 期。

31. 林金辉：《大学生创造性的发展与教育》，厦门大学出版社 1995 年版。

32. 黄希庭等：《当代中国大学生心理特点与教育》，上海教育出版社 1999 年版。

33. ［英］萨尔坦·科马里：《有效的知识管理》，中华工商联合出版社 2004 年版。

34. ［美］卡尔·弗莱保罗：《知识管理》，徐国强译，华夏出版社 2004 年版。

35. Michael Polanyi, *Personal Knowledge: Towards a Post - Critical Philosophy* ［M］. Chicago: The University of Chicago Press, 1974.

36. Ikujiro Nonaka, Ryoko Toyama, Noboru Konno, SECI, Ba and Leadership: A Unified Model of Dynamic Knowledge Creation ［J］. *Long Range Planning*, 2000 (33): 5 - 34.

37. Meyers, P. W., Non - Linear Learning in Technological Firms ［J］. *Research Policy*, 1990 (19): 97 - 115.

38. 王前、夏敏、金福主编：《知识与智力资源管理研究》，辽宁人民出版社 2007 年版。

39. 徐振鲁、李艳、张玉安、能昌华：《国内大学评价指标体系的比较》，《河南社会科学》2009 年第 2 期。

40. 武书连、吕嘉等：《中国大学评价（2001）》，《科学学与科学技术管理》2001 年第 6 期。

41. 蒋石梅、战英民等：《中国大学评价对大学发展的导向和促进作用——兼评中国大学评价（1998）》，《科学学与科学技术管理》2000 年第 10 期。

42. T. L. Saaty, A. Scaling Method for Priorities in Hierarchical Structures ［J］. *Journal of Mathematical Psychilogy*, 1977, 15 (3).

43. 侯杰泰：《结构方程模型及其应用》，教育科学出版社 2005 年第 1 期。

44. 许树柏：《实用决策方法——层次分析法原理》，天津大学出版社 1988 年版。

45. 万腾腾：《我国研究型大学创造性人才培养的问题与思路》，《江苏高教》2001 年第 1 期。

46. ［美］T. L. 萨蒂：《层次分析法——在资源分配、管理和冲突分析中的应用》，煤炭工业出版社 1988 年版。

47. ［日］野中郁次郎、竹内弘高：《创造知识的企业：日美企业持续创新的动力》，知识产权出版社 2006 年版。

48. ［德］迈诺尔夫·迪尔克斯、阿里安娜·贝图安·安拖尔、［英］约翰·蔡尔德、［日］野中郁次郎等：《组织学习与知识创新》，上海人民出版社 2001 年版。

49. 马芳：《试论按知分配》，《湖南师范大学社会科学学报》2008 年第 3 期。

50. ［美］杰夫：《组织的学习》，中国人民大学出版社 2000 年版。

51. 冯善斌：《创新型教师的知识结构》，《河南教育》2002 年第 7 期。

52. ［美］J. H. 霍兰：《隐秩序：适应性造就复杂性》，上海科技教育出版社 2000 年版。

后　记

　　窗外华灯初上，电脑前的我心潮起伏，思绪万千。舒展一下疲惫的臂膀，看着已经完成初稿的书稿，一股成功的喜悦涌上心头。现在已经进入深秋，在这收获的季节，我也收获了这部书《大学知识创造能力评价与管理》。在中秋月圆人团圆的美丽夜晚，我在大学知识管理领域的阶段性研究也暂时画上了一个圆满的句号。

　　应该说，这部书的最初的灵感和源头，来自于我的博士论文《我国大学知识创造能力的评价与管理研究》。这其中不仅留下了我博士学习阶段的点点滴滴汗水，更重要的是凝聚了我的导师王前教授的大量心血。王老师给予我的悉心指导和无微不至的关怀，至今仍历历在目，令我不能忘怀。王老师是一位治学严谨的学者，他在我的博士论文和本论著论点的形成过程中，不断帮助我推敲每一个观点、每一个论据、每一段文字，大到整体框架，小到每个字词和文献都给予了认真辨识、仔细考证，从而不仅在通篇的逻辑体系上确保了完整性，而且在细致入微处，也保证了质量。王老师的学风耳濡目染，对我的学术研究工作产生了深刻的影响，使我在博士论文写作和论著初稿完成的过程中，都投入了大量的时间和精力，仔细完成每一个具体环节，对不清楚、不明白和易混淆的内容总是刨根问底，穷极要妙。从而在研究过程中不断提高认识，获益匪浅。

　　在博士论文和论著撰写过程中，我也有幸得到大连理工大学刘则渊教授、王众托院士、王绪琨教授、党延忠教授、刘元芳教授、丁堃教授、姜照华教授等各位老师的悉心指点，获得了沈阳师范大学孙绵涛教授、康翠萍教授、张淑华教授、金福教授、索柏民教授等提出的宝贵意见和建议，得到了大连理工大学科学学与科学技术管理博士点杨中楷、刘阳等各位同学无私帮助，使我的研究工作能够始终沿着一条不断修正的路径顺利而迅速的深入，并取得一个又一个令人可喜的阶段性成果。

　　大学知识创造能力的研究工作是一个崭新的领域，研究的过程也始终充满着艰辛和探索性，尽管在自己的不断努力下已经取得了一定的进展和突破，但限于自身认识水平和实践过程的局限，其中必然包含着一些不能充分表达和细致说明的内容，当然也会存在观点上的不足或者失误，这些都有待于在今后的研究工作中不断总结并加以调整，同时也希望本领域的专家学者及各位读者在阅读本书的过程中能够发现并给予批评指正。

夏　敏

书于 2010 年 9 月沈阳